MÉMOIRES
SECRETS
POUR SERVIR A L'HISTOIRE DE LA RÉPUBLIQUE DES LETTRES EN FRANCE, DEPUIS MDCCLXII JUSQU'A NOS JOURS.

ANNÉE M. DCC. LXXVII.

1 *Janvier.* LE même chevalier de *Rutlidge*, se disant l'auteur du *Bureau d'Esprit*, vient de faire imprimer des *observations à l'académie Françoise, au sujet de la lettre de M. de Voltaire sur sa Traduction de Shakespear.* Quoique l'auteur ait souvent raison, on y trouve une dureté de style & de critique bien opposée à l'enjouement de sa comédie, ce qui empêche ceux qui le connoissent de l'en croire l'auteur, malgré son aveu. Ils assurent que c'est un menteur impudent,

s'étant déclaré déja plusieurs fois le pere d'écrits anonymes, dont les auteurs avoient à dessein & par nécessité gardé l'incognito, & qui avoient repris leur bien, les causes de leur silence ne subsistant plus.

2 *Janvier* 1777. *La Poste du soir*, malgré tous les obstacles, a paru hier, & se continue. Jusqu'à présent elle est très-plate, & l'on étoit si persuadé qu'elle n'auroit pas lieu ou qu'elle seroit mauvaise, qu'il n'y avoit au commencement de l'année que mille souscripteurs.

3 *Janvier* 1777. Le sieur de Beaumarchais profitant de son ascendant sur l'esprit du comte de Maurepas, pour obtenir la permission d'entretenir de nouveau le public, donne un mémoire dont on parle beaucoup, & qui roulant toujours sur son affaire, n'en peut être qu'une répétition fastidieuse. Malgré les réglements il l'a mis en vente, espérant en faire de l'argent.

3 *Janvier*. Un jeune officier aux gardes, nommé monsieur *de la Belinaye de la Roirie*, est devenu éperdument épris de mademoiselle *Beaumesnil* de l'opéra, & l'a enlevée à son oncle, qui l'entretenoit. Non content de cet exploit, il a voulu se lier à elle d'un nœud indissoluble & l'épouser. L'actrice s'y est refusée généreusement, en lui faisant sentir l'éclat scandaleux que cet hymen feroit dans le monde, le tort qui en résulteroit pour lui, forcé de quitter son emploi, & le dégoût qu'il pourroit prendre d'elle ensuite: ce qui les rendroit malheureux l'un & l'autre. Ce discours sensé n'a fait que l'enflammer davantage; & rien n'ayant pu vaincre son amante, il s'est retiré à *la Trappe*;

MÉMOIRES
SECRETS
POUR SERVIR A L'HISTOIRE
DE LA
RÉPUBLIQUE DES LETTRES
EN FRANCE,
DEPUIS MDCCLXII JUSQU'A NOS JOURS;
OU
JOURNAL
D'UN OBSERVATEUR,

CONTENANT les Analyses des Pieces de Théatre qui ont paru durant cet intervalle ; les Relations des Assemblées Littéraires ; les notices des Livres nouveaux, clandestins, prohibés ; les Pieces fugitives, rares ou manuscrites, en prose ou en vers ; les Vaudevilles sur la Cour ; les Anecdotes & Bons Mots, les Eloges des Savants, des Artistes, des Hommes de Lettres morts, &c. &c. &c.

TOME DIXIEME.

. . . . huc propius me,
. . . . vos ordine adite,
Hor. L. II. Sat. 3. vs. 81 & 82.

A LONDRES,
CHEZ JOHN ADAMSON.

M. DCC. LXXXIV.

Contraste insuffisant

NF Z 43-120-14

aventure qui fait l'objet des conversations du jour.

4 *Janvier* 1777. On écrit de Geneve que M. de Voltaire travaille avec plus d'ardeur que jamais ; qu'il est dans un accouchement laborieux, sans qu'on dise ce que c'est. On présume que c'est la tragédie qu'on a annoncée.

4 *Janvier* 1777. La nouvelle production du sieur de Beaumarchais a pour titre : *Suite de la justification*, &c. C'est une rapsodie contenant diverses pieces judiciaires relatives à son procès.

Dans le courant de sa requête, il a inséré un discours qu'il avoit préparé pour être prononcé devant les deux chambres du parlement; morceau oratoire fort bien fait, mais purement de parade, destiné à flatter les juges & à amener une oraison funebre du prince de Conti, où l'amour-propre de l'auteur ne s'exalte pas mal en exaltant le héros, & s'identifiant en quelque sorte avec lui.

5 *Janvier* 1777. Ce sieur le Breton, imprimeur de l'*Almanach Royal*, s'est attiré une affaire très-fâcheuse pour une innovation qu'il a voulu y faire. Au rang des premiers présidents du parlement de Paris, il a mis *Etienne François d'Aligre*, 1768, rétabli le 12 novembre 1774; & puis *Louis-Jean Bertier de Sauvigny*, le 13 avril 1771, jusqu'au 12 novembre 1774. Depuis qu'on s'est apperçu de cette insertion scandaleuse, on a arrêté le débit du livre jusqu'à ce qu'on y ait substitué des cartons. On a également mis au rang des procureurs-généraux & des avocats-généraux, les sieurs *de Fleuri*, *de Vergès* & *de Vaucresson*. L'impri-

meur est d'autant plus répréhensible, qu'au lieu de soumettre son ouvrage à la censure de monsieur de Mairobert, auquel il avoit été adressé, il a jugé à propos de se choisir monsieur de Crébillon : ce qui annonce de la manœuvre & de la mauvaise foi. On ne sait comment il s'en tirera, le parlement ayant fort à cœur de venger cette insulte.

6 Janvier 1777. Il y a environ 177 ans, depuis que monsieur Péricard, évêque d'Avranches, arrêta dans ses statuts synodaux qu'il ne seroit plus permis d'inhumer dans les églises de son diocese. Douze pasteurs du premier ordre le siecle dernier, quelques autres au commencement de celui-ci, & un grand nombre dans ces derniers temps, ainsi qu'on le voit dans le curieux requisitoire du promoteur du diocese de Rodez, du 11 juin 1774, sur les sépultures, ont arrêté de semblables défenses. Tout récemment monsieur l'archevêque de Toulouse & le parlement, ont conjointement pris des mesures à cet égard. Enfin, après un arrêt rendu il y a quinze ans par le parlement de Paris, pour ordonner le transport des cimetieres hors de l'enceinte de la capitale, sur les conclusions de monsieur de Saint-Fargeau, alors avocat-général, est intervenu l'année derniere une déclaration confirmative ; & cependant l'abus n'est pas détruit ; il subsiste, & il n'y a rien de changé. C'est ce qui a indigné monsieur Molé, avocat au parlement, & lui a donné lieu d'écrire sa lettre, datée du premier novembre, qu'on a déja annoncée. Elle roule *sur les moyens de transférer les cimetieres hors l'enceinte des villes.* Il faut voir dans son ouvrage même ce détail trop long & trop difficile à extraire. Il ne paroît pas qu'il ait encore atteint le point de perfection à cet égard; mais il donne des idées qu'on peut améliorer.

7 *Janvier* 1777. Outre la *Requête des Soldats à la Reine*, dont on a parlé il y a plusieurs mois, on voit manuscrit l'*Extrait d'une lettre d'un grenadier du régiment de Champagne à un de ses camarades à l'hôtel des Invalides*. Cette critique que, pour conserver sans doute le costume, on a trop exactement lardée de F..... & de B....., porte non-seulement sur les coups de plat de sabre, mais sur plusieurs autres points de la constitution & de la discipline nouvelle, tels que la maniere de conduire en procession les soldats à la messe, de mettre les éleves de l'école militaire sous la direction de moines, de défendre à un général d'avoir plus de 24 officiers à sa table, aux capitaines de donner des bals ou des soupers dans les garnisons, d'empêcher les réceptions que se faisoient les régiments les uns aux autres en passant par les villes: on blâme l'affectation d'avoir détruit les grenadiers à cheval, les mousquetaires; d'avoir ôté les timbales à la cavalerie, les tambours aux dragons, enfin d'avoir supprimé les vétérances, les pensions & une foule d'officiers réduits à la fainéantise. Il y a quelque sel, beaucoup de vérité & des épigrammes un peu dures dans cette facétie, qui pourroit cependant être infiniment mieux faite.

8 *Janvier* 1777. Le célebre *Piccini*, est arrivé à Paris depuis peu. C'est un homme d'environ cinquante-cinq ans. Il est petit, maigre, pâle,

comme presque tous les gens de génie. Il a beaucoup de feu dans les yeux, il paroît consumé de travail ayant déja composé plus de 120 opéra, tant bouffons que sérieux. Il ne sait pas parler François. Il a été accueilli par son digne éleve, M. Gretry. On compte qu'il va achever de consommer la révolution & anéantir absolument la musique Françoise. Les directeurs actuels de l'opéra l'ont appellé pour instituer & commencer ici une nouvelle école.

10 *Janvier* 1777. L'affaire du sieur le Breton paroît assoupie, au moyen de cartons qu'il a mis aux nouveaux exemplaires de *l'Almanach Royal* qu'il distribue.

11 *Janvier* 1777. On voit depuis peu ici deux volumes imprimés en pays étranger, qui ne sont que les premiers d'un ouvrage très-étendu. On en va juger par le titre fort détaillé: *Mémoires secrets pour servir à l'histoire de la république des lettres en France, depuis 1762 jusqu'à nos jours, ou journal d'un observateur, contenant les analyses des pieces de théatre qui ont paru durant cet intervalle; les relations des assemblées littéraires; les notices des livres nouveaux, clandestins, prohibés; les pieces fugitives rares ou manuscrites en prose ou en vers; les vaudevilles sur la cour; les éloges des savants, des artistes, des hommes de lettres morts, &c.* par feu M. de *Bachaumont*, avec cette épigraphe: .... *Huc propius mè, ... vos ordine adite.* (Cette notice est tirée de nouvelles à la main très-accréditées dans Paris).

11 *Janvier* 1777. Les administrateurs actuels de l'opéra ont fait exécuter une nouveauté. C'est un petit acte intitulé: *Alain & Rosette*, ou

la ergere ingénue, ballet. Les paroles font d'un nommé Bouteiller, & la musique du sieur Pointeau, organiste. Comme on se plaint de la briéveté d'*Orphée*, ils l'ont donné à la suite de celui-ci. La reine honoroit heureusement le spectacle de sa présence : sans cette sauve-garde la piece n'auroit pas eu lieu jusqu'à la fin, tant le mécontement du public s'est manifesté avec humeur. Rien de plus plat sous les deux aspects. On dit que cette drogue avoit été applaudie dans des sociétés particulieres ; cela confirme la nécessité de se défier de tous ces ouvrages prônés par les coteries. Le sieur Dauberval a reparu pour la premiere fois ce jour-là depuis sa longue & cruelle maladie ; mais on l'a trouvé bien dégénéré. La chambrée étoit des plus completes. On a fait 5,500 livres.

12 *Janvier* 1777. Depuis long-temps le bas-clergé se plaint de la mauvaise assiette des impositions qui le concernent. Il prétend que nosseigneurs les évêques étant presque tous maîtres, chacun dans leur district, de la chambre diocésaine chargée de la répartition, ils la font faire à leur gré, & se ménagent en écrasant leurs inférieurs. Enfin les abus inouis introduits à Rodez dans cette jurisdiction ecclésiastique, ont donné lieu à des réclamations qui en exciteront beaucoup d'autres, si elles ont quelque succès. Aussi l'ordre épiscopal est-il intervenu dans cette contestation particuliere, & ce n'est plus contre le sieur de Cicé, évêque du diocese, seulement, que les plaignants ont affaire, mais contre les agents généraux du clergé de France. Le procès est

pendant au conseil, & il paroît un mémoire instructif & curieux *pour les dignités, personnats & chanoines de l'église de Rodez*, il est de Me. Drou, & l'on sait combien cet orateur véhément jette d'intérêt dans ce qu'il compose, sur-tout lorsque la matiere en est aussi susceptible.

13 *Janvier* 1777. Les bals de la reine continuent, mais assez tristement, par le défaut d'acteurs, S. M. étant très-difficile à cet égard. On raconte que le roi lui ayant fait reproche qu'elle n'invitât point un seigneur qu'il aime, elle lui avoit répondu qu'il dansoit trop mal: *Mais personne ne danse plus mal que moi*, a repliqué le monarque; *il faut donc que je m'abstienne aussi d'y aller.*

13 *Janvier.* Extrait d'une lettre de *Rome*, du 20 décembre.... « Toutes les gravures
» que vous avez en France du saint pere
» actuel, ne sont point ressemblantes. Il
» l'est plus exactement sur une pierre de com-
» position que je vous envoie. Quoiqu'en
» petit, il est parfaitement bien rendu. Vous
» conviendrez que c'est un des plus beaux
» hommes qu'on puisse voir, plus jeune encore
» sur la figure qu'il ne l'est réellement. Comme
» il est entiérement subjugué par le cardinal de
» Bernis, il s'est conformé à cette éminence;
» il se frise & se poudre; ce qui ne contri-
» bue pas peu à faire ressortir davantage la
» grâce & la noblesse de ses traits. On a beau-
» coup crié contre cette innovation, & Pas-
» quin en a plaisanté. On avoit toujours cru
» ici qu'un souverain pontife devoit avoir
» les cheveux plats & gras. Il a bien retranché

» du cérémonial pour l'aborder, plus de mule
» à baiser, &c. Il est dommage que sa tête ne
» soit pas aussi bonne que belle. Il a peu d'esprit
» & point de goût. Il fait faire actuellement
» une sacristie pour *Saint-Pierre de Rome*, qui
» coûtera énormement cher, & du plus mau-
» vais dessin. C'est ainsi qu'en pense monsieur
» Vien, & les autres artistes François. »

13 Janvier 1777. Tout est de mode dans ce pays-ci, & tient aux circonstances. La nouvelle production du sieur de Beaumarchais, quoique contenant un discours bref, il est vrai, mais supérieur à tous ses mémoires, ne fait aucune sensation.

14 Janvier 1777. Monsieur a reçu ces jours derniers une lettre avec la souscription suivante: *A Monsieur, Monsieur, prince de Provence, pour remettre à monseigneur le prince de Montbarey, secrétaire d'état du département de la guerre, & son premier domestique.* On s'imagine bien que personne n'a osé ouvrir un paquet si hétéroclitement adressé. On l'a remis en mains propres de son altesse royale, qui en a beaucoup ri, a été curieuse de savoir ce qu'il contenoit, & a fait appeler sur le champ le capitaine-colonel des Suisses de sa garde. Monsieur de Montbarey venu, elle lui a donné le paquet pour qu'il en fît lecture. Il s'est trouvé que c'étoit la lettre d'un pauvre gentilhomme, parent du ministre, & lui recommandant trois garçons & une fille qu'il a, dans un style qui ne sentoit pas plus le courtisan que l'adresse. *Monsieur* a demandé à monsieur de Montbarey si tout cela étoit vrai, & ce qu'il comptoit faire ? Il n'a pu nier la vérité des faits articulés dans le mémoire, mais a paru peu difposé à exaucer la demande du suppliant, vu fon étendue & l'impoffibilité qu'il a pretexté d'y fatisfaire. Alors fon alteffe royale lui a dit qu'elle comptoit être plus heureufe ; qu'elle prendroit l'aîné pour fon page, donneroit le fecond à fon frere d'Artois, & le troifieme à la reine ; que, quant à la fille, elle efpéroit avoir affez de crédit pour la faire recevoir à *Saint-Cyr*. Les courtifans, témoins de l'entretien, qui avoient ri d'abord de la gaucherie du pere, n'ont pu s'empêcher de reconnoître qu'il n'étoit pas fi bête.

14 *Janvier* 1777. Monfieur de Lifle étoit trop gravement inculpé par le mémoire de monfieur l'abbé Chrétien, dont on a rendu compte, pour n'être pas dans le cas d'une réponfe ; ce qu'il vient de faire par un premier mémoire très intéreffant pour les gens de lettres.

15 *Janvier* 1777. Les directeurs du concert fpirituel, pour reconnoître, fans doute, les complaifances de la Signora Giorgy, récompenfer fon talent, l'encourager & s'attacher de plus en plus cette cantatrice, donnent aujourd'hui mercredi un concert extraordinaire en fa faveur & à fon profit. Toutes les places feront de 6 livres. L'héroïne doit chanter quatre fois ; & l'on a choifi tout l'acceffoire qui pourroit rendre le fpectacle intéreffant.

16 *Janvier* 1777. Malgré la profcription qu'a fait le parlement de la brochure, intitulée : *les inconvénients des droits féodaux*, on en a multiplié les éditions, & il en paroît une nouvelle, augmentée de *fragments fur l'origine des droits féodaux, & de l'examen de la regle :* nulle terre fans feigneur, *par monfieur Franc-aleu*, qui y joint

auſſi des notes. Ces additions la rendent encore plus curieuſe. On y prouve qu'il eſt aiſé de concevoir que les droits féodaux ne ſont qu'une ſervitude traveſtie, & ne doivent leur origine & leur exiſtence qu'à la force, à la tyrannie, au deſpotiſme. Quant à la regle : *Nulle terre ſans ſeigneur*, l'écrivain la qualifie *d'un ſimple brocart de droit*, ſans aucune eſpece d'authenticité, également contraire à la loi naturelle, & aux monuments de notre hiſtoire, & à l'ancien état des choſes, reçu par tradition, adopté ſur parole, & dans tous les temps combattu par les hommes les plus éclairés. Enfin, dans les notes on conteſte le principe de l'inaliénabilité des domaines de la couronne, & l'on en fait voir l'abſurdité ſous certains rapports.

17 *Janvier* 1777. La mode eſt aujourd'hui d'avoir une gravure de monſieur *Francklin* ſur ſa cheminée, comme on avoit autrefois un *Pantin*; & le portrait de ce grave perſonnage eſt tourné en dériſion, à peu près comme celui du futile colifichet qui ſervoit de joujou il y a trente ans.

18 *Janvier* 1777. Une ſcene tumultueuſe, arrivée lundi à la comédie Françoiſe, a fait mettre au Fort l'Evêque le ſieur Monvel, qui, ſans vouloir manquer au public, mais par une étourderie incroyable, ne s'eſt pas trouvé pour remplir ce jour-là ſon rôle dans les *Horaces*. Il avoit écrit au ſemainier pour l'avertir qu'il ne pourroit jouer de la ſemaine : or la ſemaine, ſuivant l'arrangement du calendrier comique, ne commence que le mardi, ce qu'avoit oublié l'acteur; en ſorte qu'à l'heure indiquée ne pa-

roissant pas, le service a été suspendu, malgré la présence de madame la duchesse de Bourbon. Il a fallu s'arranger pour donner une autre piece que les *Horaces*, celle indiquée. Cependant le parterre témoignoit son humeur; en vain a-t-on voulu la calmer par un discours préparatoire, cela ne s'est terminé qu'en offrant de rendre l'argent aux mécontents. Un d'eux a poussé l'indécence jusqu'à faire ses ordures au milieu de l'assemblée, escorté & soutenu par quelques polissons comme lui. La duchesse de Bourbon est restée, mais n'a point voulu être juge entre le public & les comédiens, comme ceux-ci le desiroient, ou plutôt elle leur a déclaré qu'il falloit se rendre au desir du premier.

19 *Janvier* 1777. Le grand-conseil, fort maltraité du sieur de Beaumarchais dans son nouveau factum, s'est assemblé pour aviser aux moyens de punir l'insolence de cet audacieux. Il avoit un moyen prompt dans la puissance qu'a toute cour de venger la majesté de son tribunal insulté, par la lacération, la brûlure de l'écrit injurieux, & par les décrets qu'elle peut prononcer contre le coupable. Mais celle-ci, fort circonspecte, ou plutôt fort poltronne & fort basse, n'a osé se compromettre avec ce dangereux adversaire, & sur-tout engager une querelle avec le parlement. Par une timidité peut-être sans exemple dans une affaire particuliere, elle a arrêté des représentations au roi, qui ont dû être portées aujourd'hui à sa majesté. De son côté le parlement, pour éviter toute réclamation de ce tribunal, s'est hâté de rendre arrêt qui supprime ledit mémoire, comme contenant un

discours non prononcé, mais sans aucune qualification.

19 *Janvier* 1777. Le sieur Dauberval, comme semainier, a été aussi mis au Fort-l'Evêque; & quant au sieur Monvel, comme il a joué à Versailles dès le mardi, lendemain du tumulte arrivé à son occasion, on croit qu'il restera en prison plus long-temps que le premier, à moins que la faveur du public ne fasse abréger sa captivité; car en étant sorti aujourd'hui pour jouer dans les *Horaces*, le parterre bonasse, loin de lui témoigner son indignation, l'a applaudi à tout rompre.

19 *Janvier.* Les directeurs de l'opéra, pour satisfaire aux plaintes du public à l'occasion de la briéveté du spectacle d'*Orphée*, qui finissoit à sept heures & demie au plus tard, y avoient joint l'acte de *la Bergere ingénue.* Comme ils ne l'ont osé faire jouer qu'une fois, ils y vont substituer le *ballet des Horaces* du sieur Noverre. La premiere représentation doit avoir lieu mardi 21.

19 *Janvier.* Le livre de monsieur Gudin, intitulé: *aux Manes de Louis XV*, &c. est une chronique seche, plutôt que rapide, des événements du regne de ce monarque. La plupart des faits n'y sont qu'indiqués, & le tout est traité sur un ton d'adulation qui auroit bien dû faire trouver grace à l'auteur. On ne sait pourquoi il se plaint si amérement, dans sa préface, des censeurs & de leur incertitude à son égad. La partie des arts est ce qu'il y a de plus approfondi. Le procès du sieur de Beaumarchais, & ses tracasseries avec le parlement *Maupeou*, sont le seul morceau historique sur lequel l'écri-

vain se soit étendu avec une vraie complaisance. On peut définir cette production une table de matieres très-exacte & fort utile à ceux qui voudront écrire l'*Histoire de Louis XV*.

20 *Janvier* 1777. Le *Journal de Paris* a peine à se soutenir dès son début, à raison de son insipidité. D'ailleurs, la jalousie de ses confreres lui suscite toutes sortes de tracasseries pour le le faire échouer. Ils lui enlevent différentes parties, sous prétexte qu'il va sur leurs brisés, & offense leurs privileges. Tout récemment la *petite-poste*, chargée de le répandre tous les matins, refusa de le faire, sous prétexte d'un abonnement plus considérable qu'elle exige. Le *Journal politique & littéraire* du sieur Pankouke éprouve aussi des contradictions. D'abord, comme l'on a dit, le nombre des souscripteurs est tellement diminué, que le libraire crie merci, & a présenté à monsieur de Vergennes un mémoire pour obtenir une réduction sur les 22,000 liv. qu'il donne annuellement aux affaires étrangeres : ensuite, comme il n'ignore pas que l'indignation de beaucoup de lecteurs contre la fatuité & l'insolence du sieur de la Harpe n'a pas peu contribué à les écarter, il voudroit changer de rédacteur, & demande deux académiciens, messieurs Marmontel & Suard.

20 *Janvier* 1777. L'auteur de l'adresse hétéroclite à *Monsieur*, qui a si bien réussi, est monsieur le baron de *Saint-Maurice*, gentilhomme de Franche-Comté.

21 *Janvier* 1777. Le ballet des *Horaces & Curiaces*, est annoncé avec le plus grand faste. Il est divisé en cinq parties ou actes. C'est la

tragédie toute entiere de *Corneille*, mise en pantomime. La reine doit y venir. On doute que ce spectacle isolé ait le succès que s'en promet le sieur Noverre; & s'il ne réussit pas cette fois, on regarde sa mission comme manquée. Il est fâcheux qu'il ne veuille pas s'abstreindre à composer des morceaux de chorégraphie adaptés à une action théatrale, qui l'accompagnent, lui soient subordonnés, &, sans la refroidir ou l'étouffer, la soutiennent, au contraire, & la réchauffent dans les entr'actes accordés à la danse.

21 *Janvier* 1777. Depuis le fameux conseil de guerre tenu à Lille, concernant le régiment *Royal-Comtois*, par lequel 35 officiers ont été punis de diverses manieres & cassés, ce corps, régénéré en quelque sorte, odieux aux autres, n'a pas été absolument pacifié. Les jeunes gens dont on l'a composé se sont fait un point d'honneur de regarder de mauvais œil, ce qu'ils appellent *les rétractés*. Ce sont des officiers qui, ayant d'abord trempé dans le complot formé contre le lieutenant-colonel & le major, sur un faux exposé, & ayant signé le mémoire envoyé au ministre, ont reconnu leur tort, & désavoué une accusation injuste & calomnieuse. Ces étourdis ont fait schisme avec ces messieurs; & malgré toutes les remontrances & les injonctions de leurs supérieurs, ont persisté à les mortifier par des procédés malhonnêtes. Plusieurs ont été mis aux arrêts, & quelques-uns s'étant encore portés à de nouvelles insultes, trois viennent d'être cassés tout récemment. Monsieur le comte de Chemeau, le major ancien, n'a pas voulu avoir la douleur d'aller leur signifier

les ordres du roi ; il a préféré de donner fa démiſſion. Sa majeſté l'a acceptée, en lui accordant un brevet de colonel pour retraite, avec promeſſe d'être mis en activité dès que l'occaſion le permettra.

21 *Janvier* 1777. Quoique feu monſieur *de Bachaumont* fût un pareſſeux aimable, peu capable d'accumuler par lui-même la collection immenſe des matériaux littéraires qu'on annonce dans la préface des mémoires ſecrets, &c. on ne peut douter qu'il n'y ait eu au moins quelque part, en ſuivant la filiation du recueil que l'on prétend avoir été formé originairement chez madame *Doublet*, virtuoſe très-renommée en effet par ſon goût pour les nouveautés de toute eſpece qu'elle recueilloit, & qui ſe rédigeoient chez elle, & par ſon ardeur à les répandre. C'eſt un fait connu de tout Paris. Cette collection neuve, ainſi que l'annonce l'éditeur, par des notices courtes, inſtructives & amuſantes, doit être bien reçue du public, ſi le goût & l'impartialité y ont en effet préſidé. Il faut attendre le tout pour en juger plus pertinemment. Il paroît qu'on ſe propoſe de la continuer enſuite année par année, ſous le même titre. (Cette notice eſt tirée de nouvelles à la main très-accréditées dans Paris.)

22 *Janvier* 1777. Le ballet *des Horaces & des Curiaces*, ſi admiré en Allemagne, ne l'a pas autant été ici : on a trouvé cette pantomime trop longue, trop confuſe, trop énigmatique, & préſentant quelquefois des contre-ſens ; d'ailleurs péchant contre ſon objet même, puiſqu'il y a très-peu de danſe. Du reſte, un beau

spectacle, quelques moments du plus grand effet. Mademoiselle Heinel y brille de la façon la plus pittoresque. Elle fait le rôle de *Camille*, la sœur des *Horaces*, & a rendu très-énergiquement la scene de l'imprécation. On reproche aussi au décorateur d'avoir mis des anachronismes dans sa partie, en représentant *Rome* avec des monuments beaucoup trop modernes.

22 *Janvier* 1777. Les comédiens François donnent aujourd'hui la premiere représentation de *Zuma*, cette tragédie de monsieur Lefevre, qu'on a prétendu n'avoir pas réussi à Fontainebleau ; bruit injurieux à la réputation de l'auteur, contre lequel il a réclamé par une lettre imprimée dans le *Journal de Politique & de Littérature*, où il rend un compte détaillé de l'impression éprouvée successivement par les spectateurs durant les cinq actes. Nous verrons ce qui en arrivera ce soir.

23 *Janvier*. « *Messieurs*, a dit l'avocat-
» général Seguier, nous apportons à la cour
» un recueil imprimé, intitulé : *Suite de la*
» *justification du sieur de Beaumarchais*. Au
» nombre des différentes pieces que ce re-
» cueil renferme, nous avons trouvé dans
» une requête également imprimée du sieur
» de Beaumarchais, un discours qu'il s'étoit
» proposé de prononcer à votre audience. La
» sagesse qui accompagne toujours vos dé-
» marches, ne vous permit point alors de lui
» accorder la faculté qu'il demandoit d'être
» entendu dans sa propre défense ; les mêmes
» motifs de prudence qui avoient déterminé
» la cour à ne point permettre au sieur de
» Beaumarchais de prononcer ce discours lors

» de la plaidoierie de la cause, auroient dû
» lui faire comprendre qu'il étoit également
» dans l'intention de la cour qu'il ne fût point
» rendu public par la voie de l'impres-
» sion, &c. » En conséquence, arrêt de suppression, sans aucune qualification, rendu le 18,
grand'chambre & tournelle assemblées.

On assure que le grand-conseil, enfin ai-
guillonné par ce mépris insultant, cette ré-
ticence affectée, ou plutôt cette approbation
tacite des injures que lui dit le sieur de Beaumarchais dans son discours, a pris le parti de
le faire décréter ; mais que celui-ci a eu recours au parlement, qui a rendu arrêt pour
le prendre sous sa protection.

23 *Janvier* 1777. *Zuma* a été joué hier en
effet. La décoration imposante a d'abord prévenu favorablement le public, & le premier
acte a été très-applaudi. Quelque chose de
choquant dès le second a excité des huées. Le
troisieme & le quatrieme, pleins d'absurdités &
de choses révoltantes, sembloient menacer l'auteur d'une chûte inévitable, lorsqu'au cinquieme
acte une seconde reconnoissance a ranimé le
parterre languissant, l'a enthousiasmé & a
causé ces transports véritables de l'ame émue
& hors d'elle-même. Il falloit que le public fût
fortement électrisé pour avoir supporté la gaucherie du poëte, qui, au lieu de briser-là &
de clorre sa piece, comme il le pouvoit & le
devoit, l'a allongée par un dénouement san-
guinaire & opposé aux desirs du spectateur.
Ceci est aisé à corriger, & l'on peut regarder cette tragédie comme couronnée d'un
plein succès, malgré les défauts énormes du

plan & des caracteres, l'emphase & la bouffissure du style, l'incohérence, les contradictions & le faux des pensées & du dialogue.

24 *Janvier* 1777. On parle d'un procès prêt à s'élever entre les comédiens & le sieur de Beaumarchais, au sujet d'une pique des premiers qui, par une fausse délicatesse, ne voulant point accepter les honoraires d'auteur, que le second leur abandonnoit entiérement, lui ont fait porter la somme décidée lui revenir pour sa part. Le sieur de Beaumarchais, indigné à son tour, a mis en avant la querelle dès long-temps mue entre les historiens & les auteurs dramatiques, relativement à l'abonnement des petites loges, que ceux-là se réservent en entier. Il seroit bien à souhaiter que cet intrigant, plus adroit, plus courageux & plus soutenu que les poëtes qui ont déja agité la question, la fît résoudre, & humiliât l'insolence de ces rois de théatre.

24 *Janvier* 1777. *Mémoires d'une reine infortunée, entremêlés de lettres (écrites par elle-même) à plusieurs de ses parents & amis illustres sur plusieurs sujets & en différentes occasions, traduits de l'Anglois* On voit à la tête la gravure de l'héroïne, la reine *Caroline Mathilde*. On conçoit combien la matiere étoit difficile à traiter.

25 *Janvier* 1777. Madame la duchesse d'Anville est une femme singuliere, qui aime beaucoup à jouer à la loterie royale de France. Ces jours derniers elle a rêvé que pour être heureuse, il falloit qu'elle fît choisir ses numéros par un fou. En conséquence elle va aux *petites-maisons* & prie les chefs de cet hô-

pital de lui en faire venir un, mais raisonnable à quelques égards, & avec qui elle puisse causer. Le fou venu, elle lui déclare le sujet de sa visite, & le prie de vouloir bien lui nommer trois numéros sur lesquels elle doive mettre avec confiance. Le devin, très-gravement, demande une plume & de l'encre, les écrit bien distinctement & séparément; puis montrant le papier à la duchesse : « Lisez, » Madame, étudiez bien ces numéros. Les » savez-vous par cœur ? —— Oui, Mon- » sieur...... » Alors il en fait trois parts les plie en petites boules, les avale; puis il ajoute : « Madame, allez les prendre : c'est » demain le tirage; je vous réponds que ces » numéros sortiront, qu'ils vous feront un » terne; mais je ne vous garantis pas qu'il » soit sec. „ Tous les spectateurs de la scene rient beaucoup, & jugent que le plus fou n'est pas le prisonnier.

25 *Janvier* 1777. *Le Journal de Paris* est arrêté du jeudi 23, & n'a point paru ce jour-là. On a pris le prétexte d'une épigramme point neuve & assez obscene pour le suspendre; ce qui cause un grand mouvement dans cette capitale. Quoique peu intéressant que fût ce nouveau papier public, il y avoit déja beaucoup de souscripteurs; les gens les plus distingués de la cour vouloient l'avoir : la reine, la famille royale, les princes le lisoient, même Madame *Elisabeth*. Malgré cette curiosité générale, il n'y a point d'apparence qu'il puisse reprendre, à raison de la multitude de gens qui s'y opposent. D'un autre côté, monsieur l'avocat-général Seguier ne veut pas qu'on y

parle de lui & conféquemment des affaires du palais. Le clergé fe recrie contre un hiftoire d'abbé qu'on y a inférée. Un officier aux gardes, monfieur de la Roirie, a jeté feu & flamme pour fon anecdote qu'on y a rapportée. Enfin, c'eft une rumeur confidérable.

26 *Janvier* 1777. Il y avoit très-peu de monde au ballet des Horaces le jour où il a été exécuté pour la feconde fois. On peut regarder cette pantomime comme fans fuccès. Cependant il eft des gens qui préfument qu'en la réduifant à trois actes, elle pourroit produire un grand effet. On ne peut néanmoins s'empêcher de reconnoître beaucoup de génie dans fon compofiteur qui, ainfi qu'il le dit dans fa préface, a transformé fon métier en art, a ramené la danfe à fon premier principe qui eft l'imitation. Du refte il fe défend contre le reproche qu'on lui pourroit faire, d'avoir entiérement abandonné la danfe méchanique pour la danfe en action : il en attefte la quantité d'éleves qu'il a formés en ce genre, prouvant fuffifamment qu'il s'eft partagé entre les deux.

27 *Janvier* 1777. Depuis quelque temps le fieur Audinot donne fur fon théatre un fpectacle ancien, intitulé : *La belle au bois dormant.* Il avoit déja beaucoup de fuccès, mais il eft infiniment plus confidérable aujourd'hui par les améliorations, les embelliffements & une exécution plus parfaite. La fureur eft telle d'y aller, que l'opéra en a conçu de la jaloufie, & a fait défendre au directeur de donner cette piece les mardis & vendredis. Il eft certain qu'il n'eft rien de plus agréable pour la rapidité dont

les décorations sont servies & pour l'illusion qu'elles produisent.

17 *Janvier* 1777. La guerre entre les Gluckistes & les partisans de la musique Françoise continue, & enfante des bons mots, dont quelques-uns sont assez plaisants. Derniérement, à une représentation d'*Alceste*, un détracteur de cette nouveauté prétendit que mademoiselle le Vasseur chantoit mal & lui arrachoit les oreilles : « Ce seroit » un grand service à vous rendre, Monsieur, re- » partit un admirateur de cet opéra, si c'étoit » pour vous en donner d'autres. »

17 *Janvier* 1777. Le sujet de la tragédie de *Zuma* est tiré de l'histoire du Pérou, mais travesti en un romain rempli d'invraisemblances & même de fautes contre le bon sens. Le caractere principal de *Pizare* en offre sur-tout beaucoup, par les contradictions qu'on y rencontre. C'est un monstre si atroce, que l'auteur, malgré son repentir, a cru ne pas pouvoir le laisser exister, & devoir l'immoler à la vengeance de *Zuma*, reine de ces contrées, dont il a fait périr le mari, errante & fugitive depuis qu'elle a été détrônée. D'un autre côté, la situation de la reconnoissance de ce *Pizare* avec son frere, qui se trouve conservé, élevé & chéri par cette princesse, au point qu'elle lui veut faire épouser sa propre fille, est si déchirante ; la conversion du héros *Espagnol*, quelqu'atroce qu'il soit, semble si sincere, que le spectateur s'attend à le voir sauvé, & est fâché qu'il meure.

28 *Janvier* 1777. On commence à voir une description sommaire du cabinet de feu son al-

tesse sérénissime monseigneur le prince de Conti. La collection des tableaux est composée de près de 300 originaux des meilleurs maîtres de l'école *Italienne* ; de plus de 300 tableaux des meilleurs maîtres anciens & modernes de l'école *Françoise* ; de près de 200 tableaux des meilleurs maîtres de l'école *Flamande*; de plus de 200 tableaux des meilleurs maîtres de l'école *Hollandoise* ; de 12 tableaux de *Ruisch*, *Dietricei*, *Fergue* & autres maîtres de l'école *Allemande*, des mieux choisis ; de 42 miniatures choisies & des meilleurs peintres de ce genre ; de plusieurs morceaux agréables peints à gouache, & d'environ 100 tableaux représentant des cérémonies *Turques* & *Chinoises* ; de 24 bas-reliefs, &c. On conçoit que cette collection seroit des plus riches, si elle étoit aussi bien choisie que nombreuse, & si elle répondoit à l'annonce pompeuse qu'on en fournit.

28 *Janvier* 1777. Depuis qu'il est arrêté de transporter aux invalides tous les modeles en relief des places de guerre qui sont dans la gallerie du Louvre, on a beaucoup varié sur les moyens d'exécuter ce projet : tous sembloient fort dispendieux, & la moindre proposition des entrepreneurs se montoit à 60,000 livres. Enfin on a imaginé d'y faire une ouverture du côté qui donne sur le quai de la riviere, d'y établir un échafaud en pente douce, par lequel on fera couler ces monuments militaires : on les embarquera sur la Seine ; ils seront ainsi facilement conduits sans risques à l'autre bord & à très-peu de frais ; en sorte que cette dépense énorme, vu son objet, se trouvera infiniment réduite. Les

amateurs des arts attendent avec impatience le moment où l'on commencera à développer dans ce vaste emplacement les richesses inconnues de sa majesté en tableaux, sculptures & autres curiosités de toute espece. Ce jour, s'il arrive jamais, fera beaucoup d'honneur à monsieur le comte de la Billarderie d'Angiviller, directeur & ordonnateur général des bâtiments, arts, académies & manufactures royales. Ce sera une époque fameuse sous son administration.

29 *Janvier* 1777. Le premier *mémoire pour l'auteur de la philosophie de la nature*, en réponse à celui de l'abbé Chrétien, ancien conseiller au conseil supérieur d'Arras, censeur royal, &c. a pour objet, moins d'instruire que d'éclairer le public trompé par celui de l'adversaire. Après un précis des faits par rapport à l'accident qui devient l'objet de ce factum, monsieur de Lisle cherche à réfuter les imputations dont le censeur se charge dans le sien, & surtout celle du crime de faux: il l'accuse à son tour, & prétend que c'est lui qui est coupable d'une multitude de faux répandue dans sa diatribe, dont il fait une énumération assez détaillée; enfin il s'éleve particuliérement contre la consultation des quatre avocats, dont le mémoire de l'accusateur est signé, & il y oppose une autre consultation, en date du 5 novembre, signée *Dorlbac*, suivant laquelle les réponses de monsieur de Lisle prouvent de la maniere la plus conséquente que son intention n'étoit point d'attaquer les principes religieux & politiques reçus dans l'état, puisqu'il soumettoit ses idées à la censure du gouvernement;

ment ; que c'est par une calomnie condamnable que le sieur abbé Chrétien cherche à s'excuser de son approbation, puisque c'est sur lui seul que doit tomber l'anathême des magistrats, l'ouvrage n'ayant été rendu public que sous ses auspices. A l'égard du crime de faux, son attaque n'est point admissible ni dans la forme, ni au fond. Enfin on veut qu'il ne soit ni délicat ni adroit dans sa défense, & que son mémoire soit la plus forte des pieces justificatives de l'accusé.

30 Janvier 1777. Le *Journal de Paris* est ressuscité le 29, mais absolument éthique : on n'a point fourni les six feuillets intermédiaires depuis la suppression du 13 ; le rédacteur de l'ouvrage n'en a fait aucune excuse au public, n'en a donné aucune raison. On croit seulement que le gouvernement a exigé le sacrifice du sieur de la Place, chargé de cette direction, par un *Nota*, où l'on avertit que ce n'est plus lui, sans nommer celui qui le remplace.

31 Janvier 1777. L'affaire de l'encyclopédie commence à se remuer, & l'on voit un mémoire en faveur de onze souscripteurs de l'encyclopédie contre le sieur le Breton, imprimeur, &c. en présence du sieur Luneau de Boisjermain, aussi souscripteur de l'encyclopédie. Cette discussion intéressante dans ses détails se réduit à trois objets : *Faits relatifs à l'engagement des Libraires, Preuve de l'inexécution de cet engagement, Obligation de restituer,* ou *Réfutation de fins de non-recevoir.* Elle est signée de Me. *la Croix de Frainville,* & fait honneur a cet avocat, si elle est réellement son ouvrage.

31 Janvier 1777. Il paroît que la guerre est

ouverte entre messieurs Dorat & de la Harpe, & que le premier est si outré, qu'indépendamment d'une lettre insérée dans les feuilles de *l'Année Littéraire*, où il traite son adversaire de la façon la plus méprisante, il annonce publiquement qu'il se propose de le vexer, d'une maniere encore plus outrageante, s'il le rencontre. Ce qui oblige la *Bamboche* [c'est une expression de M. Dorat] à se tenir close & couverte, & à ne sortir qu'en voiture.

1 *Février* 1777. Le 25 janvier dernier, l'académie royale de peinture & de sculpture a agréé monsieur de *Launay*, à qui l'édition de *l'Arioste*, faite à Londres, & celle des *Métamorphoses d'Ovide*, doivent une grande partie de leur ornement. Les talents de cet artiste sont encore connus par différentes gravures, d'après messieurs Pierre, Cochin, Beaudoin, &c. Entre plusieurs morceaux qu'il a présentés, on a sur-tout distingué une estampe, dans le genre de l'histoire, d'après Rubens, qui est d'un très-beau burin, & lui a mérité les suffrages de l'assemblée.

1 *Février*. Quoique le mémoire publié récemment dans l'affaire de *l'Encyclopédie*, ne roule que sur un sujet bien rebattu, cependant par le laps de temps qui s'est écoulé depuis la suspension du procès, la maniere redevient neuve, & l'on ne peut fournir à la multitude des curieux empressés de s'en pourvoir. Il est vrai que dans celui-ci il y a encore plus de clarté & plus de détails intéressants concernant les fraudes des entrepreneurs utiles de cet immense édifice littéraire.

On s'y concilie d'abord la bienveillance de

tous les souscripteurs, en leur faisant voir que le sieur le Breton & ses associés se prévalent de leur silence & l'annoncent comme une approbation tacite des surprises multipliées qu'ils leur ont faites ; ce qui doit exciter leur indignation, & les engager à se joindre aux réclamants.

Ces gens de lettres ne sont pas moins intéressés à cette attaque, puisqu'il s'agit d'empêcher qu'on ne se serve à l'avenir de leur nom pour tromper les amateurs avides de leurs productions. Du reste, on rend justice aux auteurs du dictionnaire encyclopédique, qui n'ayant point partagé les dépouilles des souscripteurs, refuseront de protéger les manœuvres insidieuses par lesquelles on se les est appropriées.

Enfin, les magistrats, sous les auspices desquels se sont commises tant de vexations sourdes, doivent se faire justice eux-mêmes des moyens qu'on a pris pour surprendre leur vigilance ou pour abuser de leur confiance.

Tout cet exorde adroit est précédé du corps de délit établi, consistant en ce qu'un ouvrage vendu & payé d'avance 280 livres, a cependant coûté aux souscripteurs, une somme de 984 livres qu'ils ont été forcés de payer.

2 *Février* 1777. Quoique le cabinet de monsieur de Gagny n'ait pas rapporté par sa vente autant que se flattoient les héritiers, il y a eu des morceaux vendus très-cher. *L'Enfant prodigue* de David Teniers, a été adjugé à 29,000 liv. *Le marché aux herbes*, par Metru, à 25,800 livres. Deux *Paysages* de Claude Gelée, dit le Lorrain, à 14,000 livres. *Le marchand d'Or-*

viétan, petit tableau de Kavel Dujardin, à 17,200 livres. Un *Payſage* avec figures, d'Adrien van de Velde, à 14,980 livres. *Vertumne & Pomone* de Rembrandt, à 13,700 livres. *Adam & Eve*, grand tableau de Santerre, à 12,400 liv. Enfin le tableau de *Murillo* & pluſieurs *Payſages* de Claude le Lorrain, ont monté à de groſſes ſommes auſſi. Il paroît que les étrangers ont enlevé beaucoup de ces richeſſes pittoreſques.

3 *Février* 1777. Les *Mémoires de la reine Caroline-Mathilde*, ſont une compilation indigeſte des gazettes, contenant peu de faits nouveaux, encore moins d'anecdotes. Cependant les lettres dont elle eſt enrichie ſont intéreſſantes, quoiqu'écrites très-incorrectement en François ; elles donnent une idée des connoiſſances ſupérieures de cette princeſſe dans la littérature, dans les ſciences, dans les arts, & ſur-tout de l'excellence de ſon cœur & d'une façon de penſer humaine & philoſophique bien rare ſur le trône. On y a joint pluſieurs morceaux de ſa compoſition ; ſavoir : *l'hiſtoire de l'infortunée princeſſe de Zell*, avec beaucoup de rapport à la ſienne ; un *Abrégé de la vie de Charles XII & de Pierre le Grand* ; les *Aventures de Charles Stuart, prétendant à la couronne d'Angleterre* ; enfin des *Recherches ſur le caractere des Anglois, des François & des Danois*. Ces petits morceaux, faits ſans prétention, ont chacun leur mérite, & ſe font lire avec quelque plaiſir. Cette princeſſe eſt morte le 10 mai 1775. Suivant l'éditeur, elle n'a jamais été coupable que de légéreté, d'indiſcrétion & d'un amour trop vif pour le plaiſir,

ſi naturel à ſon âge. Comment donc, devenue libre, n'a-t-elle pas fait un manifeſte pour ſe juſtifier aux yeux de l'Europe entiere & confondre ſes calomniateurs ? On ne peut rendre raiſon de ce ſilence volontaire & injurieux à ſon honneur.

4 *Février* 1777. Le docteur Franklin, arrivé depuis peu des colonies Angloiſes dans ce pays, eſt très-couru, très fêté des ſavants. Il a une belle phyſionomie, peu de cheveux & un bonnet de peau qu'il porte conſtamment ſur ſa tête. Il eſt fort réſervé en public ſur les nouvelles de ſon pays qu'il vante beaucoup : il dit que le ciel jaloux de ſa beauté, lui a envoyé le fléau de la guerre. Nos eſprits-forts l'ont adroitement ſondé ſur ſa religion, & ils ont cru entrevoir qu'il étoit de la leur, c'eſt-à-dire, qu'il n'en avoit point.

4 *Février*. Monſieur de Montblin, jeune conſeiller au parlement, vient de mourir à Touloufe, d'une maladie de langueur qu'il avoit contractée dans ſon exil. On peut ſe reſſouvenir que monſieur le chancelier lui avoit choiſi l'endroit le plus incommode, le plus dénué de ſecours & le plus mal-ſain. On peut le regarder comme une victime de la révolution. Son éloquence dans les aſſemblées étoit ſi impérieuſe, qu'à la premiere ſéance tenue à Verſailles dans l'affaire du duc d'Aiguillon, il ſubjugua le roi, qui s'écria: *Je ſuis de l'avis de Michau!* Il eſt auteur de pluſieurs remontrances, & laiſſe beaucoup de manuſcrits précieux, dont il demande, par ſon teſtament, qu'on ait le plus grand ſoin pour les remettre à ſon fils lorſqu'il ſera en âge d'en profiter. Il lui legue ſpécialement ſa

charge de conseiller au parlement, & desire fort qu'il prenne cet état.

5 Février 1777. Quoique monsieur de Lisle-de-Salces, dans son factum contre M. l'abbé Chrétien, cherche à faire tomber sur celui-ci tout le tort de l'affaire, prétendant aujourd'hui le rendre garant de ce qu'il pourroit y avoir de répréhensible dans son ouvrage, il ne persuadera personne que l'écrit du premier ne soit plein de circonspection & de modération. Il est bien vrai que naturellement un auteur qui donne un livre dans ce pays-ci, se trouvant en lisieres par les formalités qu'on lui fait subir, devroit être excusable. D'un autre côté, le métier de censeur deviendroit impraticable, s'il devoit répondre de toutes les surprises qu'on peut lui faire. Il seroit bien à souhaiter que cette querelle donnât lieu à un réglement précis sur cette matiere, qui assignât exactement les devoirs de chacun & les peines qu'il peut encourir, faute de s'y conformer.

Du reste, monsieur de Lisle, qui ne laisse pas d'avoir des amis & des protecteurs, suspendu depuis long-temps de son décret de prise de corps, a obtenu une lettre de monsieur le garde-des-sceaux au Châtelet pour hâter & terminer enfin ce procès.

6 Février 1777. Il est très-vrai que monsieur Dorat se charge de donner une nouvelle vie au *Journal des Dames*, qui jusqu'à présent, n'a fait que végéter & languir. A coup sûr, quand le sexe se seroit choisi lui-même un journaliste, il n'auroit pu en choisir un plus convenable. Des observations, plutôt que des censures, de la politesse dans les critiques, sur-tout la plus exacte impartialité, telles sont les promesses qu'il fait au public, suivant son usage, dans son *Idée d'un Journal des Dames* servant de *prospectus*. Il se propose de donner une attention particuliere aux spectacles. On publiera encore dans cet écrit périodique des contes, des romans, des poëmes entiers & quelquefois des éloges historiques des femmes les plus célebres. Le premier cahier paroîtra le 15 mars : il y en aura deux par mois.

8 *Février* 1777. On parle d'un événement arrivé à la foire saint Germain le jour de la purification, qui, quoique singulier, n'est pas absolument impossible, & est regardé comme vrai par tant de monde, qu'il mérite qu'on le rapporte. Un quidam s'est présenté au wauxhal d'hiver avec un barbet. On lui a représenté que son chien ne pouvoit pas entrer ; que s'il vouloit le confier au corps-de-garde, on en auroit soin, & qu'il le reprendroit en sortant. Entré dans l'assemblée il a voulu voir l'heure & a trouvé qu'il n'avoit plus de montre. Il a fait du bruit : un exempt est venu ; il a conté son accident ; on l'a consolé en lui disant qu'on en rendroit compte à la police. Il a trouvé le terme trop éloigné, & a prétendu que, plus habile que l'exempt, il alloit la ravoir, s'il lui étoit permis d'amener son barbet. Il a obtenu cette grace ; il a rodé avec son chien, qui s'est bientôt attaché à un homme richement vêtu. L'acharnement de l'animal bien constaté, son maître a requis que le personnage fût conduit au corps-de-garde, en offrant de payer tous les dommages-intérêts d'un pareil esclandre, de faire toutes les réparations exigées. Il a

parlé si affirmativement, que l'homme soupçonné a été obligé de suivre l'exempt, & la montre a été retrouvée avec plusieurs autres dont s'étoit déja nanti le filou. Ce trait, s'il est exact, mérite d'être consigné dans *l'éloge du chien*, avec tant d'autres, qui font honneur à son zele pour son maître & à sa sagacité.

9 Février 1777. Monsieur Dorat ne dissimule point à ses amis, qui le blâme de renoncer en quelque sorte au cothurne & au brodequin, pour s'armer du sceptre de la critique, que c'est une spéculation de finance. Quoique cet auteur, né homme de condition, ayant 4,000 livres de rentes de patrimoine, avec les honoraires qu'il retiroit de ses ouvrages & pieces de théatre, parût devoir vivre dans une sorte d'aisance, le luxe qui gagne même chez nos poëtes, l'a fort dérangé, & il cherche à réparer les breches faites à sa fortune. L'entrepreneur utile du *Journal des Dames* doit lui rendre, tous frais faits, de chaque souscription de 18 livres un tiers, c'est-à-dire *6* livres. Il compte sur mille souscripteurs au moins, & conséquemment sur 6,000 livres de rentes.

Un jeune poëte qui promettoit beaucoup, par une suite de cette inconduite trop commune chez les gens de lettres, vient d'être obligé de quitter ce pays-ci & de se retirer chez l'étranger. C'est monsieur Imbert. On le dit à Liege. On évalue sa banqueroute à 40,000 liv.

10 *Février* 1777. Madame de Senneville, femme d'un officier aux gardes, vient de mourir d'une fievre maligne. Elle étoit née en Amérique. Elle se nommoit *Grandpré* en son nom. Elle avoit par sa beauté enflammé l'amiral

Know'les, Anglois, qui l'avoit voulu épouser; & ayant été refusé, en conçut tant de désespoir & de rage, qu'il engagea, en 1754, les premieres hostilités, qu'on peut regarder comme le germe de la derniere guerre. Elle vivoit depuis long-temps avec le prince Camille, dont elle étoit devenue la maîtresse : elle avoit des talents, & jouoit fort bien la comédie. Tout cela fait anecdote, & rend cette perte intéressante, & la matiere des conversations.

11 *Février* 1777. Les comédiens Italiens sortent enfin de leur inaction : ils n'avoient donné aucune nouveauté absolument depuis le retour de Fontainebleau. Ils annoncent, pour demain, *le Mort marié*, opéra comique en deux actes & en prose, mêlé d'ariettes de monsieur Sedaine, musique de Bianochi. On assure que le sujet de cette piece est fondé sur une historiette qui a couru, il y a quelques années, concernant un magistrat de province, qui, forcé de se battre contre un officier, son rival auprès d'une demoiselle, contrefit le mort, obligea le militaire de s'écarter, & profita de cette absence pour avancer ses affaires, & terminer son mariage.

12 *Février* 1777. *La Jurisprudence du grand-conseil dans les maximes du royaume*, est encore un ouvrage attribué au sieur Goezmann, qui, chassé de cette cour, ci-devant parlement, en est aujourd'hui le plus cruel adversaire. Il démontre que sa jurisprudence, qu'il appelle *solitaire*, c'est-à-dire, différente de celle des autres cours, contraire même à la leur, est un vice radical dans l'état, une semence de division ; que c'est présenter aux peuples

étonnés le spectacle effrayant de la loi opposée à la loi, du roi opposé au roi, de la magistrature opposée à la magistrature, du barreau opposé au barreau ; que cette contradiction résidant principalement dans les matieres ecclésiastiques n'en est que plus pernicieuse, parce qu'elles tiennent de très-près au préjugé de religion, & influent nécessairement sur l'autorité extérieure, qui se verra contrainte de plier sous l'effort des opinions, toutes les fois qu'elle n'aura pas l'art de les diriger. C'est donc une mauvaise politique d'avoir rétabli le grand-conseil sur cet adage *divide & impera*, qui ne peut jamais avoir un sens vrai suivant l'écrivain, à l'égard des tribunaux de la justice, qui n'ont jamais pour cause, au moins apparente, des intérêts particuliers, & doivent nécessairement entraîner par-là le royaume dans le désordre & l'anarchie.

13 *Février 1777.* Le *Mort marié* n'a pas eu hier tout le succès que sembloient lui promettre les noms des auteurs. Le sujet présente une idée vraiment comique, mais dont on n'a pas tiré parti. Les scenes ont paru froides ; le combat, qui a eu lieu sur la scene, puérile, & le procès burlesque, sans gaieté. La musique a fait peu de sensation ; on y a même remarqué des contre-sens, ou du moins souvent peu de rapport aux paroles & aux situations. On a annoncé la seconde représentation pour dimanche, mais avec répugnance de la part du public qui a hué l'acteur.

14 *Février 1777.* Il y a sur le pont Notre-Dame une machine à eau très-essentielle pour en fournir dans cette capitale. Malheureuse-

ment sa vétusté & son état de dépérissement irrémédiable, ne permettent pas d'espérer qu'elle puisse subsister encore long-temps. Cependant si elle venoit à manquer avant que d'être remplacée par un autre, une grande partie de Paris se trouveroit dénuée d'eau pendant plusieurs années, & seroit exposée aux plus grands dangers dans le cas d'incendie. Il est donc de nécessité absolue de prévenir de bonne heure deux inconvénients aussi considérables. Mais puisqu'on est obligé de construire une nouvelle machine, il faut profiter de cette occasion pour corriger les défauts de la premiere, dont les principaux sont de fournir une trop petite quantité d'eau, & d'en donner une chargée d'immondices qui sortent continuellement des égouts, des bateaux de chaux, des boucheries, du travail des blanchisseuses & des teinturiers qui se trouvent dans le voisinage.

C'est pour remplir ces vues, soit en totalité, soit en partie, qu'on a présenté en 1776 trois projets à l'académie des sciences.

Le premier est celui de monsieur de Parcieux, vérifié & perfectionné par monsieur Perronet. Son objet est d'amener, par des aqueducs, les eaux de l'Yvette, de Bievre, & du ruisseau de Bures.

Le second, proposé par monsieur Dauxiron, & en dernier lieu par monsieur Perrier, est d'établir plusieurs pompes à feu, dispersées sur les bords de la riviere.

Le troisieme est la machine du sieur Capron, que l'académie a reconnue, « utile, possible » dans son exécution, capable enfin de four- » nir une eau plus pure par son emplacement,

« un plus grand volume de ce fluide, & a
« une plus grande hauteur que les machines
« actuellement établies sur la Seine. »

Il faut espérer que la ville s'occupera incessamment d'un parti nécessaire à prendre dans les circonstances.

14 *Février* 1777. Voici les principaux articles sur lesquels la jurisprudence du grand-conseil est, suivant l'expression énergique de monsieur Goezmann, *solitaire*.

1°. Cette jurisprudence reconnoît l'inquisition comme un tribunal de justice en France.

2°. Elle autorise les juges d'église à connoître du petitoire & du possessoire des matieres ecclésiastiques.

3°. Elle favorise les clauses *proprio motu & apostolica potestatis plenitudine*, & par conséquent l'infaillibilité du pape.

4°. Elle a, dans tous les temps, fomenté les atteintes qui ont été données à la loi nationale de la pragmatique-sanction, & à l'ancienne discipline de l'église.

5°. Le grand-conseil se prétend juge des appellations comme d'abus dans les renvois, & attributions qui lui sont faites, au préjudice de l'article XX de l'édit de 1695 ; & dans sa jurisprudence à cet égard, il restreint la jurisdiction royale, en ce qu'il se réserve toujours de déclarer l'appellant non-recevable.

6°. L'attribution qui lui est faite des contestations à naître au sujet des nominations qui se font en vertu du droit de joyeux avénement, & du serment de fidélité, suppose que ces deux droits royaux sont moins privilégiés que la régale, & émanent d'une source différente.

7°. Il est d'usage d'adjuger les dignités des églises cathédrales & collégiales aux gradués, comme les autres bénéfices, au préjudice des réclamations faites à cet égard par l'assemblée générale du clergé, notamment en 1660.

8°. Dans la connoissance qu'il s'attribue des délits ecclésiastiques, il ne reconnoît point le privilege de cléricature que le parlement a toujours défendu & protégé.

Quoique la matiere de cet ouvrage semble très-aride, l'auteur l'a rendue intéressante par beaucoup de faits dont il s'appuie; ce qui annonce une grande connoissance de l'histoire, & une érudition profonde. Il y a d'ailleurs de la clarté, de la méthode, du style; ce qui feroit présumer que c'est mal à propos qu'on l'attribue au sieur Goezmann.

14 *Février* 1777. Le grand-conseil a repris le mardi gras son usage antique de jouer aux dez après l'audience. Le premier huissier apporte le cornet au premier président qui commence, & tous les magistrats suivent: le public y est admis. C'est sur le bureau même du greffier que se tirent les chances. On ne dit point l'origine de cette cérémonie futile en apparence, & sans doute allégorique. C'est un avis salutaire aux plaideurs de la maniere dont vont être jugés leurs procès, & plût à Dieu qu'ils ne le fussent jamais qu'ainsi!

15 *Février* 1777. L'exécution du premier projet pour procurer de l'eau à Paris, monte, suivant le devis de M. Perronnet, à 7,826,200 liv. A quelque perfection qu'on doive s'attendre dans un travail fait sous ses ordres, l'en-

tretien toujours inévitable d'un ouvrage quelconque, doit être estimé dans celui-ci proportionnément à son étendue, qui a près de 9 lieues de longueur.

Le second projet d'employer les pompes à feu, monteroit par an, suivant les calculs de l'académie, à la somme de 129,900 livres, pour fournir 600 pouces d'eau à la hauteur seulement de 80 pieds. Mais 1°. cet entretien, qui répond au capital de 2,598,900 livres, seroit pour la ville une charge perpétuelle & très-considérable, qui ne feroit qu'augmenter de temps à autre par les réparations nécessairement fréquentes dans une construction de cette nature. 2°. La hauteur de 80 pieds ne suffisant pas pour les quartiers les plus élevés de Paris, il faudroit augmenter la dépense pour y porter l'eau dont ils ont besoin. 3°. La consommation journalière & prodigieuse du charbon de terre ameneroit avec le temps la diminution & la cherté de cette denrée nécessaire à plusieurs arts. 4°. L'abondance des vapeurs sulfureuses & bitumineuses qui s'exhaleroient continuellement des fourneaux, & qui seroient condensées par l'air toujours épais des grandes villes, formeroit un nuage infecte, qui porteroit l'incommodité & peut-être la maladie, principalement dans les maisons voisines des lieux où différents corps de pompes seroient placés.

La machine de monsieur Capron, suivant lui, n'a aucun de ces inconvénients, & a beaucoup d'avantage que n'ont pas les deux autres.

15 *Février* 1777. Le 7 février l'avocat-général Seguier a dénoncé au parlement, dans un

long requisitoire, un écrit, intitulé : *Motifs de ne point admettre la nouvelle Liturgie de monsieur l'archevêque de Lyon*. Il est relatif à la querelle existante depuis long-temps entre ce prélat & son chapitre. Le magistrat, très-zélé pour monsieur de Montazet, y déploie son éloquence contre le parti moliniste, dont il juge l'ouvrage émané, & fait le plus grand éloge de l'archevêque, coryphée des jansénistes.

Par une singularité remarquable, la cour, en ordonnant que le libelle en question soit lacéré & brûlé, ne lui donne aucune qualification.

16 *Février* 1777. *Dom Japhet d'Arménie*, comédie en cinq actes & en vers de Scarron, est une farce fort bonne pour le temps où elle a été composée, & qu'on ressuscite ordinairement les jours gras pour amuser les bourgeois & le peuple, qui vont par extraordinaire au spectacle ces jours-là. Cette piece a fait une fortune extraordinaire cette année, & elle a fort réjoui la reine & la famille royale. On y a joint le divertissement qu'on appelle la *Cavalcade* : on l'a enrichi de tableaux pittoresques, analogues aux courses, qui sont aujourd'ui la fureur des princes & de nos jeunes seigneurs, ce qui fait spectacle, & est réellement fort amusant ; en sorte que *Dom Japhet* dure encore durant le carême.

16 *Février*. Il paroît décidé que la ville reprendra l'administration de l'opéra à pâque. Un monsieur Vougny, cousin-germain de monsieur Amelot, fort bien avec monsieur le comte de Maurepas, grand coureur de filles, & allant beaucoup à ce spectacle comme le centre de cette marchandise, a désiré y présider sous l'inspection du ministre, & en aura la direction honorifique

& utile. On ne doute pas qu'il n'ait des croupiers. Du reste, le sieur le Berton conduira toute la machine, quant à ce qui concerne la partie des arts.

17 *Février* 1777. *Mémoires de Louis XV, roi de France & de Navarre, dans lesquels on donne une description impartiale de son caractere, de ses guerres, de la politique de sa cour, du génie & de l'habileté de ses ministres, généraux & favoris. Par un ancien secretaire d'ambassade de la cour de France : traduits de l'Anglois.*

Tel est le titre d'un ouvrage, qui, sous cette annonce imposante, cache la plus parfaite stérilité. En effet, quel talent ne faudroit-il pas pour réduire tant de choses en 59 pages qui sont toute l'étendue du pamphlet ? Mais on y remarque en outre une ignorance crasse, des anachronismes fréquents, & une infinité de fautes qui ôtent tout le mérite qu'il pourroit avoir comme historique. Il est d'ailleurs fort mal écrit, & ne peut avoir été composé que par un étranger, non-seulement n'ayant aucune étude, aucune politique, mais aucun style. Il est assez impartial & sans méchanceté : ce sont les seules bonnes qualités qu'on y remarque.

17 *Février*. Il paroît une *requête au roi pour les malheureux habitants du Mont-Jura, au nombre de douze mille.* Elle est accompagnée d'une lettre, écrite le 24 août dernier par ces habitants, à monsieur le comte de Saint Germain, rapporteur de leur affaire au conseil. Il est question de faire casser un arrêt du parlement de Besançon, du 18 août 1775, qui conserve au chapitre de Saint-Claude le droit & la possession de la main-morte générale & territoriale réelle

& personnelle sur les hommes, fonds & territoires des suppliants. On connoît depuis long-temps cette question par les éloquents écrits de monsieur de Voltaire. Tout récemment encore il a offert à monsieur de Mirbeck, avocat aux conseils, leur défenseur, de le seconder de sa plume, de son crédit & de sa bourse, pour faire briser les fers de ses clients.

18 *Février* 1777. Les libraires associés à l'*Encyclopédie*, n'ont pas manqué de faire une *réponse au mémoire du marquis de la Saone & consorts intervenants, & contre le sieur Luneau-de-Boisjermain*. Elle est signée de Me. Serpaud, avocat, & suivie d'une consultation de Me. Boudet, en date du 8 de ce mois. Il estime que cette réponse contient les moyens les plus solides, & qu'elle donne une nouvelle force à ceux qu'il a lui-même employés dans son *précis*.

Les libraires écartent dans le grand nombre des *opérations relatives à l'encyclopédie*, toutes celles qu'ils ne peuvent, disent-ils, regarder comme liées à l'intérêt public. Ils ne parlent dans cet écrit que de celles analogues aux permissions apparentes ou tacites qui leur ont été accordées, de celles qui frappent sur leurs conditions avec les souscripteurs, & enfin de celles concernant les réglements. Ils prétendent avoir répandu sur ces trois points la plus vive lumiere; & il faut avouer qu'ils disent des choses assez satisfaisantes, sans cependant répondre à tout.

On voit qu'ils en veulent sur-tout à monsieur Luneau-de-Boisjermain, qui depuis huit ans les tracasse: ils l'inculpent adroitement d'avoir déféré l'affaire au tribunal de 1771; mais ils se targuent du jugement du 7 septembre de la même année, qui fit perdre en un instant à leur adversaire sa prétention à passer pour un homme supérieur dans les sciences, dans les lettres, dans les arts : « *Ses titres de censeur, critique, délateur, témoin, expert, juge, exécuteur*, ajoutent-ils, *tout disparut par ce jugement.* »

A l'égard du *Retentum* de la requisition du ministere public, qui chargea les libraires de rapporter les mémoires & autres pieces relatives à l'encyclopédie, pour en être rendu compte & ordonné ce qu'il appartiendra, ils semblent se faire un mérite d'avoir différé d'y satisfaire alors, en s'empressant aujourd'hui de le faire.

19 *Février* 1777. Monsieur Dorat ayant jugé à propos de se louer à outrance dans une *lettre d'une* prétendue *académicienne des arcades de Rome*, on a pris la même tournure pour le dénigrer dans une épigramme attribuée à messieurs Palissot & Clément. Il faut se rappeller que l'apologie roule principalement sur ses ouvrages dramatiques & sur *le Malheureux imaginaire*. L'épigramme est intitulée :

Confession poétique, par un académicien des Arcades.

De petits vers pour Iris, pour Climene,
Dans les boudoirs m'avoient fait quelque nom :
Desir me prit de briller sur la scene ;
Mais j'y parus sans l'aveu d'Apollon.
Là, comme ailleurs, s'achete la victoire :
A beaux deniers l'on m'a rendu la gloire ;

Mieux eût valu, ma foi, qu'on meût berné.
Que m'ont servi tant de prôneurs à gages !
De mes succès où sont les avantages ?
Un seul encore, & je suis ruiné.

20 Février 1777. La machine à eau du sieur Capron, suivant lui, n'est sujette à aucun des inconvénients qu'on critique dans les autres projets; elle est simple dans sa construction, & n'a pour moteur que le mouvement de la Seine. Placée à 300 toises au-dessus de l'isle Louvier, par conséquent de tous les égouts de Paris, & construite de maniere à ne pouvoir nuire à la navigation, elle formeroit par son château d'eau un obélisque de 150 pieds de hauteur, susceptible d'être décoré : par l'élévation de ses cuvettes, elle fourniroit de l'eau aux quartiers supérieurs, & par sa position cette eau seroit plus pure que celle puisée dans le centre de la ville par les pompes à feu, ou prise dans l'Yvette, dont le goût marécageux ne peut se perdre que par un longue évaporation. Son moindre produit sera de 600 pouces, rendant 1,800 muids par heure : volume triple de ce que donnent ordinairement la pompe de Notre-Dame, la Samaritaine & la conduite d'Arcueil, réunies. Quoique ce volume soit suffisant, sur-tout en laissant subsister *Arcueil*, & la Samaritaine, qui, par son emplacement, ne gêne point la navigation comme la pompe Notre-Dame ; cependant si l'on desiroit l'augmenter, il seroit très-facile de se procurer un excédent quelconque avec une dépense moindre des deux tiers que celle proposée. Enfin ce projet ne change rien à la position actuelle des conduites, châteaux d'eau & fontaines dans l'intérieur de la ville; ce qui procure une assez grande épargne, que ne forme pas le projet de la riviere d'Yvette.

20 *Février* 1777. Comme Paris a besoin absolument d'un *arlequin*, que le Carlin presque septuagénaire ne peut long-temps suffire à ce rôle, que le sieur Coraly, désigné pour le remplacer, ne plaît pas au public, le sieur Bigotini a essayé de faire rire & de déployer ses talents en ce genre; ce qu'il a fait avec succès le 18 de ce mois. Reste à savoir si cela durera. Une chose qui doit le rendre plus agréable & plus précieux, c'est qu'il est à la fois acteur & auteur. Du moins, on lui attribue la piece d'*Arlequin Esprit follet*, dans laquelle il a paru. Elle a été jouée pour la premiere fois le même jour : elle est en trois actes, avec spectacle & divertissement, & a beaucoup amusé les amateurs.

21 *Février* 1777. C'est à un nouveau jeu Anglois, nommé le *Cresp*, qu'ont été faites au Palais-Royal les grosses pertes dont on a parlé. Il se joue avec deux dez, & c'est une espece de passe-dix. Les gros joueurs ne pouvant traîner avec eux, ou même avoir réalisé dans le moment les sommes énormes qu'ils courent risque de perdre, ont imaginé des boîtes avec des jetons ou fiches à leur nom, partant de l'autre côté 10, 15, 20, 100 louis. Ce sont des especes de lettres de change qu'on prend pour bonnes, & qui se paient le lendemain sur le champ. Monsieur de la Vaupalliere ayant prié sa femme de lui en faire arranger une de cette espece, elle y a joint son portrait & ceux de ses enfants, avec ces mots: *Souvenez-vous de nous !* Mot

peu efficace, car il n'en a pas moins perdu beaucoup. Cette paſſion eſt devenue une fureur encore plus épidémique & plus extrême durant ce carnaval.

21 *Février* 1777. Ce qui fâche le plus les libraires dans le mémoire des ſouſcripteurs de l'Encyclopédie, c'eſt le calcul de leurs gains qu'on y révele, & qui, ſuivant le réſultat qu'on en fournit, après en avoir articulé en détail toutes les parties, ſe montent au capital énorme de 3,240,798 livres 15 ſous 6 deniers. Alors il reſte toujours près d'un million de lucre illégitime, c'eſt-à-dire, au-delà de la convention primitive.

21 *Février*. A la vente des tableaux de l'hôtel d'Aligre, on voit avec plaiſir que les curieux & amateurs portent à un prix aſſez haut les ouvrages de l'école moderne, même de maîtres médiocres. On y trouve deux tableaux en tapiſſerie des Gobelins, ſujet paſtoral, ſous glace, vendus 2,659 livres 19 ſous. *L'étude de la tête d'une jolie femme* par Greuze, montant à 2,599 livres 19 ſous. Un tableau d'une ſeule figure, par Aubry, à 1,000 livres. Deux tableaux par Olivier, vues de jardins, ornés de figures, 725 livres. Deux payſages par Robert, 900 livres. Un petit tableau de payſage, avec figures par Bounieu, 650 livres.

21 *Février* Rien de plus plaiſant que l'appareil impoſant avec lequel monſieur de Liſle nous donne une édition des *Mélanges de madame la comteſſe de Vidampierre*. Le tout a 64 pages, la préface ſeule 24, & dans le ſurplus ſe trouvent encore pluſieurs pieces étran-

geres. On ne peut nier qu'il n'y ait des graces & de la facilité dans les trois ou quatre opuscules de cette dame, mais qui ne valent pas assurément la peine de la placer au-dessus de madame Deshoulieres, comme le fait l'emphatique éditeur. Il paroît, au surplus, que cette charlatanerie a pour motif louable de procurer quelque argent à cette femme de qualité dans l'indigence.

22 *Février* 1777. Ce qui pourroit faire pencher la ville pour le projet du sieur Capron, c'est que son devis est très-modique en comparaison des deux autres, & relatif aux vues d'économie & d'embellissements que le bureau de cette administration pourroit se proposer. La machine adoptée telle qu'il la présente, ne coûteroit que 1,800,000 livres; & comme elle est infiniment moins compliquée que celle du pont Notre-Dame, dont l'entretien ne va qu'à 7,000 livres, il est clair que la dépense annuelle seroit beaucoup moins considérable.

Si l'on veut adopter l'obélisque à un pont qui facilite la communication des nouveaux boulevards aux anciens, qui, en formant un embellissement digne de la capitale, établisse une circulation avantageuse entre trois fauxbourgs très-peuplés, *Saint-Antoine*, *Saint-Victor* & *Saint-Marcel*, qui serve enfin à faire passer directement les conduites destinées au quartier de l'Estrapade, & qui éviteroit un grand circuit, la dépense montera à trois millions, en cédant à l'entrepreneur les matériaux & le terrein de la gare, dont la ville a abandonné le projet.

Enfin, si l'on est forcé de n'employer que les moyens les plus économiques, l'architecte fera placer fa machine au pont au Change, où la tour du palais pourroit fervir de château d'eau. Dans ce cas-là la dépenfe ne montera qu'à 900,000 livres, & le produit fera le même. Il eft vrai que dans cet emplacement l'eau n'a plus le degré de pureté qu'elle avoit dans le premier; cependant en prenant certaines précautions, il prétend que l'eau puifée en cet endroit feroit moins chargée d'impuretés qu'à la pompe Notre-Dame, & l'on acheveroit de la clarifier, en la filtrant avant de l'élever dans les cuvettes de diftribution.

22 *Février* 1777. Malgré la réduction du ballet *des Horaces*, appellé depuis pantomime, en trois actes, & fon nouveau dénouement, d'autant plus heureux, qu'il permet à l'auteur de rendre au caractere du vieil *Horace* toute fon énergie, il n'a pu aller bien loin, & l'on l'a donné le 20 février pour la derniere fois. Ce dénouement eft cependant beau. *Horace* eft condamné : le pere arrive & harangue l'armée. Ce n'eft point un bavardage oratoire dans lequel on emploie toutes les fineffes de l'air pour affoiblir le crime, c'eft un plaidoyer fublime en action. Il va de rang en rang, & préfente aux foldats les dépouilles des *Curiaces*; les lances & les drapeaux, auparavant renverfés, fe relevent, & le fauveur de la patrie eft porté fur des boucliers. Tout cela n'a pu tenir contre les mauvaifes plaifanteries, & il en a réfulté une chanfon. Peut-être n'aura-t-elle pas beaucoup de fel lorfque le fujet fera perdu de vue & oublié; mais elle amufe aujourd'hui, & c'eft à qui la chantera.

CHANSON.

Sur l'air: *Palsembleu, M. le Curé.*

Tout le monde est convaincu
    Que le ballet des Horaces,
En même-temps est le ballet des Cu.....
    Le ballet des Curiaces.

Quel spectateur n'est point ému
    En voyant l'aîné des Horaces,
Prendre courage & pourfendre trois Cu...
    Pourfendre trois Curiaces.

Ah, juste ciel ! tout est perdu,
    Dit Camille au fier Horace :
Je suis ta sœur, & tu perces mon Cu....
    Tu perces mon Curiace !

A l'instant son frere bourru,
    Vous la poignarde avec grace,
Camille tombe & montre encore son Cu...
    Montre encore son Curiace.

Vous, à qui Noverre est connu,
    Jetez des fleurs sur ses traces,
A l'opéra j'aime à claquer les Cu....
    A claquer les Curiaces.

23 *Février* 1777. Mademoiselle Arnoux avoit émeuté une forte cabale en sa faveur le jour où elle a joué le rôle d'*Iphigénie* ; en sorte que ses partisans ont contre-balancé les huées de ses adversaires. Les gens impartiaux, en convenant de

la beauté de son jeu, ont trouvé qu'elle n'avoit plus de voix, & qu'il n'étoit pas possible qu'elle pût rester long-temps avec succès à ce théatre. Quant à la tragédie, elle a paru encore embellie de la *fête d'Achille* au second acte, devenue plus intéressante par l'art du sieur Noverre, qui lui a donné le caractere propre, & la lie merveilleusement à l'action.

23 *Février* 1777. On a dit que *Dom Japhet d'Arménie* avoit été représenté à la cour. Le roi, pour s'amuser, avoit donné le mot aux coryphées de la cavalcade; il leur avoit ordonné d'imiter toutes les allures, attitudes, simagrées de la reine & du comte d'Artois à la fameuse course de Fontainebleau, & leur en avoit fait faire des répétitions. Cette petite farce a été exécutée avec tant de vérité, que les augustes personnages s'y reconnoissant, & voyant un dessein formé de les jouer, se seroient peut-être courroucés, si par l'affection du jeune monarque à n'en rire que plus fort, ils n'avoient jugé que sa majesté étoit d'intelligence; ce qui les a déterminés à prendre aussi le parti d'applaudir. Le roi a été si satisfait de ce spectacle, qu'il a voulu que tous les acteurs, farceurs & suivants de la troupe eussent bouche à cour ce jour-là, & fussent régalés à ses dépens.

23 *Février*. Un tableau de Greuse représentant un enfant qui tient un chien entre ses bras, faisant partie de ceux vendus à l'hôtel d'Aligre, a été adjugé pour la somme de 7,200 liv. 1 sou.

24 *Février* 1777. Par le nouveau plan du palais qui s'exécute, on y arrivera par la place Dauphine, que l'on dégagera en face de Henri IV;

en jetant des maisons bas, ainsi que devant la porte d'entrée qui donne dans la rue *du Harley*. On élargira la cour de *Lamoignon*, & l'on y construira une aile du côté de la premiere présidence, qui sera rebâtie dans une forme différente. On conservera par les salles une communication avec la sainte-chapelle, mais elle sera isolée à l'avenir. Le roi n'arrivera plus par les petites vilaines rues, par où l'on étoit obligé de prendre, mais par le pont-neuf. En un mot, cela sera plus noble & plus magnifique, si le plan s'exécute ainsi qu'il est présenté.

24 *Février* 1777. Tout fait spectacle dans ce pays-ci, & aujourd'hui que l'on est revenu des plaisirs du carnaval, la foule se porte successivement vers les églises pour en voir un d'une espece particuliere. Monsieur Haun, abbé du Mont-Liban, & général des Antonins, est depuis la fin de décembre à Paris. Ce prélat maronite y est venu avec un de ses religieux, à dessein de faire une quête pour l'aider à rebâtir son abbaye que les flammes ont dévorée. Elle a lieu pendant la messe qu'il célebre tour-à-tour dans les paroisses & dans les couvents. Il est muni d'attestations de son éminence le cardinal Girault, & a en conséquence obtenu cette permission de l'archevêque de Paris. Il officie en langue syriaque. Les cérémonies de la messe sont dans ce rit les mêmes que celles du rit Romain, à cette différence près que l'officiant ne prend d'abord qu'une portion de l'hostie & du précieux sang. Cette premiere communion faite, il s'empare du calice d'une main, & de l'autre de la seconde partie de

l'hoſtie, qu'il tient au-deſſus du calice, recouvert de ſa patene. Il ſe tourne alors vers le peuple, comme pour l'inviter à venir participer avec lui aux ſaints myſteres, & expoſe aux yeux cette portion de l'hoſtie & le calice, les élevant & les abaiſſant de la même maniere que ſe donne la bénédiction avec l'oſtenſoir. Il ne chante, à la célébration de la grand'meſſe, que le *Kyrie*, le *Gloria*, &c. comme dans le rit Gallican. Le clerc [natif de Montpellier, élevé au Mont-Liban, qui lui ſert d'interprete], l'accompagne alors avec deux eſpeces de cymbales, qu'il frappe l'une contre l'autre en différents ſens, pour produire des ſons variés; quelquefois il frappe l'inſtrument avec une clef, muſique très-peu harmonieuſe.

Ce prélat a officié à Saint Denis aux Carmélites. Madame Louiſe le manda, ſe tranſporta à la grille, &, à la tête de ſa communauté, reçut ſa bénédiction.

Monſieur Haun eſt logé chez les bénédictins, dans l'abbaye de Saint-Germain-des-Prez, où il eſt plus à portée de trouver des ſavants avec qui converſer, n'entendant pas notre langue.

25 *Février* 1777. Il réſulte du projet de l'architecte Capron: 1°. Qu'il eſt infiniment moins diſpendieux que les deux autres. 2°. Que l'eau qui ſera élevée par ſa machine à 300 toiſes de l'iſle Louvier, ſera beaucoup plus pure & plus ſalubre. 3°. Que le volume de cette eau étant triple de celui que fourniſſent communément Arcueil & les machines de la Seine réunies, non-ſeulement il ſera ſuffiſant pour toutes les fontaines publiques faites ou à faire dans les différents quartiers de la ville, mais

qu'il en restera encore plus de la moitié, que la ville pourra vendre à son profit. Ce bénéfice, qui est très-considérable, puisque 100 pouces seulement vendus à moitié du prix ordinaire, c'est-à-dire, à 100 livres la ligne, formeroient une somme de 2,88,000 livres, & paieroient au-delà des frais de la machine, est encore susceptible d'une augmentation plus forte, & beaucoup moins coûteuse que dans les autres projets.

Ce qui pourroit sur-tout déterminer à accepter ce projet, c'est que l'auteur, dans le cas où il ne plairoit pas au roi d'autoriser la ville à faire les avances pour l'exécution de son entreprise, s'en est chargé par une soumission particuliere, remise entre les mains de monsieur Amelot, le secretaire d'état, ayant le département de Paris.

25 *Février* 1777. Le concert exécuté le samedi 23, au profit des sieurs *Frazel* & *Punto*, a ravi tous les connoisseurs par la beauté des détails, & l'excellence des maîtres qui y ont brillé. Mais les héros de cette assemblée s'y distinguerent sur-tout. Le premier exécuta un concerto de violon plein d'agrément & de difficulté. On admire la belle qualité de son, & le fini précieux du jeu de ce virtuose, qui n'a cependant rien de supérieur à ceux que nous connoissons. On ne peut pas en dire autant du second, dont la composition pleine d'agrément n'approche pas de son exécution. Il n'y en a pas d'exemple. On peut dire avec justice qu'il a porté son instrument à un degré de perfection dont on ne l'auroit pas cru susceptible. Il n'est arrêté par aucune difficulté. Le son qu'il tire du corps-de-chasse est celui de la voix la plus douce & la

plus sensible. Et ce qui étonne même les musiciens, c'est qu'il a le talent de faire entendre deux sons très-distinctifs sur un instrument qui semble n'en comporter qu'un.

26 *Février* 1777. La fureur des spectacles, portée aujourd'hui à son comble, fait s'évertuer les artistes, qui ne cessent de présenter des projets pour former de nouvelles salles: il en paroît un nouveau concernant la comédie Françoise, que l'on imagine de construire *sans qu'il en coûte rien au gouvernement*, dans le jardin des capucins de la rue Saint-Honoré. On propose de transporter ces moines à la chaussée d'Antin, où ils suppléeront aux secours ecclésiastiques dont manquent les habitants de ce quartier. Messieurs Cellerier & Poyer sont auteurs de ce projet. On en voit tous les avantages par la disposition du plan. Ils se félicitent d'avoir trouvé un emplacement, le plus beau qu'on puisse choisir en pareil genre, tant en lui-même qu'à cause des autres dispositions du local, qui fournissent toutes les commodités nécessaires pour l'abord, le séjour & la sortie des voitures.

27 *Février* 1777. On peut se rappeller le bruit qui a couru, il y a environ deux mois, que le nouveau directeur du trésor-royal, quoiqu'hérétique, avoit dîné publiquement chez l'archevêque de Paris. Cette nouvelle certaine a été consignée dans une épigramme qui n'a transpiré que depuis peu. Il faut savoir que le prélat se nomme Christophe.

Nous l'avons vu, scandale épouvantable!
Necker assis avec Christophe à table,

Et vingt prélats savourant à l'envi
De rouges bords le nectar délectable.
L'Eglise en pleure & le diable est ravi.
Mais en ce jour, d'une indulgence telle,
Quel seroit donc le motif important
Qui de Beaumont a perverti le zele?
C'est que Necker, le fait est très-constant,
N'est janséniste, il n'est que protestant.

27 *Février* 1777. Les Gluckistes l'ont emporté ; ils ont obtenu qu'on donneroit *Alceste* pour la capitation des acteurs. On y joindra un ballet champêtre de la composition du sieur Noverre. C'est lundi 3 mars que la premiere représentation aura lieu.

28 *Février* 1777. Mercredi à sept heures & demie du soir on voyoit partir du couchant une gerbe de lumiere, semblable à la queue d'une comete, qui s'élançoit du bélier vers la ceinture de Persée. Cette lumiere s'étendoit peu-à-peu jusqu'à l'orient, & forma, vers les neuf heures, un arc lumineux de près de 150 degrés. En même temps l'horizon étoit éclairé vers le nord-ouest d'une grande aurore boréale, qui jetoit de temps en temps des colonnes lumineuses. Monsieur de la Lande, qui regarde les aurores boréales comme des émanations électriques, croit que cette lumiere circulaire étoit une suite de l'aurore boréale. La chaleur qu'on éprouve depuis quelques jours rend plus vraisemblable encore cette explication. Ce grand cercle disparut vers les neuf heures & demie. Il est extrêmement rare dans nos climats de voir des aurores boréales arriver jusqu'à une si grande

distance du nord, & sur-tout de les voir absolument séparées de la lumiere, qui vient ordinairement du nord-ouest.

28 *Eévrier* 1777. Mademoiselle Dumesnil, retirée du théatre dans un âge avancé, se trouve avoir besoin de secours extraordinaires. Les comédiens paient aujourd'hui à ses talents un tribut de reconnoissance qu'ils lui doivent. Ils donnent une représentation à son profit, par une annonce extraordinaire. On joue *Tancrede*.

1 *Mars* 1777. La masse de l'édifice proposé par les sieurs Cellerier & Poyer, pour une nouvelle salle de comédie Françoise élevée sur le terrein des capucins de la rue Saint-Honoré, seroit de 24 toises de face sur le devant, & de 36 de profondeur sur les rues latérales. Elle seroit décorée extérieurement d'une colonnade dorique, portée par un soubassement ouvert en arcade, formant galerie au pourtour.

Dans les terreins à vendre, dont le produit suffiroit pour la construction de la salle, on ménage deux rues latérales de 50 pieds de largeur, qui conduiroient aux Tuileries, bordées de bornes, formant trottoirs pour les gens de pied, & une autre de même largeur derriere la salle, ce qui l'isoleroit de toutes parts. Les deux rues latérales, du côté de la rue Saint-Honoré seroient terminées par deux grandes arcades, sous lesquelles on descendroit à couvert. La forme de la salle intérieure est ovale : on y a pratiqué quatre rangs de loges. Le tout est couronné d'une voûte, ornée de caissons. Les spectateurs y seroient tous assis.

Les gens de l'art s'accordent généralement sur la beauté de cette salle, dont la forme extérieure, rappellant l'idée des anciennes basiliques, auroit un air imposant & de nouveauté dans Paris. Ils aiment sur-tout la galerie au pourtour, qui réuniroit l'utilité à la magnificence, en ce qu'elle procureroit aux spectateurs, dans les entr'actes ou dans l'intervalle des pieces, le moyen de changer d'air, & de respirer à leur aise.

Enfin les architectes, pour ne point choquer les dévots, & se ménager l'agrément de monsieur l'archevêque, au cas où l'on adopteroit le plan en question, ont eu soin de respecter le sol de l'église, & d'en éloigner la salle du spectacle.

2 *Mars* 1777. On parle beaucoup d'un pamphlet satirique, intitulé: *la Béquille*. On sent qu'en effet ce sujet peut prêter à quantité d'idées analogues aux circonstances; mais comme il est infiniment plus aisé d'imaginer un titre que de le remplir, jusqu'à ce qu'on ait vu l'ouvrage, on peut le ranger avec cet *Almanach Royal* commenté, dont tant de gens ont parlé, & que personne digne de foi n'assure avoir lu.

2 *Mars*. Il est décidé que le régime actuel de l'opéra va changer encore. C'est le sieur le Breton qui, suivant le nouveau plan, sera administrateur général: on met sous lui un nommé Grenier comme directeur, & la ville reprend la haute police de cette machine. Le sieur Buffau est le seul des régisseurs actuels qui restera: il aura le département des fonds, il veillera à la recette & à la dépense. Ce sera le petit N*** de ce trésor, aussi pillé & aussi souvent vuide que le R.....

3 *Mars* 1777. On étoit dans l'impatience de ce

qu'enfantoit à Londres monsieur Linguet : l'on en a un échantillon. C'est une nouvelle diatribe, intitulée : *Lettre de M. Linguet à M. le comte de* VERGENNES, *ministre des affaires étrangeres en France*, in 8°. de plus de 60 pages. Il y maltraite non-seulement ce ministre, mais tous ceux auxquels il a eu affaire, & qui n'ont pas fait ce qu'il desiroit. Il n'épargne ni l'académie, ni le conseil, ni le parlement : c'est l'écrit d'un forcené, qui ne ménage que le monarque. A travers ses fureurs convulsives, on assure qu'on découvre beaucoup d'éloquence ; il renonce absolument à sa patrie, & déclare qu'il va rester en Angleterre pour vaquer à une édition de ses œuvres, & qu'il emploiera ses loisirs à faire un journal François.

Tous nos ministres sont outrés, & l'on craint que cet Aretin n'éprouve une fin sinistre.

3 MARS 1777. *Les comédiens* ou *le Foyer, comédie en un acte & en prose par M****. Suivant l'avertissement de l'éditeur, cette facétie seroit de l'auteur du *Bureau d'esprit*. Il faut avouer qu'elle lui est aussi inférieure que le sujet. Il y a quelque gaieté cependant, quelque trait caractéristique ; mais, en général, les portraits sont vagues, les anecdotes futiles : nulle intrigue, nulle finesse, nulle méchanceté, comme il en faudroit pour aiguiser ce fond trivial. Malgré cela, il en a encore assez pour exciter le courroux des histrions, les ameuter contre le poëte, & lui attirer l'animadversion des gentilshommes de la chambre, s'il est connu.

Entre les actrices, mesdemoiselles Bellecour, Préville, Vestris, Fanier, Hus, sont seules mises en scene. Mademoiselle Doligny y est aussi, mais pour contraster ; sa décence, sa modestie, sa douceur, font, sans ses reproches, la satire des autres. Quant aux hommes, Préville & Monvel sont les plus maltraités.

3 *Mars* 1777. Mercredi prochain il y aura dans la salle où se tient ordinairement le concert des amateurs à l'hôtel de Soubise, un concert appellé de *bénéfice*, au profit du sieur Jarnowick, fameux violon.

4 *Mars* 1777. Un *mémoire pour Nicolas Fourson, maître tailleur d'habits à Paris, demandeur, contre madame la présidente de St. Vincent, défenderesse*, suivi de deux consultations, l'une signée *Mallet*, & l'autre *de la Ville*, que personne ne vouloit lire & ne connoissoit, excite aujourd'hui la curiosité générale, depuis qu'il a été affiché une sentence du Chatelet qui le supprime comme *indécent & scandaleux*. Il paroît qu'il est question au fond d'un habit noir que madame de St. Vincent avoit fait faire pour l'abbé Coulon, son avocat actuel, ou du moins son orateur. On voit que le maréchal de Richelieu, outré contre l'abbé qui, suivant l'anecdote qu'on a rapportée précédemment, non-seulement n'a pas voulu écrire pour lui, mais a prêté sa plume à sa partie adverse, a acheté cette créance & a fait poursuivre le paiement sous le nom du tailleur; qu'il a profité de l'instance pour publier & répandre le *factum* en question, où l'on cherche à verser le ridicule sur l'abbé & sa cliente, en affectant de ne parler que peu de l'habit & beaucoup des culottes ; ce que l'auteur trouve plaisant de ramener jusques à la sa-

tiété. On y remarque d'ailleurs une autre méchanceté, c'est en supposant que la présidente ait hypothéqué cette créance sur les dommages & intérêts qu'elle a droit d'attendre du maréchal de Richelieu, de discuter ses interrogatoires & de révéler toutes les turpitudes dont ils sont remplis relativement à ses galanteries, à ses amours avec le maréchal & monsieur de Vedel, enfin à l'enfant qu'elle vouloit leur faire accroire séparément avoir d'eux. Du reste, cet écrit, comme facétie, pourroit être plus agréable, plus gai & infiniment mieux fait, car au fond il est très-médiocre.

L'ordre doit s'assembler aujourd'hui à l'occasion d'un des deux avocats dont ce mémoire est souscrit; car l'autre est rayé du tableau depuis long-temps.

5 *Mars* 1777. Me. *Mallet*, l'avocat qui a signé la premiere consultation à la suite du mémoire du tailleur, a été rayé hier du tableau, par délibération de l'ordre. Il y étoit inscrit depuis 44 ans.

5 *Mars* 1777. *Alceste* n'a pas eu lieu lundi pour la capitation des acteurs. Toute la populace lyrique s'est révoltée, & a prétendu que cette tragédie étoit trop-usée, qu'il n'y auroit personne: les uns ont refusé de danser, les autres de chanter; & messieurs les commissaires du conseil, devant quitter à pâque, n'ont pas jugé à propos de déployer leur autorité; en sorte que ce spectacle est dans l'anarchie.

6 *Mars* 1777. Le concert de *bénéfice* pour le sieur Jarnowick, eut lieu hier, mais non dans la salle du concert des amateurs, parce que

monsieur le prince de Soubise s'y est opposé, & a prétendu qu'il ne convenoit pas qu'on donnât chez lui un concert à prix d'argent. C'est monsieur le prince de Guimenée, demeurant dans le même palais, qui a prêté sa salle de spectacle extrêmement jolie, mais trop petite. Le sieur Nihoul Castrate, y a brillé pour le chant, ainsi que le sieur Guichard dans la haute-contre ; le sieur Baër dans un concerto de clarinette : les sieurs Franzl & Jarnowick ont séparément déployé leur talent pour le violon. On a décidé que le premier étoit plus fini, plus correct, plus léché ; mais que l'autre avoit plus de feu, d'énergie & même de graces. Enfin, le sieur Punto a ravi de nouveau dans un concerto de cor ; & quoiqu'il convienne modestement qu'il n'est que le troisieme sur cet instrument à Manheim, on ne peut l'en croire. En général ce concert a été médiocre pour le chant.

7 Mars 1777. La reine est venue mardi dernier à l'opéra. On donnoit *Iphigénie*. Sa majesté sensible aux huées dont le parti adverse poursuivoit mademiselle Arnoux, a cru les faire cesser en se déclarant & en applaudissant beaucoup cette actrice ; mais ce suffrage n'a pu contenir les mécontents, qui ont continué leur manœuvre indécente.

7 Mars. Monsieur le maréchal de Nicolaï est fort mal. L'ancien premier président de la chambre des comptes, son frere, l'a exhorté à se confesser. Après plusieurs difficultés qui n'annonçoient pas une foi bien vive dans le moribond, celui-ci y a consenti à condition que son frere feroit venir son fils, le premier président du grand-conseil, & se réconcilieroit avec lui. Le magistrat poussé au pied du mur, n'a pu éluder cette alternative, & l'on assure qu'il a reçu en grace cet objet qui lui étoit odieux.

8 *Mars* 1777. On vient d'mprimer une petite relation de ce qui s'est passé au parlement concernant les mouvements des ci-devant jésuites, on plutôt les inquiétudes des magistrats & les motifs sur lesquels elles sont appuyées.

C'est le vendredi 28 février que les chambres furent assemblées sur la demande de messieurs de la troisieme des enquêtes. Le président Augran, le plus ancien de cette chambre, fit sa dénonciation par un discours, où, après s'être arrêté un moment sur le dangereux projet de fonder à l'école-militaire un séminaire d'aumôniers composé d'ex-jésuites, & conséquemment de leur donner l'ascendant le plus décidé sur les troupes, & de mettre par la suite dans leurs mains une partie de l'éducation nationale, il félicita le premier président de l'avoir éventé, & par son entremise d'avoir détourné le gouvernement même d'y songer.

Mais il ne put s'empêcher de déposer dans le sein de la compagnie les alarmes que prenoient ses confreres de certains faits, les uns publics, énoncés dans les gazettes; les autres particuliers, mais méritant quelque confiance.

Il observa d'abord que les ex-jésuites, sans être réunis en corps dans cette capitale, y affluoient de toutes parts; qu'ils étoient répandus dans presque toutes les paroisses; qu'ils sont employés dans le ministere; qu'ils remplissent les chaires, &c. Il ajouta que la même chose se paſſoit à Lyon, & qu'ils y arrivoient même des pays étrangers.

Il remarque enſuite que ces ex-jéſuites dans leurs principes & par leur conduite ne ſe regardoient pas comme diſſous par la bulle de ſuppreſſion de Clément XIV, dont ils attaquent la compétence dans leurs écrits ; qu'en Ruſſie ils étoient diſpoſés à avoir une maiſon de noviciat.

Il a cité un fait concernant l'archevêque de Paris, ſuivant lequel ce prélat adoptant la même façon de penſer, traitoit toujours les ſupprimés en véritables jéſuites.

Il a parlé d'un écrit, eſpece de commentaire ſur l'*Apocalypſe*, d'où l'on infere le rétabliſſement prochain de l'inſtitut comme prédit.

Il a fini par rendre compte d'une compagnie de commerce établie à Lyon, dont le ſoin principal concerne les ex-jéſuites.

Un des meſſieurs ajouta d'autres renſeignements concernant ce dernier fait, par leſquels il établit que les capitaux de ladite ſociété formoient un rapport de 900,000 livres.

A la ſuite on lit les noms de huit de ces aſſociés, hommes & femmes, & ceux de pluſieurs témoins à ouir.

C'eſt ſur cette dénonciation circonſtanciée qu'on a remis le tout aux gens du roi pour faire l'information.

Il faut avouer que les gens impartiaux & de ſang froid ont peine à ne pas traiter le dénonciateur de viſionnaire, tant ſon récit eſt vague & dénué de probabilités.

9 *Mars* 1777. Le ſieur Dangé, fermier-général, mort ces jours-ci, avoit ſoixante-deux ans, & a toujours joui & uſé de ſa bonne & excel-

lente santé. La veille de sa mort il recevoit encore du monde : il étoit sur sa chaise longue, dans une robe de chambres à fleurs d'or, jouant à la bouillotte & parlant filles. Il disoit qu'il vouloit s'en aller gaiement ; ce qui, dans ce Turcaret, étoit moins l'effet d'une vraie philosophie, dont il ne s'étoit guere piqué, que de l'apathie d'une ame dure & racornie, n'ayant jamais eu aucune sensibilité.

Il a institué son légataire universel, le sieur *Dangé d'Orçay*, son neveu chéri, outre cinq millions de legs particuliers qu'il donne ; ce qui n'empêchera pas le successeur d'avoir encore une fortune de huit millions.

9 *Mars* 1777. On parle d'une brochure fort singuliere, intitulée : *Mémoire à consulter pour les souscripteurs du journal de théatre, redigé par le sieur le Fuel de Méricourt*. Il est imprimé à Liege, & est suivi d'une longue consultation de Me. Falconnet, en date du 10 février 1777. On juge que c'est une tournure convenue entre les parties & l'avocat pour mettre impunément au jour le récit de toutes les tracasseries essuyées par l'auteur de la part de son censeur Coquelay de Chausse-pierre & de monsieur Camus de Neville, le directeur-général de la librairie. On assure cependant que pour mieux jouer cette petite comédie, les demandeurs, au nombre de sept, & à la tête desquels est le chevalier de Rutlidge, ont fait assigner au Châtelet le sieur le Fuel de Méricourt, par exploit du 11 février dernier.

10 *Mars* 1777. On parloit depuis plus d'un mois de la production extraordinaire de madame de Barentin, la femme du premier président

de la cour des aides. Elle est accouchée le 7 février d'une substance absolument semblable à une végétation, en deux portions, qui se sont suivies immédiatement : leur caractere étoit le même; les globules étoient remplis d'une liqueur lymphatique qui se communiquoit par les vaisseaux capillaires qui les soutiennent ; ce qui a fait courir le bruit qu'elle avoit rendu par la matrice une *groseille*. Le sieur Ragnaud, peintre & graveur, qui a consacré son art à la description de ces écarts de la nature, a constaté le phénomene par une gravure qui le représente à tous les yeux.

10 *Mars* 1777. La recette de l'opéra jusqu'à présent n'avoit été que de 500,000 livres ; quand elle étoit montée à 600,000 livres, on la regardoit comme extraordinaire. Elle ira cette année à 700,000 livres ; en sorte qu'on espere qu'elle égalera la dépense à peu près. Cependant c'est cette administration florissante qui va changer. MM. les commissaires du conseil ont sur le cœur les coups de bâton dont les a tous menacés le prince d'Henin, en la personne du sieur Hebert, l'un d'eux, pour avoir voulu ôter à mademoiselle Arnoux la loge dont elle ne se servoit presque pas, pour la donner à mademoiselle Rosalie, chantant journellement. Comme ils n'ont point eu à cet égard la satisfaction qu'ils desiroient, ils ne veulent pas être exposés à une seconde aventure de cette espece inévitable dans un pareil tripot & demandent à se retirer.

11 *Mars* 1777. Quoique monsieur Turgot ne soit plus au conseil, il paroît que son systême sur l'usure y est absolument adopté, & qu'il est question de le consacrer par une nou-

velle loi qui abroge les anciennes en vigueur à cet égard. On sait que ce systême est que l'usure n'est point criminelle dans l'ordre politique ; que l'argent est une marchandise comme une autre, qui doit baisser ou augmenter à raison de sa rareté ou à raison du besoin de celui qui la demande, ou même du caprice du possesseur. Mais cette matiere délicate a besoin d'être discutée long-temps avant que la loi dont il est question soit rédigée & adoptée. Cependant le parlement, tout récemment dans une affaire d'usure exercée à Orléans, à peu près semblable à celle si connue d'Angoulême, se conformant à sa jurisprudence & à ses maximes, avoit condamné les usuriers de la maniere la plus rigoureuse. Le gouvernement venant au secours des coupables, arrête non-seulement l'exécution de l'arrêt, mais l'impression, qui reste suspendue par ordre supérieur chez Simon.

Le sieur Prault, libraire, entiérement consacré à la vente des édits, déclarations, arrêts, &c. ayant trouvé un ancien arrêt du parlement, d'environ un siecle de date, qui contenoit des dispositions exactement semblables à celles de celui arrêté, s'est imaginé gagner quelqu'argent en le faisant réimprimer & en le mettant en vente pendant que l'autre excitoit encore le desir des curieux. Mais ordre est intervenu audit Prault de retirer ledit arrêt, & de ne point vendre sa nouvelle édition : tant le gouvernement a à cœur de détruire les impressions fâcheuses restées dans les esprits contre l'usure

& les usuriers, & de pouvoir ensuite donner plus à l'aise de meilleures notions sur ce point.

11 *Mars* 1777. L'envoyé de Tunis avec sa suite, au nombre de sept, est venu à l'opéra le vendredi 7 de ce mois. Il occupoit la loge du roi & celle d'à côté : Il étoit accompagné de son interprete & du commandant de la garde de Paris. Le public a considéré avec attention ce Musulman, qui marquoit son admiration par des mouvements très-expressifs, & qui a principalement paru frappé des machines de ce spectacle.

13 *Mars* 1777. La crainte de se constituer en dépenses a déterminé la ville à permettre aux sieurs Perrier de donner au public un *Prospectus de distribution d'eau de la Seine, dans tous les quartiers & dans toutes les maisons de la ville de Paris*. Elle se fera par souscription ; & s'ils peuvent avoir assez de soumissions pour entreprendre leur travaux avec certitude, ils commenceront. Leur projet consiste dans des machines à feu pour élever l'eau & la répandre, à l'instar de celle de Londres, dont on a déja parlé. Il est d'autant plus honnête qu'ils ne demandent aux souscripteurs qu'un engagement conditionnel, & qu'ils n'exigent la somme promise qu'après que le succès de la machine sera bien constaté & que l'eau exigée sera parvenue à leurs portes.

14 *Mars* 1777. Il paroît un *Supplément* au mémoire des souscripteurs intervenants contre le sieur le Breton, imprimeur de l'encyclopédie, dont l'affaire est au rapport & va se juger avant

pâque. Ce nouvel écrit est motivé sur ce que l'adversaire a enfin déchiré le voile mystérieux qui enveloppoit ses registres de souscription, ses journaux de dépense. Ils prétendent tirer des arguments & des indices contre lui de ces propres monuments qu'il a produits pour sa défense. Ils concluent que ses prétentions, ses excuses, ses justifications s'évanouissent, quand on les oppose aux réglements qui ont prévu ses fraudes, aux preuves physiques qui les ont démontrées, aux calculs des richesses immenses qu'ils lui ont procurées, à la vérité qui devoit le guider dans l'exposition des faits relatifs à sa justification. Ils le trouvent condamné par la loi, convaincu par l'évidence, & trahi par la connoissance qu'il a donnée lui-même de ses livres, journaux, &c.

15 *Mars* 1777. Le poëme des *Incas* de monsieur de Marmontel, contenant des principes aussi erronnés en théologie que ceux de *Bélisaire*, cet auteur étoit dans des transes considérables. Ce syndic Riballier se proposoit bien de le faire censurer par sa faculté ; mais il paroît cependant que l'orage n'aura pas lieu, & l'académicien se prévaut aujourd'hui de ce silence, & prétend que les docteurs n'ont pas osé l'attaquer.

16 *Mars* 1777. On ne peut assez s'étonner de l'audace des histrions François, ou plutôt de l'extrême indulgence des gentilshommes de la chambre à leur égard. Les premiers acteurs ont jugé à propos, long-temps avant la clôture, de prendre leurs vacances & d'aller dans les provinces y commencer leur récolte

ordinaire. En forte que fur la fin, & même pour la clôture, on n'a eu que des doubles & des triples.

17 *Mars* 1777. Une compagnie a acheté le terrein de la monnoie, & travaille déja à le convertir à fon utilité particuliere en y conftruifant des maifons ; mais pour gagner davantage, elle a voulu économifer fur la largeur des rues qui doivent y être pratiquées. Suivant les réglements, elles doivent avoir 30 pieds de largeur, & n'en ont que 24. On ne conçoit pas pourquoi les tréforiers de France, chargés de veiller à cette partie de la police publique, la négligent ou fe laiffent féduire ; mais elle eft fort mal faite, & Paris reftera toujours une vilaine ville, fi l'on n'y porte pas plus d'attention.

17 *Mars*. Si les François rient de leurs propres maux, on ne doit pas s'étonner qu'ils rient de ceux des autres. On a fait ici une chanfon fur les *Infurgents*, qui contient fuccinctement tous les faits relatifs à cette guerre. On peut la regarder comme un vaudeville politique dont la plaifanterie confifte dans le refrein. Suivant *l'air de Joconde*, fur lequel il eft, on appuie fort & l'on refte fur la premiere fyllabe du mot *Continent*. C'eft la chanfon à la mode, qui amufe beaucoup la ville & la cour.

I.

Pour amufer notre loifir,
Sans bleffer la décence,
Il eft naturel de choifir
Ce que l'on aime en France :

Il faut donc fur un nouveau ton,
 Comme notre mufique,
Ne parler ici que du Con-
 Tinent de l'Amérique.

2.

Qu'a donc fait certain Général,
 Dans cette injufte guerre ?
Aux Infurgents fort peu de mal,
 Beaucoup à l'Angleterre.
Ces fiers ennemis de Bofton,
 De honte ou de colique,
Meurent à la porte du Con-
 Tinent de l'Amérique.

3.

Il en coûte bien des écus,
 A plus d'un Royalifte,
Le tout pour ne voir que des culs
 Que l'on fuit à la pifte;
Mais malgré tant d'exploits, dit-on,
 Le Sire Britannique
N'aura jamais un poil du Con-
 Tinent de l'Amérique.

4.

Fit-on jamais en pareil cas
 Plus brillante retraite ?
Auffi ne le cache-t-on pas,
 Dans certaine gazette :
Chacun parlant de Washington,
 Et de fa politique,

Trouve qu'il est digne du Con-
Tinent de l'Amérique.

5.

Pourquoi voudroit-on abolir
Le droit de la nature ?
A Londres on sait bien jouir
Et même avec usure :
La liberté n'est pas un don,
Qu'aisément on trafique ;
Laissons-en donc jouir le Con-
Tinent de l'Amérique.

17 *Mars* 1777. Messieurs du concert des amateurs font célébrer samedi 22 mars, dans l'église des Feuillants, pour feu monsieur *le Duc*, violon fameux, leur associé & directeur du concert spirituel, la messe de *Requiem* de monsieur Gossec. Ce chef-d'œuvre d'harmonie funéraire a été composé & exécuté la premiere fois en faveur du Sr. Trial, directeur de l'académie royale de musique.

18 *Mars* 1777. Les nombreux paillards de l'opéra étoient fort empressés de savoir qui toucheroit le cœur novice de Mlle. *Cécile*, cette jeune danseuse qui enchante déja tous les amateurs. Enfin c'est le sieur Gardel, son maître, qui passe pour cet heureux mortel. Le sieur le Gros, qui avoit des prétentions, en est furieux, & les riches luxurieux qui marchandoient ce pucelage, ne l'auront que de la seconde main au plus.

18 *Mars*. On annonce avec beaucoup de

prétention cinq courses qu'il doit y avoir jeudi 20 à Vincennes ; savoir :

1°. *Comus*, cheval bai, âgé de six ans, de monsieur le comte d'Artois, portant 9 stones. [*Le stone Anglois vaut, en poids François, 12 livres environ.*]

Contre *Nip*, cheval alezan, âgé de cinq ans, du marquis de Conflans, portant 8 stones 8 livres : trois mille pour 200 louis, sans dédit.

2°. *Pyrois*, cheval alezan, âgé de huit ans, de monsieur le duc de Chartres, portant 8 stones.

Contre *Ebrir*, cheval alezan, âgé de 7 ans, du prince de Guimené, portant 8 stones : trois mille pour 100 louis, 25 de dédit.

3°. *Narcissus*, cheval alezan, âgé de cinq ans, du marquis de Conflans, portant 8 stones 8 livres.

Contre *Gargasheitt*, cheval gris, âgé de quatre ans, appartenant au duc de Lauzun, portant 7 stones 11 livres : trois mille pour 100 louis, moitié de dédit.

4°. *Jonquille*, cheval bai, âgé de sept ans, du comte d'Artois, portant 8 stones.

Contre *Nulem*, cheval bai brun, âgé de quatre ans, du duc de Chartres, portant 8 stones : un mille pour 100 louis, sans dédit.

5°. *Barbary*, cheval gris, âgé de cinq ans, du comte d'Artois, portant 8 stones.

Contre *Marshal*, cheval bai-brun, âgé de six ans, du marquis de Conflans, portant 8 stones 3 livres : trois mille pour 150 louis, sans dédit.

On annonce même la couleur des *Jockeis* ou palfreniers-coureurs, de chacun des concurrents.

19 *Mars* 1777. Il est question d'instituer à la cour un ordre nouveau, sous le nom de la *Persévérance*, entre les seigneurs & femmes de qualité. Il doit purement être de société & de galanterie. On parle d'ériger un temple superbe à cette divinité, & d'y élever trois autels, à *l'honneur*, à *l'amitié* & à *l'humanité*. C'est au Palais-Royal qu'a été conçu ce projet, & l'on ne désespere pas de voir la reine y entrer. Il n'y a encore eu que des assemblées préparatoires, entr'autres une où madame de Genlis a prononcé un très-beau discours.

Précisément le lendemain a eu lieu la course où monsieur le comte d'Artois a perdu, suivant sa coutume : Monseigneur, lui a dit » monsieur de Coigny présent, on est embar- » rassé de choisir un grand-maître de l'ordre » de la Persévérance, vous seriez bien digne » de l'être ! »

19 *Mars*. Hier au concert des amateurs a brillé, pour la premiere fois, mademoiselle Dantzy, jeune cantatrice de dix-huit ans. Sa voix a paru très-étendue, douce, juste & flexible. Elle annonce même déja beaucoup d'art ; elle a été fort applaudie, & sa sensibilité en a été excitée au point de verser des larmes.

20 *Mars* 1777. Mademoiselle Arnoux de l'opéra se trouvant l'autre jour à la vente de feu monsieur Random de Boisset, au moment qu'on y avoit exposé le buste de Mlle. Clairon, a doublé la premiere enchere. Personne ne lui ayant contesté cette
acquisition,

acquisition, cela a donné lieu au quatrain suivant qu'on lui a adressé :

Lorsqu'en t'applaudissant, Déesse de la scene,
Tout Paris t'a cédé le buste de Clairon,
Il a connu les droits d'une sœur d'Apollon
Sur un portrait de Melpomene.

21 *Mars* 1777. Entre les tableaux de prix vendus derniérement chez monsieur de Boisset, les plus chers sont une *Marchande Epiciere*, par Gérard Dow, vendue 15,500 livres ; *l'Adoration des Rois*, par Gerard Lairesse, 13,000 livres ; & un *Paysage* par Adrien Van de Velde, 20,000 liv.

22 *Mars* 1777. Il s'est rendu un monde prodigieux à la course mercredi, quoique le temps fût incertain & que la reine n'y dût pas venir. Voici le résultat : *Comus* a gagné *Nip. Pyrois* s'étant trouvé blessé, a perdu le dédit. *Narcissus* a gagné *Gargasheitt*. *Jonquille* a perdu contre *Nulem*, & *Barbary* a perdu contre *Marhsall*.

23 *Mars* 1777. Les courtisans ont observé que le roi ne s'occupoit plus depuis quelque temps, comme auparavant, à des ouvrages de serrurerie qu'il aimoit beaucoup ; ils en ont voulu approfondir le motif, & voici ce qu'on en rapporte. Sa majesté travailloit avec deux ouvriers très-habiles dans cette profession, & cherchoit à s'y perfectionner ; ces artisans, au soir de la fête de leur communauté, pour gagner quelqu'argent avoient imaginé d'offrir un bouquet à leur royal élevé ; n'osant pourtant prendre cette liberté sans y être autorisés, ils

consulterent le sieur Thierri, le premier valet-de-chambre du roi, qui a sa confiance pour les menus détails de son intérieur. Celui-ci les en dissuada. Ces artisans fâchés de perdre une aussi bonne occasion, profiterent au moins de celle que leur fit naître le monarque de lui apprendre le cadeau qu'ils vouloient lui faire & ce qui les en avoit empêché. Sa majesté n'a rien de plus pressé que d'interroger Thierri : c'est un homme de bon sens, qui éluda d'abord de dire le vrai motif de sa défense, l'attribuant au respect dans lequel il falloit maintenir ces artisans. Sa majesté soupçonnant une autre raison, après beaucoup de difficultés lui ordonna de parler vrai : « SIRE, lui répondit-il, c'est que
» j'ai craint que cette indulgence de votre ma-
» jesté ne donnât trop d'éclat à cette anecdote
» de sa vie privée ; c'est que tout honnête que
» soit ce genre d'occupation ou d'amusement,
» il répugne au préjugé général, sur les sortes
» de plaisirs que doit prendre un monarque,
» & il pourroit atténuer à votre égard l'idée
» des peuples, s'attendant à voir un carac-
» tere de grandeur imprimé à toutes vos
» actions. »

Sa majesté sentit ce que cela vouloit dire, elle remercia les deux ouvriers & leur donna une récompense, en leur ordonnant de ne revenir que lorsqu'elle les feroit appeller. Elle s'est sevrée depuis de cette occupation ; ce qui prouve que le jeune prince est susceptible de réflexion, & n'a besoin que d'être bien dirigé & soutenu, sur-tout dans ses bonnes résolutions.

23 *Mars* 1777. Un jugement rendu vendredi par le Châtelet dans le procès dont on a parlé,

concernant le livre de *la Philosophie de la Nature*, équivaut presque, pour l'absurdité, le fanatisme & la barbarie, au rétablissement de l'inquisition en *Espagne*. L'auteur & le censeur, confrontés la veille, ont été mis en prison : la fureur des opinants s'est manifestée d'une façon révoltante : quatorze juges sur trente-trois se sont retirés dans leur indignation ; & enfin, à deux heures du matin a été rédigée la sentence, qui bannit à perpétuité monsieur de Lisle l'auteur, blâme l'abbé Chrétien, le censeur, &c.

24 *Mars* 1777. On parle encore du sieur Dangé, dont le testament a des dispositions assez originales. On cite entr'autres un article de cinquante bouteilles de vin d'un crû exquis, qu'il laisse en rentes viageres à madame de Coigny. Ce don a été motivé sur une plaisanterie de cette dame, se plaignant qu'après la mort de cet excellent amphytrion, elle ne pourroit plus boire d'aussi bon vin.

Il supplie aussi S. A. monseigneur le prince de Conti, de lui permettre de lui léguer 1,000 bouteilles de vin. On ajoute qu'il y a un o de rayé.

Enfin, monsieur de Bievre a fait un calembour, & a dit que ce n'étoit que depuis peu qu'on pouvoit passer la place de Vendôme *sans danger* (Dangé) ; & ce quolibet a d'autant plus de sens, que le financier défunt étoit un grand coupeur de bourses, par son bonheur inoui au jeu.

24 *Mars* 1777. *Lettre de M. le comte de**** *à M**** *président au parlement de Paris.* Telle est une nouvelle production datée de R**, le 24 fév. 1777, antérieure, comme l'on voit, à la dé-

nonciation concernant les jésuites, mais qui sembleroit en avoir été la base. On prétend y dévoiler leurs démarches, motiver les craintes de leur retour & indiquer le remede. Ce petit écrit, assez lumineux, n'est point marqué au coin du fanatisme, comme tant d'autres. Il est sage & plus patriotique que théologique.

24 *Mars* 1777. La fureur de la *Maçonnerie* a pris au point que M. de St. Julien, fils du receveur-général du clergé, & conséquemment fort riche, a fait la folie de bâtir une loge, représentant le *Temple de Salomon*, avec une magnificence singuliere. C'est à la barriere Blanche, près Montmartre, qu'est élevé l'édifice.

24 *Mars*. Dans la salle quarrée au Wauxhall du sieur Torré, est exposée une collection de tableaux allégoriques & moraux, peints par un artiste Italien moderne de l'école Lombarde, ouvrage dont la vue, suivant l'avertissement, est également propre à amuser l'amateur, l'artiste & le philosophe. On a commencé à voir ce spectacle hier pour trois livres.

25 *Mars* 1777. La vente des tableaux de monsieur Randon continue à se soutenir sur le meilleur pied. Un portrait du *président Richardot & de son fils*, par Vandyck, a été adjugé à 10,400 livres: un *Paysage* par Wynants, avec figures de Van de Velde, 9999 livres 19 sous; un tableau *de fruits* & un *de fleurs*, par Van-Huysum à 16,016 livres 5 sous; un par Rubens, représentant *une de ses femmes tenant son enfant sur ses genoux*, à 1,800 livres.

26 *Mars* 1777. M. Bridan, sculpteur, vient d'orner la cathédrale de Chartres de la statue

d'une vierge qui excite les curieux à l'aller voir. Le chapitre avoit prié monsieur l'abbé d'Archambault, l'un de ses membres, de choisir l'artiste, de faire le prix & de suivre l'ouvrage. Il crut devoir ni borner ni taxer le génie; il laissa au sieur Bridan le choix de son bloc, & la liberté de fixer lui-même ses honoraires. Le bloc a été tiré des carrieres d'Italie: sa blancheur éblouissante n'est ternie par aucune tache ni coupée d'aucune veine. Non-seulement on a payé à l'artiste la somme qu'il a demandée; mais le chapitre, par une délibération ultérieure, a jugé à propos de le gratifier d'une pension viagere de 1,200 livres, reversible sur la tête de sa femme.

26 Mars 1777. Si l'on en croit l'auteur de la lettre nouvelle sur les jésuites, ils ne se jugent pas légalement supprimés, même par le bref d'extinction de Clément XIV. Ils ont perpétué les supériorités, reçu des novices, fait faire des professions jusques en France, & n'ont jamais perdu de vue le dessein de leur rétablissement. C'est ainsi qu'ils ont voulu renaître sous le nom de *Freres de la Croix*, & que ce projet ayant échoué, ils ont songé à s'installer dans le séminaire des aumôniers pour les régiments, imaginé par le comte de Saint-Germain. Il prétend que, malgré les assurances du ministre de n'y plus songer, ils n'y ont & ils ne peuvent pas y avoir renoncé. Après avoir pesé les considérations diverses qui le font penser ainsi, il en conclut que plus le moment semble favorable à ces proscrits, plus il est essentiel de déconcerter leurs mesures, ainsi que l'exigent tous les intérêts réunis.

La politique en trouve deux moyens: 1°. procurer l'enrégiſtement du bref: 2°. faire exécuter les arrêts rendus relativement aux jéſuites.

C'eſt de la ſorte qu'on remédiera à tous les inconvénients de leur demeure en France ; qu'on les empêchera de ſe réunir pour intriguer & cabaler. Ils n'entretiendront plus à Paris le foyer d'une fermentation dangereuſe : ils ne tiendront plus à Lyon des aſſemblées réglées de gouvernement & de comptabilité : ils n'auront plus de centre de commerce, de correſpondance ſuivie ; ils apprendront enfin par cette fermeté, que la perſévérance à repouſſer l'inſtitut, eſt auſſi infatigable que leur opiniâtreté à vouloir demeurer comme jéſuites, dans un état qui les a proſcrits.

16 *Mars* 1777. On écrit de Rennes que monſieur de la Chalotais, ce magiſtrat tant perſécuté & ſi glorieux, venoit de recevoir du grand-maître de Malte, la croix de l'ordre, avec permiſſion de la porter, ainſi que celle de ſe marier, & ſans être aſtreint au bréviaire.

On ajoute qu'on a enrégiſté au parlement de Rennes, des lettres-patentes portant érection en marquiſat d'une terre de ce procureur-général, dont le préambule eſt remarquable par les éloges que le roi lui donne.

16 *Mars*. On vient d'afficher un arrêt du 13 mars, rendu les chambres aſſemblées, par lequel le parlement ſupprime l'imprimé portant la dénonciation du préſident Angrand.

27 *Mars* 1777. L'inſolence de monſieur Dorat depuis quelque temps envers ſes confreres & le

public, lui a attiré plusieurs brocards. Voici une épigramme qui court depuis peu :

Un bel esprit sur le Pinde embusqué,
Surprit Thalie en un coin solitaire :
» Çà qu'on m'embrasse.—Ah, fi ! pédant musqué;
» Va, reste ici, tu n'es plus mousquetaire. »
Malgré ses cris, ce froid célibataire,
D'un baisé flasque à trois fois l'insulta,
Dont trois soufflets... Mais sans perdre courage;
D'un croc en jambe il vous la culbuta,
La chiffonna ; puis, pour comble d'outrage,
Qu'arriva-t-il enfin ? Il la rata.

28 *Mars* 1777. On vient d'imprimer deux *lettres de madame de Bellegarde à monseigneur le maréchal duc de Biron, sur le conseil de guerre tenu aux Invalides en* 1773 ; l'une datée du 13 décembre 1776, & l'autre du 24 janvier 1777. On se doute bien que cet écrit est furtif. Il ne se vend point & se débite chez les parties intéressées. L'objet est toujours d'établir l'injustice du conseil de guerre & de revenir contre, en prétendant que ce ne seroit point enfreindre la discipline militaire, puisque celui-ci n'en est réellement pas un, à raison des nullités & des vices radicaux dont il est rempli. Au moyen de la clandestinité de l'ouvrage, monsieur de Saint-Auban n'y est pas ménagé, non plus que monsieur de Monteynard. En général, il est mal fait, assez fort de faits & de raisonnemens, mais sans ordre & sans éloquence. Eh ! quel mémoire en étoit plus susceptible !

28 *Mars* 1777. Depuis que le sieur le Gros

est directeur du concert spirituel, il a encore amélioré ce spectacle, le seul qu'il y ait actuellement. C'est tous les jours quelque nouveauté. On y a admiré sur-tout le mardi 25, une jeune fille de huit ans, qui a exécuté avec la plus grande justesse & une précision extraordinaire deux pieces de clavessin. Elle s'appelle *Caroline Elleart*: elle est fille de monsieur Clément, organiste à Rambouillet, près Saint-Hubert. Son talent, quoique précoce dans ce moment, a été prévu. Elle eut le bonheur, il y a deux ans, d'être présentée à la reine: sa majesté en fut enchantée; & jugeant favorablement de ses heureuses dispositions, lui fit présent d'un clavessin.

29 Mars 1777. Le Monialisme, histoire galante, écrite par une ex-religieuse de l'abbaye où se sont passé les aventures. Tel est le titre d'un ouvrage nouveau, qu'on peut regarder comme le pendant du *Portier des Chartreux*, mais très-inférieur. C'est une suite de tableaux dégoûtants, plus que lubriques, sans chaleur & sans vie, n'ayant pas même d'attrait pour les amateurs d'obscénités. Rien de neuf dans la texture des historiettes. La partie romanesque en un mot, est aussi triviale que le reste. C'est un livre mauvais dans tous les sens, & qui ne peut plaire à aucune espece de lecteurs: il ne mérite aucun détail. Il est divisé en deux parties & fort long, contenant 324 pages.

29 Mars. On commence à voir au jardin du roi une statue de monsieur le comte de Buffon, dont l'anecdote est curieuse à conserver.

Monsieur le comte d'Angiviller, long-temps avant d'être nommé à la dignité qu'il occupe, & de présider aux arts, juste admirateur du premier & son ami, avoit, à son insu, demandé au feu roi la permission d'ériger une statue à ce grand homme. Sa majesté voulut s'en réserver la gloire, & elle fut sur le champ commandée à ses frais. Mais en même temps il fut convenu avec l'artiste de garder, à cet égard, le plus grand secret. Le mystere n'a point été trahi, & le monument a été placé au lieu de sa destination en l'absence de monsieur de Buffon.

30 *Mars* 1777 Il faut ajouter au jugement relatif à *la philosophie de la nature*, un second censeur, appellé le Bas, de la classe de chirurgie, qui, pour avoir approuvé les trois derniers volumes, portant le titre d'*Anatomie du corps humain*, est admonesté. Le libraire Saillant est hors de cour. Il y a défenses de récidiver aux deux imprimeurs pour s'être écartés du manuscrit censuré. Les deux prisonniers restent toujours, n'ayant pu, à cause des vacances, obtenir leur élargissement provisoire. On se récrie de plus en plus contre ce jugement.

31 *Mars* 1777. On est fort empressé de voir à quoi aboutira le voyage de l'empereur en France, car on ne peut se persuader que dans les circonstances critiques où se trouve l'Europe, il ait quitté ses états au commencement de la belle saison simplement par curiosité. On regarde comme très-vague le motif donné de voir madame *Elisabeth*. On présume qu'il est plus curieux de connoître

de près notre jeune monarque, & de le juger par lui-même, pour savoir comment se conduire à l'avenir. Cette conjecture se fortifie par la tournée que cette majesté doit faire dans les ports & villes principales du royaume; enfin, ce n'est pas pour l'amour de notre nation qu'il vient, puisqu'on sait qu'il la déteste & qu'il ne s'en cache pas. Il y a donc à tout cela sûrement un objet de politique secret, d'une espece ou d'autre.

31 *Mars* 1777. Mademoiselle Raucoux, cette actrice de la comédie Françoise dont le début avoit été si brillant, plus fameuse ensuite par sa luxure que par ses succès, & enfin par son luxe, ses prodigalités, & le nombre de ses créanciers, a été arrêtée le mercredi-saint, comme elle montoit en carrosse pour se rendre à Longchamp; on l'a conduite au Fort-l'Evêque, où heureusement elle n'a pas couché, car elle auroit été écrouée de toutes parts, & il auroit fallu des sommes énormes pour la secourir. Une main bienfaisante l'a retirée de ce mauvais pas; mais elle vit toujours dans les alarmes, & voudroit rentrer au théatre, afin d'être ainsi à l'abri de ses créanciers. Comme le tripot comique, très-délicat sur l'honneur, & sur-tout les dames, n'en veulent point absolument, à cause de ses impudicités, à la clôture du théatre elle avoit ameuté un grand nombre de ses partisans & de gagistes qui l'ont redemandée avec beaucoup de clameurs. On attend la rentrée, où sans doute la même cabale redoublera de zele & de fureur.

31 *Mars* 1777. On parle encore d'ériger une

troupe de comédiens pour le Marais, sous le nom de *Nouveaux Troubadours*. Comme Nicolet se retire, on profite de cette circonstance pour remettre le projet sur le tapis. Ils joueroient les pieces refusées aux autres théatres.

31 Mars 1777. En applaudissant à l'horreur du fanatisme qu'ont montré en se retirant de la séance les quatorze membres du Châtelet dont on a parlé, on critique la conduite de monsieur Pitouen, le sous-doyen, qui est sorti le premier, & a entraîné les autres par son exemple. On trouve que ce magistrat a perdu la tête en cette occasion, puisque des dix-neuf restés, quatre ayant différé d'opinion, avec les quatorze voix des absents, auroient eu la pluralité, & empêché l'affreux jugement. Du reste, durant le cours de la longue séance, les décrétés n'étant encore que sous la sauvegarde de l'huissier, ont eu toute la liberté de se retirer, & ne l'ont pas voulu, puisque cet huissier est sorti jusques à dix-huit fois, suivant l'avis qu'il en avoit reçu d'un supérieur. Au reste, on ne sait si l'on doit s'attendre à beaucoup plus d'indulgence de la part du parlement, où il n'y a pas moins d'intrigue & d'hypocrisie. D'ailleurs, la proscription du livre, en 1775, étant motivée sur ce qu'il attaque également la religion, le gouvernement & les mœurs, les auteurs se trouvant connus, avoués & détenus, le moyen qu'il réforme le jugement en laissant subsister les qualifications données à l'ouvrage ! Toute la littérature, & sur-tout le parti philosophique, ainsi que le college des censeurs, sont dans l'attente de la tournure que prendra cette affaire.

1 *Avril* 1772. C'est par les lettres-patentes données à Versailles au mois de décembre dernier, que le roi, après avoir dit dans le préambule, que « comme rien n'anime plus puissamment ses sujets à sacrifier leurs soins, leurs travaux, & souvent même leur fortune pour son service & celui de l'état, qu'en se portant dans les occasions à les illustrer par des décorations qui puissent transmettre à la postérité des témoignages les plus flatteurs de la satisfaction que ledit seigneur roi auroit ressenti de leur zele. C'est dans ces vues qu'il auroit mis en considération les services qui lui ont été rendus & au feu roi, son très-honoré seigneur & aïeul, par ses très-chers, amés & féaux les sieurs *Louis René*, & *Anne-Jacques Raoul de Caradeuc* son fils, ses procureurs-généraux en sa cour de parlement de Bretagne, &c. »

Après avoir fait l'énumération des services rendus par ses ancêtres, des illustrations de cette famille, soit par elle-même, soit par ses alliances, sa majesté ajoute : « à tout quoi ledit seigneur ayant égard suivant le contenu aux lettres données à Fontainebleau par son très-honoré seigneur & aïeul, le 10 mai 1730, à Marly, le 12 mai 1752, & aux délibérations des gens des trois états du pays & duché de Bretagne, du 4 novembre 1761, du mois de novembre 1770, par lesquelles ils prennent la garantie des procureurs-généraux, & font les plus grands

» éloges de leurs services & fidélité, ledit sei-
» gneur roi auroit désiré reconnoître & récom-
» penser tous les services rendus par lesdits sieurs
» de Caradeuc, il auroit estimé ne le pouvoir
» faire plus dignement, qu'en donnant *de son
» propre mouvement à Louis-René & Anne-Jac-
» ques-Raoul de Caradeuc*, ses procureurs-géné-
» raux, le titre & la dignité de marquis, &c.
» en conséquence, érige la terre & seigneu-
» rie de *Caradeuc*, &c. en *marquisat de Ca-
» radeuc*, &c. »

Après le requisitoire des gens du roi, la cour, chambres assemblées le 23 décembre, ordonne, par d'importantes considérations, & sans tirer à conséquence pour l'avenir, que les lettres-patentes dont il est question, seront enrégistrées.

1 *Avril* 1777. Le sieur Torré, qui met tous les ans son terrein en vente, n'ayant pas encore trouvé à s'en défaire, a eu permission de rouvrir son wauxhall plutôt que de coutume, & a commencé dès le saint jour de pâque. Cette foire d'amour, ainsi établie dans le jour le plus auguste de la religion, a fort scandalisé.

1 *Avril*. La reine a honoré lundi de sa présence le concert spirituel ; ce qui n'a pas peu contribué à rendre la recette encore plus forte, quoiqu'elle eût déja été très-abondante dans la semaine sainte. C'étoit la premiere fois que sa majesté venoit à ce spectacle, où même, par le local, elle étoit plus en vue, la loge d'honneur étant celle du milieu. On avoit choisi les morceaux & les virtuoses qui avoient produit le plus d'effet dans les

concerts précédents. On a remarqué que la reine avoit applaudi à tous ceux-ci, excepté au sieur Jarnowick. La demoiselle Dantzy a sur-tout eu les suffrages de sa majesté; &, par une exception injurieuse, on n'a point fait paroître mademoiselle Giorgy.

2 *Avril* 1777. C'est à la vente des tableaux du prince de Conti qu'on va procéder incessamment. La collection est des plus nombreuses : dans ceux qu'on a placés pour être vus du public, on en compte 1440, & l'on parle de 300 qui ne sont pas encore en lumiere. Mais il ne regne pas le même goût dans cette collection que dans les précédentes, & l'on prétend que son altesse peu connoisseuse a été souvent trompée.

3 *Avril* 1777. On écrit de Montargis qu'un pâtissier de ce pays-là, dans le genre du menuisier *Adam*, ou du cocher de monsieur de Verthamont, toujours gai, & faisant des chansons pour le peuple, venoit de se noyer de sang froid ; qu'il s'étoit enveloppé d'un drap, & s'étoit ainsi jeté dans la riviere, sans aucune cause de chagrin connue. On ajoute qu'il avoit écrit une lettre à son fils, en lui envoyant son argent, & qu'il avoit laissé sur sa table son épitaphe plaisante, & dans sa maniere grivoise ; la voici :

> Ci-gît, dans le fond de ce trou,
> Le joyeux pâtissier *Noyou*,
> Qui vivant en a maints bouchés.
> Dieu lui pardonne ses péchés !

4 *Avril* 1777. La faculté de médecine est de

nouveau dans une fermentation confidérable, à l'occafion du docteur Guilbert de Préval, dont il eft tant queftion depuis quelques années, pour fon préfervatif contre le mal immonde, & fa proftitution publique afin d'en vérifier & conftater l'efficacité. Le procès avec fon corps, fufpendu par le recours qu'il avoit eu au parlement, s'eft terminé avec un arrêt fort ambigu, qui, en ordonnant à la faculté de lui rendre tous les honoraires dont il étoit privé depuis fa fufpenfion par les deux conclufions préalables, prifes dans deux affemblées confécutives, fembloit ne pas empêcher qu'elle ne procédât à la troifieme & derniere affemblée, où il devoit être jugé définitivement. L'accufé a prétendu, au contraire, que la faculté ne pouvoit aller en avant; il s'eft préfenté avec un huiffier pour être admis, & a fait dreffer procès-verbal du refus, fuivant lequel il paroîtroit que plufieurs membres fe feroient expliqués en termes groffiers, méprifants & injurieux fur l'arrêt de la cour: fur quoi arrêt qui décrete d'aujournement perfonnel le doyen Deffeffart, & les docteurs de Jean & le Clerc, & quelques autres d'affigné pour être ouï. Cette animadverfion des magiftrats, fur le fimple rapport d'un huiffier, a jeté la faculté dans une crife embarraffante : elle paroît décidée à foutenir fon droit de difcipline fur fes membres; & du refte, a arrêté des repréfentations à la cour, dont lecture a été faite mercredi dans une affemblée générale. On dit que l'univerfité veut intervenir, & demander l'affemblée des chambres.

4 Avril 1777. *Les Prôneurs* ou *le Tartufe littéraire*, comédie en trois actes & en vers de monsieur Dorat, imprimée seulement, est, ainsi que le titre l'annonce assez, une vengeance qu'il a voulu prendre de la cabale encyclopédique qui le dénigre depuis quelque temps : il n'a pas sans doute osé la donner au théâtre, de crainte qu'on n'en permît pas la représentation. Il y a cependant peu de portraits assez ressemblants pour être remarqués ; à l'exception de ceux de messieurs Palissot, Clément, la Harpe & d'Alembert, tout le reste est vague. On voit que l'auteur a la velléité d'être méchant, & ne le peut. Son ouvrage est très-médiocre, calqué sur *les Philosophes* & *le Bureau d'esprit*, avec moins d'énergie que la premiere piece, & de gaieté que la seconde. Il n'est pas fait pour produire de sensation.

5 Avril 1777. Monsieur le marquis de Saint-Auban sentant combien l'affaire de messieurs de Bellegarde & de Monthieu, a fait de tort à sa réputation, cherche à profiter de toutes les occasions de se disculper dans le public. C'est ainsi qu'il a adressé au sieur de la Harpe une lettre en date du 16 mars, insérée au numéro d'aujourd'hui. C'est au sujet de l'annonce qu'avoit fait ce journaliste d'un ouvrage, ayant pour titre : *Discussion nouvelle des changements faits dans l'artillerie, depuis 1756, en réponse à monsieur de Saint-Auban, inspecteur-général du même corps*. Il est d'un monsieur Tronsson du Coudrai, chef de brigade de l'artillerie, passé chez les Insurgents, sur l'*Amphitrite*. Monsieur de Saint-Auban n'entre point dans la discussion du fond, & pour ne le pas faire excipe d'un

ancien ordre ministériel, défendant généralement aux officiers d'artillerie de rien faire imprimer sur le service de ce corps; il accuse en conséquence l'auteur d'avoir publié celui-ci seulement depuis son départ, & de s'avouer pour pere de plusieurs autres anonymes, & qualifiés de libelles dans ce même ordre. Il en vient à l'article essentiel, à ce jugement du conseil de guerre des invalides, qu'il s'agit de revoir aujourd'hui, & reproche à son adversaire d'y trouver de l'irrégularité, des vexations, des supercheries, &c. Il invoque les ordonnances du roi, qui défendent, sous peine de punition, aux avocats & procureurs d'écrire sur les conseils de guerre, même pour justifier leurs parties; loi injuste & barbare qu'il faudroit changer, si elle existoit réellement en ce sens. On voit qu'il en veut sur-tout à Me. Linguet, quoique ce procès soit peut-être celui qu'il ait le plus mal défendu & avec infiniment moins de chaleur. Enfin, il raconte comment sur la plainte rendue en 1771 par monsieur le comte d'Herouville de la dévastation des arsenaux & salles d'armes, dont il faisoit l'inspection, il fut chargé d'examiner & d'approfondir des dégradations dont on se plaignoit de toutes parts; ce qu'il fit pendant dix-huit mois, & a été la cause du conseil de guerre, auquel il n'a pas eu depuis d'autre part.

6 *Avril* 1777. Le sieur le Breton ayant profité du retard de son adversaire de l'encyclopédie pour faire signer un avis souscrit de quatorze de ses confreres, qui dit en substance *qu'ils pensent en leur ame & confiance que l'encyclopé-*

die n'a pas dû être imprimée comme la feuille jointe au prospectus, monsieur Luneau n'est pas demeuré en reste ; il répand un précis, où il se félicite de ce qu'après huit ans de débats, son adversaire est convenu de tous les faits avancés de ce qu'un jour pur en éclaire enfin toutes les opérations, & de ce qu'il a été obligé d'abandonner la plus grande partie de ses moyens de défenses, parce qu'ils étoient tous appuyés sur des impostures, que la production de ses livres a dissipées.

Il regarde comme démontré qu'on a dû imprimer l'encyclopédie dans le nombre de volumes promis ; qu'on a dû la livrer au prix auquel elle avoit été proposée ; qu'on a dû observer les loix établies pour les ouvrages offerts par souscription ; qu'on a multiplié les volumes de ce Dictionnaire par un méchanisme frauduleux, qu'elles ont prévu, proscrit & défendu.

Il finit par une péroraison éloquente, où il reproche au sieur le Breton de l'avoir contraint, nécessité, malgré lui, à soutenir le procès qu'ils ont ensemble, qui contrarie depuis long-temps les vues du sieur Luneau, son goût pour le travail, qui en refroidit l'ardeur, qui a arrêté l'avancement de sa fortune, & qui l'a éloigné de la vie tranquille qu'il menoit. Il parcourt les différentes époques de ce procès prolongé depuis huit ans, & il fait voir que son honneur seul compromis a été le principe du courage qu'il a manifesté dans cette lutte opiniâtre, où, pour recouvrer 457 livres, le seul objet d'intérêt du procès, il a perdu tout le fruit de ses travaux, son bien-être, son repos & le temps si précieux pendant lequel il auroit pu s'acquérir quelque réputation en continuant les ouvrages littéraires qu'il avoit commencés. Cette cause, qui est celle de tous les auteurs, les affecte vivement, & ils en attendent l'issue avec impatience.

6 *Avril* 1777. Le *Pot-pourri*, ou *Etrennes aux gens de lettres*, étoit un cadre assez heureux, mais très-mal rempli : c'est une satire sans vérité, sans ressemblance, plate & dégoûtante.

7 *Avril* 1777. On parle du premier numéro du journal de Me. Linguet publié à Londres ; on dit qu'il a pour titre *Annales Littéraires*. On assure qu'il est fort méchant ; c'est tout ce qu'on en dit.

7 *Avril*. Le premier mémoire de madame la marquise de Mirabeau contre son mari n'étant pas satisfaisant, elle a choisi un autre défenseur : c'est Me. de la Croix de Frainville, qui se met aujourd'hui sur les rangs. Son écrit n'est guere plus éloquent que le précédent, mais il a du moins beaucoup d'ordre & de clarté ; il est fait pour porter la conviction dans les esprits.

Après avoir établi le caractere impérieux & despotique du marquis de Mirabeau, il raconte ses dégoûts pour sa femme, & les témoignages de tendresse qu'il en recevoit, sa vie dissolue, ses menaces de divorce, sa parcimonie envers elle ; il raconte comment sa vaine gloire d'auteur lui faisoit oublier tout ce qu'il lui devoit, au mépris des preuves d'attachement qu'il avoit reçues de cette épouse respectable, sur-tout lorsqu'il fut détenu à Vincennes. Il en vient à son expulsion de la maison conjugale de la part de ce mari tyran, avec la déclaration d'un divorce perpétuel; il n'oublie pas ses retenues sur la pension modique qu'il lui faisoit, son refus de tous les secours nécessaires à la guérison du mal immonde qu'il lui avoit procuré, les surprises faites à la marquise de Vassan, sa belle-mere; la captivité de la marquise de Mirabeau, sur un ordre du roi, après lequel elle n'obtient sa liberté qu'en signant un acte qui la lui fait perdre; un compromis qui ne se maintient qu'au moyen de menaces réitérées du mari; sa cruauté d'ôter même à la marquise de Vassan la liberté de voir sa fille; celle de faire interdire inutilement cette femme âgée & mourante; enfin une multitude d'injustices, de vexations, d'atrocités, terminées par le refus formel du marquis de Mirabeau de recevoir chez lui sa femme le 30 mai 1775, jour où a commencé le procès qui se plaide actuellement.

Toutes les preuves de ces faits allégués sont tirées des lettres mêmes du marquis de Mirabeau, & semblent difficiles à réfuter.

7 *Avril* 1777. Une aventure singuliere qu'on débite depuis un mois & qui n'est pas plus éclaircie, donnera sans doute lieu à des mémoires où l'on verra plus clair. Tout ce qui est aujourd'hui constaté, c'est qu'un monsieur de la Motte étant convenu avec un monsieur Desrues de lui vendre sa terre, la femme du premier a reçu à Paris la procuration de son mari pour faire l'acte de vente & en toucher le prix: que la vente s'est consommée; mais que le mari ignore ce qu'est devenu l'argent, ainsi que sa femme &

son fils : que l'acquéreur gravement soupçonné est au Fort-l'Evêque & au secret ; que dans les commencements il refusoit toute nourriture, comme un homme décidé à se laisser mourir de faim.

8 Avril 1777. Il faut se rappeller le procès élevé au conseil entre le chapitre & l'évêque de Rodez : le premier a fait paroître un mémoire dont on a parlé ; l'autre n'a pas répondu ; mais un sieur Viguier, syndic du clergé, a répandu, sous son nom, un ouvrage qui a pour titre : *Eclaircissements préparés pour le conseil du roi & pour messieurs les Agents généraux du clergé*, suivis d'un avis délibéré à Rodez le 13 janvier dernier ; ce qui a donné lieu à une replique du sieur abbé de Portelance, archidiacre & député du chapitre, suivie d'une consultation de plusieurs avocats du parlement de Paris, en date du 10 mars 1777, qui déclare qu'en suivant chacun des abus qui ont été relevés par le chapitre de Rodez, il n'est pas un seul chef de plainte qui ne soit fondé, formation de la chambre, choix des membres dont elle est composée, administration de la chambre, perceptions qu'elle ordonne, usage qu'elle fait des deniers ou qu'elle tolere qu'on en fasse : par-tout, suivant eux, on ne voit que des contradictions avec les loix & les réglements, des abus qu'il est essentiel de réformer. Ils décident qu'il étoit du devoir du chapitre d'élever la voix dans des circonstances pareilles, & de défendre l'intérêt général du diocese, en combattant pour ses intérêts personnels.

Du reste, les jurisconsultes sont étonnés de voir les agents généraux du clergé intervenir dans cette cause, comme s'ils n'étoient que ceux des prélats, & comme si par le clergé on n'entendoit pas tous les ordres qui le composent. Mais cette tournure a été prise par monsieur de Cicé, pour avoir sur leur demande un arrêt d'évocation, lequel a occasioné des remontrances très-pressantes du parlement de Toulouse. Enfin, par une imprudence sans exemple, on ose contester à l'abbé de Portelance sa mission, & prétendre qu'il n'est pas avoué de son chapitre, lorsqu'il représente les titres les plus formels & les plus récents à cet égard.

8 *Avril* 1777. Le dernier concert spirituel a eu lieu hier & a été aussi suivi que les précédents, quoique mademoiselle Dantzi annoncée n'y chantât pas. La reine l'avoit demandée & le sieur le Gros, le directeur actuel du concert spirituel, ayant représenté à S. M. combien il avoit à cœur de ne point manquer au public en ne le privant pas d'une cantatrice annoncée, la reine a persisté à l'avoir. Une chose qui fait infiniment d'honneur au sieur Gossec, & dont il n'y a point d'exemple à ce spectacle, c'est qu'une symphonie à grand orchestre de sa composition, redemandée pour ce jour-là, a tellement plu aux auditeurs, qu'on a répété *bis*, & qu'il a fallu l'exécuter sur le champ une seconde fois. Un oratoire de M. Rigel, dont le sujet est la *Sortie d'Egypte*, chanté plusieurs fois pendant la quinzaine, a été entendu encore avec satisfaction. Les paroles sont de monsieur Marmontel. En général le concert spirituel, qui depuis quelques années s'amélioroit insensiblement, a pris une face absolument nouvelle depuis que le sieur le Gros y préside, tant par l'excellence de

la musique & des virtuoses dans tous les genres qu'il y a rassemblés, que par une meilleure entente dans l'exécution: il a diminué le nombre des concertants dans l'orchestre & dans les chœurs, & avec moins d'instruments & de voix il a produit plus d'effet.

8 *Avril* 1777. Depuis long-temps on parle avec admiration du nouveau canal de Picardie, entrepris par feu monsieur Laurent, & continué par son neveu. Ce qu'on en voit est certainement propre à étonner; mais on en a constaté l'utilité, & comme il y a une partie couverte, on a agité la question si les canaux couverts n'avoient de trop grands inconvénients? L'ingénieur en chef de Saint-Quentin a entrepris de soutenir & de prouver l'affirmative contre le neveu de monsieur Laurent. La dispute a eu lieu en présence des ministres, & le résultat est d'abandonner le canal, en louant la beauté de l'entreprise & même de l'exécution actuelle, comme un chef-d'œuvre de l'art, mais n'ayant produit qu'un monument stérile.

8 *Avril*. La faculté de médecine a envoyé à tous ses membres son apologie, adressée au parlement, sous le titre de *Précis*. Elle est datée du 6 de ce mois, & soussignée du docteur l'Epine, subrogé doyen, par la suspension de l'autre, & des commissaires Borie, Lorry, Maloet, Lezurier, Coquereau. Il est fort court, sans beaucoup d'ordre, mal digéré, & fait peu d'honneur aux rédacteurs.

9 *Avril* 1777. C'est par des arrêts du parlement, des 4 mai & 7 septembre dernier, fort ambigus, qu'est arrivé entre la faculté & le sieur Guilbert de Préval, la nouvelle discussion qui a

entraîné des suites si funestes. En effet, non-seulement il y est rétabli dans la jouissance & perception de tous les droits utiles, des émoluments, sportules & jetons attribués aux docteurs régents de la faculté, mais encore dans le droit de recevoir des thèses, d'y être placé suivant son rang de dispute, & de recevoir également les annonces & affiches des cours: & par une sorte d'inconséquence, ils ne contiennent rien d'où l'on puisse inférer, qu'il soit rétabli dans le droit d'assister aux assemblées & actes publics de la faculté. En sorte que ce docteur ayant été rayé définitivement dans une assemblée du 6 juin, tenue en conséquence de l'arrêt du 4 mai, & celui du 4 septembre n'ayant point anéanti cette exclusion, mais renvoyé les parties à l'audience, la faculté a cru devoir persister dans ce qu'elle avoit fait.

De son côté, le sieur Guilbert de Préval interprétant en sa faveur lesdits arrêts, s'est présenté le 23 septembre à un acte public, & le deux novembre dernier s'est rendu aux écoles, où introduit furtivement, il a, par ses bravades & ses interpellations indécentes, forcé d'appeller les appariteurs pour le faire sortir. De-là une procédure criminelle de sa part, où, d'après le procès-verbal, qu'il a dicté à son huissier, il a rendu une plainte contre plusieurs docteurs, & l'a fait appuyer de témoins, d'où sont résultés les décrets dont on a parlé.

9 *Avril* 1777. La première nouveauté que doivent donner les comédiens François, est la comédie de monsieur de la Place, ayant pour titre *le Veuvage trompeur*. Elle est en trois actes &
en

en vers. Monsieur Cailhava a fait aussi la distribution de sa comédie, intitulée l'*Egoïste*.

10 *Avril* 1777. Toute la faculté, à l'exception de cinq ou six membres, paroît dans la plus grande union contre le sieur Guilbert de Préval. Celui-ci a cependant des partisans dans le monde par son exposé, où il dit qu'il a été rayé du catalogue des docteurs régents, *parce qu'il a trouvé un remede curatif & préservatif de la maladie qui empoisonne les sources de l'existence.*

La faculté répond que c'est pour avoir osé s'annoncer comme inventeur & distributeur d'un remede secret, ayant la propriété de *préserver de gagner aucun mal vénérien*; secret chimérique & dès-lors funeste.

Pour avoir osé, dans la vue d'accréditer la vente de ce prétendu spécifique, en faire sur sa personne des essais publics, dont l'homme le plus dissolu ne pourroit soutenir, l'on ne dit pas le spectacle, mais le récit.

Pour avoir, par cette expérience infame, offert avec l'impunité un appât pour le vice, avoir anéati les mœurs autant qu'il étoit en lui, & ouvert la porte au libertinage.

Enfin, pour avoir déshonoré le titre & la profession de médecin, en se prostituant, pour accréditer un secret qu'il vendoit comme médecin.

Du reste la faculté, pour n'avoir rien à se reprocher, a consulté ses avocats, qui, par une délibération du 16 janvier 1777, ont approuvé la prudence de ses membres.

11 *Avril* 1777. Le sieur Bouret, fermier-général, a été trouvé hier subitement mort dans son lit. Les gens qui veulent de l'extraordi-

naître à tout, prétendent qu'il a accéléré sa fin : ils en donnent pour raison le dérangement de ses affaires ; mais il y étoit habitué, & l'on se rappellera toujours que le jour même où il eut l'honneur de recevoir sa majesté pour la premiere fois au fameux *pavillon du roi*, ses créanciers faisoient saisir ses meubles à Paris. Du reste, c'étoit un homme rare pour le manege de l'intrigue, pour le raffinement de l'adulation, & pour la fécondité des ressources, quand il vouloit parvenir à ses fins. Il avoit un goût de dépense incroyable, & une vanité singuliere, qui vraisemblablement en étoit le principe. Il ne faisoit plus parler de lui depuis long-temps, & se regardoit ainsi comme mort d'avance.

12 *Avril* 1777. La prison du Châtelet est devenue, pour monsieur de Lisle de Salces, un lieu de triomphe. Le concierge s'est délogé pour lui, & l'on a fait meubler l'appartement avec magnificence ; il ne désemplit point de visites; tous les illustres philosophes & les femmes les plus distinguées du parti l'ont été féliciter : on lui offre de l'argent de toutes parts ; il lui arrive des rouleaux de louis anonymement, que sa délicatesse ne lui permet pas d'accepter, & qui vraisemblablement retourneront au profit des prisonniers. Mais ce qui s'en trouve mieux encore c'est son livre, qui, de cette persécution, reçoit une vogue qu'il n'auroit jamais eu par son mérite intrinseque. Tout le monde sait aujourd'hui qu'il étoit disciple du célebre Helvétius, & qu'on l'avoit choisi pour propager sa doctrine, au moins avec permission tacite. Enfin, depuis la détention de made-

moiselle Clairon au Fort-l'Evêque, on n'avoit point vu de captif aussi fêté.

13 *Avril* 1777. Mademoiselle Raucoux n'a pas échappé long-temps à la poursuite de ses créanciers ; on la croit arrêtée de nouveau, ou cachée, ou obligée de s'enfuir.

13 *Avril* 1777. Il y a eu hier, à la plaine des Sablons, une course où il y avoit très-peu de monde ; elle a été tenue secrete, & c'étoit son objet, à cause des paris nombreux qu'elle devoit décider.

13 *Avril*. On parle beaucoup d'un jeune virtuose, arrivé dans cette capitale ; c'est un monsieur Chateauminois, Provençal, qui joue merveilleusement du flûtet ou galoubé, instrument de son pays, qu'il a porté à un degré de perfection, dont personne avant lui ne l'auroit cru susceptible. Il est percé de trois trous seulement, ce qui le rendoit en apparence très-borné par sa nature ; on l'associoit au tambourin dans les fêtes champêtres & dans les bals ; on le faisoit aussi quelquefois entendre à l'opéra dans les airs connus, sous le nom de *tambourins* : mais il étoit proscrit des concerts, & l'on ne soupçonnoit pas qu'il pût jamais y occuper une place. Le musicien dont on parle, a trouvé l'art d'exécuter avec le galoubé presque tout ce qu'exécute un violon : il joue dans tous les tons, des airs gais, des airs tendres, & des variations de la plus grande difficulté : il joue seul des *duo* sur deux flûtes à la fois ; il fait entendre sur son galoubé des concerto très-brillants, accompagnés de symphonie. Rien n'égale la précision, la netteté de son coup de lan-

gue & la vivacité de son jeu. En un mot, c'est une merveille qu'il faut entendre.

14 *Avril* 1777. Le journal qu'a commencé monsieur Linguet à Londres, a pour titre : *Annales politiques, civiles & littéraires du dix-huitieme siecle* ; & le premier cahier en paroît ici. Cela a d'autant plus surpris, qu'on ne s'imaginoit pas que les ministres, si maltraités dans sa lettre à monsieur de Vergennes, auroient pour lui une pareille complaisance. On dit que le même motif qui a déterminé à laisser entrer *le Courier de l'Europe*, a motivé la même facilité pour la production de ce proscrit : on s'est flatté que cela l'engageroit à s'observer un peu plus; mais comme on connoît sa mauvaise tête, & les écarts de son imagination, on n'a pas voulu l'autoriser ouvertement, & il a été arrêté dans le comité des ministres qu'il ne seroit que toléré.

Quant au *Courier de l'Europe*, il est question d'un numéro 43, absolument supprimé : on dit que c'est à l'occasion d'une annonce d'une nouveauté Françoise, intitulée : *l'Impuissant & la Coquette*. Comme l'ouvrage n'existe point, on présume qu'il y avoit de la malice ; tel est du moins le motif qu'on donne dans le public.

14 *Avril.* Monsieur de Crébillon vient de mourir. Quoiqu'il n'ait pas été aussi illustre que son pere, il s'étoit ouvert une autre carriere, & avoit une maniere originale dans le genre du roman. *Ses Egarements du Corps & de l'Esprit*, sont un chef-d'œuvre qu'on regrette toujours de voir imparfait. Il s'étoit gâté dans ses derniers ouvrages ; & à force de vouloir affecter le ton des petits-maîtres & des hom-

mes à bonnes fortunes, il avoit pris un jargon inintelligible. Enfin, pour le peindre, il suffit de dire qu'on l'avoit surnommé le *Philosophe des femmes*.

15 *Avril* 1777. Monsieur Bouret a mangé, de son vivant, quarante-deux millions connus, & l'on ajoute qu'il meurt insolvable.

15 *Avril*. Ce qu'on avoit prévu l'an passé vient d'arriver : le gouvernement a profité de la manie de nos grands seigneurs pour les courses de chevaux, afin d'exciter l'attention de ceux qui en cultivent l'espece sur les différentes races, & par les soins que prennent les amateurs pour en faire de bons coureurs, de donner ainsi à cet animal toute la perfection dont il est susceptible.

Un acte passé à Fontainebleau entre plusieurs seigneurs de la cour, le 30 octobre 1775, en a été la suite ; il étoit resté ignoré jusques à présent. Par cet acte, ils s'engagent de donner chaque année, pendant l'espace de dix, une somme de 600 livres, pour avoir le droit de faire courir un cheval à deux époques différentes ; savoir, au 15 avril, & au 4 octobre de chaque année. Entre plusieurs conditions spécifiées entre les contractants, la plus intéressante, la plus honorable au zele patriotique des souscripteurs, c'est qu'aucun cheval ne sera admis, qu'autant qu'il sera reconnu par trois experts convenus pour être François.

En conséquence, la premiere course de l'année aura lieu aujourd'hui dans la plaine des Sablons.

16 *Avril* 1777. M. de *Vedel Montel* fait paroî-

tre un nouveau mémoire, intitulé: *Résumé général*. Comme le rapport du procès entre le maréchal duc de Richelieu & madame la présidente de Saint-Vincent, est entamé d'hier, il profite des derniers instants pour confirmer sa justification dans le public, jusqu'à ce qu'il la reçoive de la justice.

16 *Avril* 1777. L'incroyable affaire de Desrues acquiert de jour à autre de nouveaux caracteres de noirceur. Depuis plus d'un mois on ne retrouve absolument aucun renseignement sur madame de la Motte & son fils, ainsi que sur le prix prétendu donné de la terre. La femme de ce négociant, ancien épicier, a été arrêtée il y a quelques jours.

17 *Avril* 1777. Le procès sur la demande en séparation de corps, formée par la marquise de Mirabeau, doit être jugé la semaine prochaine. Le mari fait paroître une *Exposition de faits & de pieces probantes*. Son mémoire ne roule que sur l'administration des biens patrimoniaux & des biens dotaux de sa femme.

On l'accuse, 1°. d'avoir aliéné de son patrimoine plus de 500,000 livres, & d'avoir contracté plus de 600,000 livres de dettes au préjudice de la substitution dont il est grevé.

2°. D'avoir consommé plus de 600,000 liv. des biens de sa femme.

3°. Enfin de lui avoir refusé le plus étroit nécessaire, dans le temps qu'il en percevoit les revenus, que l'on porte à 50,000 livres.

Il répond, 1°. qu'il n'a rien aliéné de son patrimoine; qu'au contraire, il l'a considérablement augmenté par son économie & son administration.

2°. Qu'il n'a consommé aucune partie du bien de madame de Mirabeau.

3°. Qu'elle a toujours été entretenue selon son état, & que son revenu, bien loin de monter à 50,000 livres, ne va pas à 12,000 liv. de rentes, déduction faite des dettes & charges de ses biens.

17 *Avril* 1777. On parle de donner, sur le grand théatre de Versailles, l'opéra de *Castor & Pollux*, réservé pour l'époque de l'arrivée de l'empereur. On sait qu'il a désiré qu'on ne fît pour lui aucune fête : mais celle-là est d'une nature à ne pouvoir être refusée : du reste, le Parisien est empressé de voir & d'entendre ce Prince, & de juger entre lui & son frere l'archiduc.

18 *Avril* 1777. Le mémoire de monsieur de Vedel est d'un Me. Blondel, avocat, & lui fait infiniment d'honneur; il est plein de raison, fort de preuves, & écrit avec la plus grande énergie. Le défenseur y est toujours à son aise ; il semble se jouer de son adversaire, & l'écraser enfin des arguments les plus victorieux. Il en résulte que toutes les preuves que monsieur de Richelieu prétendoit administrer contre son adversaire, par titres, par témoins, par vérifications d'experts, ont tourné contre lui-même ; que monsieur de Vedel n'a été décrété de prise de corps, interrogé sans fin & sans pudeur, réglé à l'extraordinaire, & confronté à une foule de témoins & d'accusés ; qu'il n'a langui près d'un an dans les fers, que parce que le lieutenant-criminel Bachois, son premier juge, est devenu sa partie, qu'il n'a jamais instruit qu'à charge con-

tre lui, & s'est livré aux plus basses complaisances pour le puissant accusateur. Aussi prétend-il que l'intimation personnelle contre ce magistrat prévaricateur ne lui peut être refusée.

On parle d'un nouveau mémoire ou écrit, contenant des réflexions sur ce procès, répandu vraisemblablement par les députés du parlement d'Aix, & qu'on attribue à monsieur de Castilhon.

19 *Avril* 1777. Dans une séance tenue au parlement, les chambres assemblées le 11 avril, l'avocat-général Seguier a fait un requisitoire pour rendre compte de la brochure dont on a déja parlé, & dénoncée par le président Angran, ayant pour titre : *Plan de l'Apocalypse*. Quoique Newton ait commenté cet ouvrage, on sent qu'il faut avoir le cerveau un peu fêlé pour s'y arrêter, à plus forte raison pour y voir le rétablissement des jésuites, annoncé pour 1777. Cela n'auroit pas mérité l'attention des magistrats sans d'autres assertions plus dangereuses, intéressant la politique & le gouvernement, en ce que le même enthousiaste prédit l'empire universel de l'église, dans laquelle l'état sera désormais confondu.

En conséquence cette brochure, datée de 1773, de 96 pages d'impression, a été condamnée à être lacérée, brûlée, &c.

Du reste, monsieur Seguier rassure le parlement, & prétend que les craintes nées, à l'occasion de prétendus mouvements des ex-jésuites & de leurs partisans, sont vaines & dénuées de fondement ; il promet à la cour que les gens du roi s'occuperont à veiller sur les démarches de la société.

L'on ne sait si le parlement, satisfait des assurances de monsieur l'avocat-général, abandonnera toute recherche ultérieure; mais le parti janséniste trouve très-mauvais qu'il ait traité la chose aussi lestement, & regarde ce magistrat comme vendu à la cabale.

19 *Avril* 1777. La faculté de médecine, avant de répandre son *précis* dans le public, a arrêté une grande députation pour le porter au premier président & aux présidents à mortier : elle a arrêté aussi que dans la douleur où elle étoit de se voir privée de son doyen, de voir plusieurs de ses membres inculpés, & elle-même traduite devant le parlement, elle s'abstiendroit de toute cérémonie & acte solemnel, & cesseroit même toute fonction qui ne seroit pas nécessaire au service public.

Le doyen Dessessarts a comparu la semaine derniere pardevant l'abbé Pommier, nommé commissaire pour l'interroger & l'entendre en vertu du décret d'ajournement personnel rendu contre lui. Sa compagnie a été très-satisfaite de la maniere intelligente, sage & ferme dont ce chef a répondu aux questions captieuses, & dérisoires du magistrat, un peu calotin. Ce dernier a prétendu que bien loin d'être l'ennemi de la faculté, comme l'on en faisoit courir le bruit, il avoit empêché qu'on ne poussât les choses plus loin, & qu'on ne le décrétât de prise de corps.

19 *Avril. Réflexions servant de faits justificatifs*. Tel est le titre de l'écrit attribué à M. de Castilhon ; au bas duquel on lit. « Le

„ conseil soussigné, qui a lu avec admiration le
„ mémoire ci-dessus, ouvrage d'un magistrat
„ vertueux, estime que sans y rien changer,
„ il est intéressant de l'employer pour madame
„ de St. Vincent. Les principes incontestables y
„ sont si lumineusement présentés, qu'il n'est
„ point de cœur droit qui ne se rende a leur
„ évidence : ils mettent en main des innocents
„ faussement accusés, des armes invincibles
„ pour terrasser les fameux calomniateurs. „
Cette consultation, de Me. Piet Duplessis, est
du 11 avril.

Le résultat de cet écrit solide, grave & sec,
où l'on ne cherche pas à séduire le lecteur par
une éloquence oiseuse, & uniquement destiné
à éclairer les magistrats, est d'établir que dans
toutes les suppositions & sous tous les points de
vue, l'accusée doit être déchargée de l'accusation, avec dommages & intérêts.

20 *Avril* 1777. Par un concours de circonstances trop longues à raconter, & sur le détail desquelles on varie d'ailleurs dans le public, il est constaté juridiquement qu'on a trouvé le cadavre de madame de la Motte enterré dans une cave de la rue de la Mortellerie ; qu'il étoit assez bien conservé pour que les traits en fussent reconnus de tous ceux qui avoient vu cette malheureuse femme ; que son mari sur-tout a été convaincu que c'étoit elle. Qu'on est déja moralement sûr que le sieur Desrues l'y a fait transporter, ayant loué cette cave sous un nom étranger, pour y mettre du vin ; que le propriétaire de la cave, confronté à cet accusé dans la prison, a déclaré que c'étoit le même homme qui s'étoit présenté pour la louer.

On a conduit Desrues sur le lieu pour le confronter au cadavre, & il a persisté à nier, soit qu'il eût loué la cave, soit qu'il y eût fait transporter madame de la Motte, soit qu'il la reconnût. On a fait l'ouverture de celle-ci, & il y a apparence que cette victime de la cupidité du coupable a été empoisonnée. Ce matin a été fait l'enterrement en grande pompe, à la paroisse de St. Gervais. On ignore encore où est le cadavre du fils, mais on espere aujourd'hui parvenir à approfondir toutes les horreurs d'une scélératesse qui paroît avoir été combinée de longue main, & avec un sang froid qui ne peut guere être celui d'un homme novice dans de pareils forfaits. Ce Desrues se nomme Bury ; il avoit été épicier, & a fait faillite plusieurs fois.

20 *Avril* 1777. Monsieur le maréchal duc de Richelieu répand aussi des *réflexions présentées, & à ses juges, & au public*. Il les partage en deux propositions : 1. il n'a pas eu le choix de l'action qu'il avoit à intenter : 2. c'est à madame de St. Vincent à prouver son innocence. Il finit par un *postscriptum* contre les *réflexions d'un magistrat*, qu'il qualifie de libelle ; & pour s'éviter la peine d'y répondre en regle, ce qui lui seroit trop difficile & peut-être impossible, il dit qu'il faut l'abandonner, ainsi que les paradoxes révoltants qu'il contient, au mépris & à l'indignation publique.

Du reste, il annonce encore un mémoire volumineux, où il comprendra le *résumé* des preuves qui établissent que madame de St. Vincent est l'auteur du faux, ou le complice, ou le participe.

Le duc d'Orléans continue à assister aux assemblées, & c'est en conséquence son altesse qui les assigne à sa commodité. C'est ainsi qu'il n'y en a point eu un jour de la semaine dernière, où l'on jouoit la comédie chez madame de Montesson.

21 *Avril* 1777. On avoit déja voulu établir un *gazetin des comestibles.* Cette feuille n'avoit pas réussi. On y revient aujourd'hui ; on en répand un nouveau *prospectus pour l'établissement de bureaux pour la commission des comestibles & pour l'abonnement de son gazetin.* Ce gazetin sera autorisé par lettres-patentes duement vérifiées, & approuvées par arrêt du parlement ; & il y aura en outre un dépôt fixe conduit par une direction, chargée du soin de subvenir aux demandes des intéressés, de les publier, & de faciliter en faveur des fournisseurs & des consommateurs, des communications & des relations de la capitale aux provinces, & de celles-ci entr'elles avec Paris & avec l'étranger.

21 *Avril.* On a fait à l'occasion de l'empereur & de son goût pour *l'incognita*, l'apologue suivant :

Chéri de toute l'Arabie,
Magnanime, humain, vertueux,
En trouvant son bonheur à faire des heureux,
Mamoun un jour conçut l'envie
De voyager ; il eut la fantaisie
De rester par-tout inconnu ;

Il croyoit le pouvoir : seule erreur de sa vie;
On le nomma si-tôt qu'il eut paru.
La douce & noble modestie
Est le héros de la vertu.

21 *Avril* 1777. On a procédé le 18 au jugement du procès concernant l'encyclopédie. On a été enchanté du rapport de monsieur de la Belouze, qui a déployé dans cette affaire la sagacité la plus subtile & le plus grand désintéressement. Quoi qu'il en soit, le procès a paru si difficile à juger, qu'il y a eu partage de voix à la grand'chambre. On en renverra la décision à messieurs de la premiere chambre des enquêtes.

22 *Avril* 1777. Le nouveau curé de St. Sulpice a célébré aujourd'hui une messe du St. Esprit, suivie d'une procession, pour attirer la bénédiction du ciel sur les travaux qui se font dans son église, sous la direction de monsieur l'abbé Symon de Doncourt, ayant des connoissances profondes, & un goût peu commun en architecture, peinture & en sculpture. Les artistes & entrepreneurs qui concourent à la perfection & à l'ornement de ce vaste édifice, y ont tous assisté ; savoir, pour ce qui concerne la chapelle de la Vierge, monsieur Pigalle, chevalier de l'ordre du roi ; monsieur de Wailly, des académies d'architecture, de peinture & de sculpture ; monsieur Pigalle, neveu, sculpteur ; monsieur Callet, peintre ; messieurs de la Chenay & Metivier, sculpteurs en ornements ; monsieur Dropsi, sculpteur en marbre, & monsieur Hervieux, ciseleur.

Pour la partie du portail, des tours & de l'orgue, monsieur Chalgrin, de l'académie d'architecture, & architecte de *monsieur* ; monsieur Boirot, agréé de l'académie de sculpture ; monsieur Barthelemy, peintre ; monsieur Guibert, sculpteur en ornements ; monsieur Viel, architecte, premier inspecteur ; monsieur Mangin, entrepreneur pour la maçonnerie ; monsieur de de l'Or, pour la charpente ; monsieur Mardelle, pour la serrurerie, &c. &c.

La chappelle de la Ste. Vierge est très-avancée : la petite coupole qui lui sert d'entrée est découverte depuis noël. Le plafond de la chapelle, peint par feu le Moyne, avoit été presqu'entiérement détruit par l'incendie de la foire St. Germain, & vient d'être réparé par monsieur Callet. La statue en marbre de sept pieds de proportion, par monsieur Pigalle, est placée depuis plus d'un an. L'échafaud d'une des tours de l'église est terminé. On doit commencer cette semaine à poser la menuiserie & la sculpture de l'orgue, faites par MM. Duvet & Sadot, maîtres menuisiers, d'après les dessins de monsieur Chalgrin. C'est monsieur Cliquot qui est chargé de la facture de cet orgue, qui sera le plus complet de ceux de Paris. Enfin, la maçonnerie & une partie de la sculpture des deux chapelles du portail sont très-avancées : on espere qu'elles seront achevées cette année. On les destine à servir de baptistaire, & de sanctuaire pour le St. Viatique.

13 *Avril* 1777. On écrit de Geneve que le philosophe de Ferney a eu, il y a peu de temps, une attaque d'apoplexie qui n'a pas

eu de suite : sa tête même n'en est point affectée, & il se dispose à reprendre ses travaux.

En effet, par une lettre du 16 avril, monsieur de Voltaire demande à un ami de lui rassembler toutes les pieces relatives à l'affaire de monsieur de Lisle de Salces, & de lui en rendre le compte le plus détaillé. On juge avec raison, qu'il veut écrire sur cette matiere, sur l'injustice de flétrir cruellement un écrivain pour des opinions qu'il a soumises à l'examen des censeurs qui lui ont été donnés par le gouvernement, & qui a rempli toutes les formalités ordonnées pour l'impression. Cet auteur est plus intéressé que personne à faire rougir les magistrats d'une sentence atroce. Eh! que n'auroit-il pas à craindre, si l'on recherchoit aussi scrupuleusement tous les gens de lettres qui ont écrit avec permission, & qui plus est sans permission?

24 *Avril* 1777. On ne sait si monsieur de la Harpe a reçu réellement les coups de bâton, dont le menaçoit depuis long-temps monsieur Dorat; si le premier, las de se ruiner en voitures pour se soustraire à la vengeance de son ennemi, lui aura enfin fourni l'occasion qu'il attendoit : mais il court là-dessus une pasquinade un peu vive, sur-tout à l'égard d'un académicien.

25 *Avril* 1777. Le mémoire promis par monsieur le maréchal de Richelieu à l'appui de ses *réflexions*, & devant en constater la justesse, paroît. Il est suivi d'une consultation en date du 20 avril, faite par six fameux jurisconsultes, qui en confirment les deux assertions

qu'on a déja lues de la part du cofultant, décident que loin que madame de St. Vincent ait prouvé fon innocence, elle refte au contraire, accablée fous le poids des preuves de toute efpece, & de la conviction.

25 *Avril* 1777. Defrues eft enfin convenu que madame de la Motte étoit morte chez lui, à la fuite d'une médecine qu'il lui avoit adminiftrée ; & que pour épargner les frais de l'enterrement, il l'avoit fait porter dans la cave, où elle a été trouvée. Il eft convenu auffi que le fils avoit été conduit par lui à Verfailles, après avoir mangé du chocolat, qui l'avoit fait vomir ; que ce jeune homme étoit mort en ce lieu, & qu'il l'y avoit fait enterrer fous un autre nom. On voit qu'à l'exception de l'empoifonnement, qu'il n'a pas avoué directement, il eft déja très-moralement coupable, par fon récit, de la mort de ces deux innocentes victimes de fa fcélérateffe.

25 *Avril*. Autant l'archiduc Maximilien avoit déplu ici par fa hauteur, autant l'aimable fimplicité de l'empereur, indice communément du grand homme, lui concilie les cœurs. Son hôtel eft continuellement invefti de peuple qui cherche à le voir. Au moyen de la fuppreffion de tout cérémonial, & même de tout appareil de diftinction, ce prince verra beaucoup mieux, & avec moins de temps, tout Paris. On a remarqué que deux chofes lui avoient déplu finguliérement, l'entaffement des malades dans la même falle, & dans le même lit à l'hôtel-dieu (car fa délicateffe n'a point été bleffée de vifiter cet

hôpital infecte & pestilentiel) & les pauvres mendiants dans cette capitale à tous les coins de rues.

Un trait qui fait présumer combien il est instruit, c'est que monsieur le contrôleur-général lui ayant présenté son frere, monsieur de Villepatour, ce prince l'a accueilli avec distinction, en lui rappelant les diverses belles actions qu'il avoit faites, & dont il a paru être au fait plus que beaucoup de militaires de France. En parlant de l'artillerie, il est convenu que cette partie du service l'avoit émerveillé à Strasbourg, sur-tout, quand de 150 pieces de canon qu'on avoit fait jouer devant lui, quatre-vingt-dix-neuf avoient atteint le but.

26 *Avril* 1777. Vendredi la reine est venue à l'opéra d'*Iphigénie* avec monsieur & madame, monsieur le comte & madame la comtesse d'Artois. Elle a été applaudie à toute outrance par la foule nombreuse qui s'étoit rendue à ce spectacle dans l'espoir d'y voir l'empereur. Après les révérences ordinaires, sa majesté s'est assise ; les battements de mains ont continué : elle s'est doutée que ceux-ci regardoient son frere, qui étoit au fond de la loge, & ne se montroit point ; elle l'a tiré presque malgré lui, l'a amené sur le devant, & l'a fait asseoir auprès d'elle.

A l'endroit où le chœur dit, en voyant *Clitemnestre* : *chantons célébrons notre reine*, les applaudissements ont redoublé ; son frere s'en est mêlé : la reine émue de tendresse, s'est levée, & a témoigné sa reconnoissance ; en sorte qu'on peut dire que si l'archiduc a un peu aliéné les cœurs François de cette souveraine, l'empereur les lui a rendus.

37 *Avril* 1777. Il s'est donné hier au wauxhall d'hiver un concert de bénéfice pour mademoiselle Dantzi ; avec un concours moins considérable que n'en méritoit cette célebre cantatrice, qui se concilie d'abord les spectateurs par un air de douceur & de modestie imprimé sur sa figure très-aimable. Elle a d'ailleurs une voix unique : outre qu'elle la monte à un ton où ne va point celle de son sexe, puisque l'*ut* en est le terme ordinaire, & que la sienne s'éleve jusqu'au *sol* & au *la*, c'est-à-dire, à la *quarte*, & à la *quinte* supérieure ; elle a des martellements équivalents à ceux des coups de langue sur la flûte, en sorte que l'on croiroit entendre cet instrument. Il faut convenir, au surplus, que son organe est plus étonnant que séduisant, elle ne chante d'ailleurs que l'Italien.

27 *Avril.* Monsieur le maréchal duc de Richelieu répand encore un *précis*, un *résumé* & un *postscriptum*.

27 *Avril.* On ne fait que parler de l'empereur, & l'on recueille avec soin tous les propos de cette majesté, peu saillants, mais toujours pleins de bon sens. On a eu occasion, lorsqu'il est allé jeudi au palais & à la chambre des comptes, de connoître sa façon de penser sur le compte de deux ministres si fameux sur la fin du regne de Louis XV. Comme il étoit à la premiere présidence, dans une galerie où est une suite de portraits de tous les chefs de la compagnie, il a prié qu'on lui montrât celui de

monsieur de Maupeou, le chancelier : il l'a considéré attentivement ; il a demandé s'il étoit ressemblant ? On lui a dit qu'oui. Il s'est écrié avec indignation : « il fait bien de n'être pas ici ! » Puis se tournant vers les magistrats qui l'entouroient : » pour vous, » Messieurs, a-t-il ajouté, vous avez essuyé des » persécutions, mais tout est heureusement » réparé. »

A la chambre des comptes, en lui expliquant les diverses fonctions de cette cour, on lui a dit que c'étoit chez elle que les contrôleurs-généraux venoient prêter leur serment ; on lui en a lu la formule, où ils promettent d'être fideles aux commandements de la chambre. Le moment d'après, ayant trouvé sous ses yeux la signature de l'abbé Terrai : « en voilà » un, s'est-il écrié, qui n'a pas tardé à rom- » pre le sien ! »

27 *Avril* 1777. Monsieur de Saint-Auban, par sa requête au roi, demande que la brochure contenant les deux lettres de madame de Bellegarde, soit supprimée comme libelle diffamatoire, calomnieux, & que madame de Bellegarde soit condamnée en telle amende & tels dommages-intérêts qu'il plaira à S. M. ; qu'il lui soit fait défenses de récidiver, à peine de punition exemplaire.

On voit à la suite, une lettre du marquis de Monteynard à M. de Saint-Auban, en date du 4 de ce mois, par laquelle il lui apprend qu'il a écrit à M. Amelot, pour le prier de demander à S. M. justice de ce libelle.

28 *Avril* 1777. L'empereur étant allé à Notre-Dame, quand on a voulu lui en montrer le

trésor, il a répondu qu'il avoit vu assez de reliques ; ce qui a peu édifié les chanoines. Quand on lui a fait voir la chapelle d'Harcourt, où est le mausolée du comte, nouvellement construit, il a demandé pourquoi cet honneur, ajoutant qu'il ne se rappelloit aucune action connue de ce seigneur. On lui a dit que ce n'étoit qu'un monument de tendresse conjugale, & non un monument patriotique.

28 *Avril* 1777. Samedi, M. le comte de Falkenstein, en descendant de l'académie de peinture, est entré au jardin de l'infante, où le comte d'Angivillers lui a présenté le Sr. de Bernieres, comme auteur de la grande loupe de liqueur, construite aux frais de M. de Trudaine. Quoique le soleil fût pâle, qu'il y eût des nuages, & qu'il ne s'en fallût de beaucoup que cette loupe ne fût remplie de tout l'esprit de vin qu'elle doit contenir, le Sr. de Bernieres à fait fondre, en moins d'une minute, un écu de trois livres à son foyer ; ce qui a paru surprendre & intéresser l'empereur.

29 Avril 1777. *Vers sur les compliments reçus par M. de la Chalotais, à l'occasion de la croix de Malte que M. de Rohan, grand-maître, lui a envoyée.*

    Où va cette foule importune ?
Pourquoi féliciter Chalotais aujourd'hui ?
La faveur qu'il reçoit, sans doute est peu commune,
Elle peut illustrer, mais tout autre que lui.
Toujours le magistrat aux fastes de l'histoire
    Effacera le chevalier.

Placé par ſes vertus au temple de mémoire,
L'ornement d'un ordre guerrier
Peut-il ajouter à ſa gloire?
Loin de l'honorer par ſon choix,
C'eſt *Malte* qui s'honore en lui donnant la croix.

29 *Avril* 1777. On a imprimé la dénonciation faite le 21 mars aux chambres aſſemblées, ſervant de ſuite à la premiere. On y voit que l'abbé Tripolski, le dénonciateur aux créanciers des jéſuites, des ſommes que ceux-ci avoient encore à Lyon, eſt mort; que ſon aſſocié, le baron de Goſtraux, avoit donné des renſeignemens qu'on n'a pas ſuivis, & que les députés de la maſſe des créanciers envoyés à Lyon vers la mi-février, en ſont repartis peu de jours après ſans avoir rien fait, & ſans attendre ce baron, qui n'avoit beſoin que d'une ſomme modique pour faire la route. Tout cela eſt développé dans pluſieurs lettres en date du 3 mars & du 5 dudit, datée d'Aix, & adreſſées à un chevalier de Monlong à Lyon, qui d'ailleurs pouvoit le ſuppléer, & avoit reçu de nouveaux renſeignemens par un ſupplément du 21 février. On ſoupçonne aſſez naturellement par ce qu'on lit dans cet écrit, que l'on a mis beaucoup de délais & de négligence dans les recherches qu'on devoit faire, & l'on a vu précédemment que c'étoit à M. B*** qu'il falloit l'attribuer. On ignore encore ce que le parlement fera de ces renſeignemens, où l'on remarque en outre qu'on a cherché à diffamer & à rendre ſuſpect au gouvernement, ce baron de Goſtraux. A en croire M. Seguier, tout cela ne mérite aucune attention. L'aſſemblée indiquée au 25 avril a

été remise à huitaine, & il n'y a pas eu de délibération sur cette affaire.

29 Avril 1777. Il paroît un nouveau *Mémoire à consulter*, pour le chapitre de Rodez, & une *Consultation* du 22 avril, au sujet de la déclaration de deux de ses membres en date du 10 février, relativement aux mémoires publiés par le chapitre dans l'affaire des décimes.

29 *Avril*. Madame de Saint-Vincent fait paroître une *nouvelle Réponse*, qui renverse absolument les raisonnements du maréchal. L'a-t-il convaincue, ou ne l'a-t-il pas convaincue ? Voilà la seule question qu'il s'agit de discuter, & résumant toute la procédure faite avant l'arrêt du 29 mars, toute celle faite avant les informations, interrogatoires récolements, confrontations, on prouve que tout est en faveur de madame de St. Vincent. Suit une consultation du 26 avril, qui décide : 1º. Que rien ne prouve que les billets ne soient pas de M. de Richelieu: 2º. Que M. de Richelieu en imputant le faux personnellement, directement à madame de Saint-Vincent, s'est mis dans la nécessité de le prouver, à peine d'être réputé calomniateur : 3º. Qu'il paroît très-bien prouvé au procès que les billets ont été remis à madame de Saint-Vincent par le maréchal, & que dès-lors elle est justifiée.

30 *Avril* 1777. Il paroît une *Réponse* pour l'abbé de Ville-Neuve Flayose, au deuxieme mémoire du maréchal de Richelieu, suivie d'une *Consultation* du 26 avril. Son objet est d'établir la réparation authentique qu'il a droit de demander contre sa partie adverse, & la prise à partie qu'il peut exercer contre le lieutenant criminel Ba-

chois, pour avoir été, sans preuves, décrété, emprisonné, interrogé, récolé, confronté, enchaîné pendant onze mois comme un criminel. C'est sur-tout le début de cet écrit qui est remarquable.

..... « Est-il rien de plus révoltant que de voir un maréchal de France, enivré de *quelques moments de gloire*, dont il dit que *peut-être sa longue vie a été illustrée*, oublier qu'il parle en public à la femme d'un magistrat célebre, & à une famille qui n'a pas été illustrée *par quelques moments*, mais par plusieurs siecles de gloire très-réellement acquise, en servant avec honneur ses rois & sa patrie ? *Ce sont*, dit-il, *de vils faussaires contre lesquels il est obligé de lutter*.... De vils faussaires ! Et c'est M. *Vignerot Duplessis*, duc de *Richelieu*, qui ose insulter de cette maniere aux principales branches de la maison de *Ville-Neuve* ! Si un affront de cette nature n'alloit bientôt être vengé, le corps de la noblesse seroit fondé à s'élever contre un libelle où sa dignité se trouve compromise.

» Dans le degré d'élévation & de gloire où M. le maréchal de Richelieu se contemple, quels titres croit-il avoir acquis pour se rendre l'arbitre du sort d'un citoyen cent fois au-dessus de lui par sa naissance ? »

30 *Avril* 1777. Le journal de M. Linguet est dédié au roi de France; il ne le regarde que comme une continuation de celui qu'il avoit commencé à *Paris* en 1774, sous le titre de *Journal de politique & de littérature de Bruxelles*, interrompu en 1776. Dès son *Prospectus* il fait une incursion contre la *Gazette de France* &

le *Mercure* qui le chicanoient continuellement à Paris, concurrents privilégiés dont il se félicite d'être débarrassé.

Du reste, il propose une collection complete de ses œuvres par souscription, déja effrayante pour le nombre, puisqu'il sera de 28 volumes in-8°. Il la divise en partie littéraire, & partie de barreau. On remarque dans la premiere, un ouvrage du *Pain & du Bled*, dont il dit que le manuscrit original & unique lui a été dérobé par l'ordre, avoué publiquement de M. Turgot; mais qu'il l'a refait en entier : & une histoire des *Révolutions de la magistrature en France*, ouvrage, dit-il, composé avant 1770, mais qu'il n'a pu obtenir la permission d'imprimer à Paris, & auquel il a joint l'histoire de ce qui s'est passé relativement à la robe depuis cette année jusqu'en 1774 inclusivement.

1 *Mai* 1777. On continue à s'entretenir de M. le comte de Falkenstein, & à recueillir ses dits & gestes mémorables.

Dans une des garnisons qu'on lui a fait passer en revue, on lui a montré le régiment de *Schomberg* dragons, en lui observant que c'étoit autrefois le régiment des *Hullans* du maréchal de Saxe : « *Pourquoi lui avoir fait changer de nom*, » a-t-il répondu; *nous avons encore à Vienne* » *le régiment du prince Eugene.* »

L'autre jour s'étant présenté au château avant le lever, il est resté dans la galerie à causer avec les courtisans. Le roi instruit qu'il étoit-là, l'a fait inviter d'entrer : « *On va me prendre*, a-t-il » dit, *pour un favori.* »

Emerveillé des invalides & de l'école royale militaire,

militaire, il a fait reproche au roi de n'avoir pas encore vu ces établissements.

2 *Mai* 1777. Madame de Saint-Vincent a encore présenté une requête au parlement, très-importante, où elle demande à la cour des pairs de déclarer toutes les procédures & poursuites faites à la requête de monsieur le maréchal, nulles, tortionnaires, injurieuses, attentatoires à l'autorité de la cour, aux loix & ordonnances du royaume, à la liberté des citoyens, à la sûreté des familles, & à l'ordre public.....; de faire défense à monsieur le maréchal de récidiver, de mépriser les regles de la justice, d'abuser de son crédit, de se donner la licence de faire des incursions nocturnes & militaires dans les monasteres & autres maisons des particuliers ; de faire fouiller dans leurs poches, secretaires & armoires ; de faire piller, soustraire & supprimer leurs titres & papiers ; d'en intercepter d'autres ; d'emprisonner les domiciliés ; & de les tenir en chartre privée, sans forme, sans autorité ni décret ; de faire décréter à ses risques, périls & fortune, sans preuves de prétendus délits, lorsqu'au contraire il y a preuve de la témérité de ses accusations : comme aussi de faire décréter ceux des témoins qui déposent ou sont en état de déposer contre lui, de les vexer, poursuivre criminellement, de les menacer, persécuter & de changer en témoins ceux des accusés que ses gens d'affaires sont parvenus à corrompre par promesse & par argent, &c. On voit que c'est une longue récapitulation de tous les excès & crimes reprochés au maréchal.

3 *Mai* 1777. Il paroît, par le mémoire du chapitre de Rodez, que M. l'évêque a trouvé

le secret d'intimider ou de séduire les deux chanoines qui se sont détachés du corps, par un écrit qu'ils ont appelé un *monument précautionnel*, sorte de désaveu de la conduite de leurs confreres. On leur reproche d'avoir ainsi attaqué, de la maniere la plus indigne, un corps dont ils ont l'honneur d'être membres. Ces transfuges sont les sieurs *Dieche* & d'*Almayrac*, & l'on réclame, contre de tels excès, le secours de la loi.

3 *Mai* 1777. Tandis que monsieur le maréchal duc de Richelieu mange désagréablement beaucoup d'argent pour nourrir un procès ruineux, la fortune, toujours favorable à ce seigneur, lui ménage de petits revenants bon auxquels il n'auroit pas droit de s'attendre. C'est ainsi que récemment madame de Gaya, veuve d'un major de Compiegne, femme octogénaire, vient, par une vanité barbare, de frustrer sa famille pauvre, de son bien d'environ 50,000 écus, pour faire son légataire universel monsieur de Richelieu. Un notaire du lieu s'est transporté à Paris pour lui annoncer cette nouvelle. Après l'avoir fait long-temps attendre, il a ordonné qu'on l'introduisît sur ce qu'il a déclaré avoir des choses intéressantes à lui dire. L'officier de justice ayant rempli sa mission, le vieux plaisant s'est écrié, avec un sang-froid goguenard : « Ah ! parbleu, » si toutes les femmes avec qui j'ai couché » m'avoient laissé leur bien, je serois plus riche » que le roi ! »

3 *Mai*. Il paroît clandestinement une petite brochure, ayant pour titre : *observations sur les remontrances, relatives aux corvées*, ou *Lettre de M.* ***. Elles sont datées du 22 mars

dernier. Le patriotisme & le bon sens paroissent avoir dicté cet écrit.

3 *Mai* 1777. La *Savonnerie* est, après les *Gobelins*, une des manufactures de France les plus précieuses. Comme le comte de Falkenstein voit tout, mais ne prévient nulle part, pour n'être pas pris à l'improviste, on a disposé les tapis & autres productions riches & de goût que renferme ce lieu. On a en outre exposé le portrait de ce prince en tapisserie, aussi parfait que celui de Louis XV, qu'on a vu en 1773 exécuté aux Gobelins par le sieur Gozette. On seroit tenté de croire qu'il n'est point fait à l'aiguille, tant l'artiste a l'art de faire illusion, & de saisir tous les effets de la peinture. Ce chef-d'œuvre est d'autant plus merveilleux que les habiles ouvriers de cette manufacture, admirables pour l'exécution des fleurs, des fruits, de la verdure, & même des animaux, échouent à la figure, & ne peuvent en ce point égaler ceux des Gobelins.

4 *Mai* 1777. Madame de Saint-Vincent publie encore, *Observations sur la demande en dommages & intérêts; & la plainte en subornation*. C'est un résumé succinct de la cause, où les principaux chefs de défense rassemblés acquièrent encore plus de force & de clarté.

4 *Mai*. Les comédiens François annoncent une nouveauté ; c'est le *Veuvage trompeur*, comédie en trois actes, de monsieur de la Place. On est surpris qu'ils ne saisissent pas le moment de la présence du comte de Falkenstein pour remettre *Albert I*.

5 *Mai* 1777. Il paroît que les remontrances du parlement, contre la suppression des cor-

F 2

vées avoient été principalement suggérées par le feu prince de Conti, qui, ayant prétendu qu'*il étoit dangereux de laisser introduire la confusion dans les états*, avoit fait de cette maxime la base de la réclamation des magistrats. L'auteur de la brochure, annoncée sur cette matiere, réfute à merveille l'assertion, en prouvant qu'il y a d'autres principes de distinction entre les hommes, & que l'inégalité ne suppose ni dans les premiers le droit d'opprimer, ni dans les derniers le devoir de périr sans murmure, ni dans aucun la nécessité de commettre ou de souffrir l'injustice ; qu'ainsi le fondement de l'opinion prise sur la corvée est manifestement une erreur.

6 *Mai* 1777. Il court dans le monde des couplets chantés à une table où étoit monsieur le Mierre, sur l'air: *C'est un Sorcier.* Ils sont agréables, sur-tout s'ils sont impromptus. On les dit d'un monsieur de Noailles, ancien gendarme de la garde, & font honneur à la gaieté & au talent de cet aimable convive :

>Amis, buvons tous à plein verre :
>Le vin est toujours mieux goûté
>Quand on le boit avec le Mierre ;
>Quand on le boit à sa santé,
>Enivrons-nous, Bacchus l'ordonne ;
>Mettons cette bouteille à bout,
>Buvons tous, &c.
>Que le guerrier boive à Bellone,
>Je sais bien mieux placer mon choix,
>C'est à l'amitié que je bois.

Que le Parnasse & ses trompettes
Frappent l'écho qui retentit ;
Je ne fais que des chansonnettes ;
Le sentiment fait peu de fruit.
Lorsque l'on aime on ne peut guere
Prendre le ton du bel esprit ;
On chante, on rit, &c.
En amitié, comme à Cythere,
Les cœurs sensibles savent bien
Que les grands mots ne prouvent rien.

A mon voyage en Amérique
L'hymen m'a, je crois, bien traité ;
Je ne me crois pas dans la clique,
Ou c'est sans l'avoir mérité.
J'ai femme aimable & très-pudique ;
Si j'entendois par-ci, par-là,
Le voilà-là, &c.
Je tiens l'écho peu véridique,
Je crois toujours pleins de vertus
L'Amour, mes amis & Bacchus.

6 *Mai* 1777. On a exécuté hier, sur le grand théatre à Versailles, l'opéra de *Castor & Pollux*, comme on l'avoit annoncé. On y a trouvé beaucoup de changements dans les accompagnements. L'empereur étoit dans la loge de la reine, derriere elle. C'est le maréchal duc de Richelieu, qui, comme étant d'année, faisoit les honneurs avec un air triomphant, car il savoit sans doute l'essentiel du gain de son procès.

7 *Mai* 1777. Desrues, devenu malheureuse-

ment trop célebre par une suite de crimes si bien combinés, que la narration en paroît incroyable si les faits n'étoient prouvés, a sans doute voulu le devenir davantage par une mort qui sembleroit annoncer en lui l'intrépidité du héros, jointe à la bassesse du plus vil scélérat. Ne pouvant se refuser à convenir des particularités, établies par pieces, par témoins & preuves muettes, il a nié constamment tout ce dont il ne s'est pas trouvé ainsi convaincu, tel que l'empoisonnement de la mere & du fils. Appliqué à la question, il n'en a pas dit davantage. Entendant lire son arrêt où il est mis : *duement atteint & convaincu* ; il s'est récrié sur la fausseté de cet énoncé, & a reproché aux juges de ne pas avoir rendu un jugement régulier. Arrivé à l'hôtel-de-ville où il est resté plusieurs heures, il a envoyé chercher sa femme, l'a exhortée, après lui avoir demandé pardon des torts qu'il pouvoit avoir eu envers elle, à se mettre en couvent, à prendre soin de ses enfants, sur-tout, de celui qu'elle portoit. Il est monté à l'échafaud avec le même sang-froid, & s'est conduit, dans le reste de cet acte, avec une hypocrisie si soutenue, que le confesseur a déclaré *que c'étoit le plus atroce ou le plus innocent des hommes*.

Malgré la revue, qui avoit lieu ce jour-là, un concours de spectateurs distingués a desiré jouir de ce spectacle affreux, & les chambres à la Greve se louoient fort cher. On n'a pas manqué de le graver, & l'on vend son portrait. La police a fait faire aussi des chansons, où est relatée cette monstrueuse histoire.

8 *Mai* 1777. Ce qui fait présumer que le journal de monsieur Linguet ne tiendra pas long-temps en France, c'est une infidélité déja reconnue de cet auteur, qui a répandu deux *prospectus*; l'un oftensible, où il ne dit que des injures vagues; l'autre, qui ne se distribue qu'aux amis, plus mordant & plus caractérisé. Il en veut sur-tout *au Journal des Savants. Un certain journal suranné*, dit-il, *appellé des Savans, a le domaine de la littérature...... A Rome*, dit-il ailleurs, *c'est un dominicain, grand-maître du sacré palais, & grand inquisiteur, qui tue les idées. L'inquisition censorial à Paris n'est pas moins redoutable, quoiqu'exercée sans scapulaire & sans capuchon.*

9 *Mai* 1777. *Le Veuvage trompeur* de monsieur de la Place, joué avant-hier, n'a eu aucun succès. C'est une des pieces qui étonnent toujours quand on les voit jouer, & qu'on n'y trouve rien qui ait pu séduire l'aréopage comique : mais aussi toujours quelque anecdote caractérise ces nouveautés éphémeres. Les comédiens ont fait attendre une demi-heure le public bonasse avant que d'annoncer : le sieur la Rive a paru enfin, & a donné pour excuse que la société, avant de se déterminer, vouloit connoître les volontés de l'auteur, & que celles-ci étoient que sa comédie fût jouée une seconde fois, En sorte que, pour la premiere fois, voilà les histrions dociles aux ordres du poëte, mais pour être plus impertinents envers le parterre, qui avoit assez marqué son dégoût durant le cours de la représentation.

9 *Mai*. Le procès de la faculté de mé-

decine s'inftruit peu-à-peu devant le public. Il paroît une *réponfe* d'elle à la requête du fieur de Préval, en date du 8 avril. Le réfultat eft que la faculté reconnoît que n'étant qu'un tribunal inférieur, on peut rappeller de fes décrets, mais qu'il faut le faire par la voie légitime, ordinaire & confacrée par un grand nombre d'arrêts, celle de l'appel ; & le réclamant ne l'a pas encore prife. Son corps doit donc méconnoître une voie inufitée jufqu'à ce jour, parce qu'elle le dégraderoit, parce qu'elle anéantiroit fes droits & les conftitutions qu'il tient du fouverain.

Cette réponfe eft du 28 avril, & fignée des docteurs *Borrie, Lorry, Maloet, Lezurier, Coquereau* & le docteur de *l'Epine*, fubrogé doyen.

9 Mai 1777. Plus l'empereur fe fait connoître ici, plus il fe fait aimer & adorer. Il a détruit facilement le préjugé répandu qu'il n'étoit qu'une copie du roi de Pruffe. C'eft un prince fait pour penfer & agir d'après lui-même, qui, aux vertus guerrieres, à la noble fimplicité de Charles XII & de Fréderic, joint un efprit d'équité, de modération & d'humanité, que ces monarques n'ont pas toujours montré. Derniérement, chez madame la duchefle de Chartres, où l'on lui propofoit de jouer, il déclara qu'il ne jouoit point à des jeux fi forts ; qu'en général, un fouverain devoit s'abftenir de ce plaifir difpendieux, qui ne pouvoit fe terminer qu'à gagner ou perdre l'argent de fes fujets. Il paroît qu'il s'eft également expliqué fur la chaffe, la regardant comme une autre paffion non moins funeste dans un roi, par les injustices qu'elle entraîne souvent. En un mot, dans toutes les occasions il développe sans faste une façon de penser uniforme, pleine de principes, & vraiment philosophique.

10 *Mai* 1777. On a fait quelques changements dans la composition d'une estampe qui parut il y a environ deux ans, intitulée : *Le Monarque bienfaisant.* Le sieur Méon, professeur de l'école royale militaire, l'avoit dessinée, & le sieur Moitte, graveur du roi, l'avoit gravée. Elle est fondée sur un trait historique de l'empereur, à l'égard d'infortunés qui, en creusant un puits dans un des fauxbourgs de Vienne, furent couverts, par l'éboulement des terreins, à environ sept toises de profondeur. On a profité de la circonstance du séjour de ce prince pour la remettre en vente. Monsieur Marmontel y a ajouté ces quatre vers :

O! qu'un roi populaire est un mortel auguste !
Vous, qui foulez aux pieds vos peuples consternés,
Apprenez, d'un héros plus sensible & plus juste,
Quel est le prix des jours de deux infortunés !

11. *Mai* 1777. Le procès de l'encyclopédie est à la veille d'être décidé par la premiere chambre des requêtes. C'est le même rapporteur de la grand'chambre qui doit continuer son travail devant le nouveau tribunal, & il sera contredit par le compartiteur, monsieur l'abbé Farjonel. On sait que par *compartiteur* on entend au palais le chef de l'opinion contraire qui a d'abord eu faveur, lequel a occasioné

le partage des voix. En conséquence, monsieur Luneau a encore publié: *Récapitulation de faits physiquement démontrés par pieces produites au procès que le sieur le Breton & ses associés à l'impression de l'encyclopédie, ont intenté au sieur Luneau de Boisjermain, au sujet de la connoissance qu'il a donnée au mois de décembre 1769, des surprises faites au public dans la souscription ouverte pour cet ouvrage.*

Cependant hier, au grand étonnement du public, le sieur Luneau a perdu, & il est condamné à tous les dépens.

11 *Mai* 1777. Le sieur Torré devoit donner jeudi premier mai, une fête nouvelle, intitulée: *le* MAI. Le mauvais temps qu'il a fait ce jour, l'a obligé de l'exécuter seulement dans la rotonde, & il n'y avoit presque personne. Elle a eu lieu jeudi dernier en plein air, avec un concours de spectateurs si prodigieux, qu'on laissoit à peine aux acteurs la place de se remuer.

12 *Mai* 1777. Samedi monsieur le comte de Falkenstein se rendit à l'académie des sciences. Voici le détail de la séance.

Monsieur Lavoisier, membre de cette académie, lisoit dans ce moment un *mémoire sur les altérations qui arrivent à l'air dans différentes circonstances, & sur les moyens de ramener l'air, soit par la respiration des hommes & des animaux, soit par telle autre cause que ce puisse être, à l'état d'air respirable.* Monsieur Lavoisier eut l'honneur de démontrer, par des expériences multipliées, en présence de monsieur le comte de Falkenstein, comment on pouvoit décomposer l'air de l'athmosphere en demi-portions, l'une salubre, respirable, susceptible d'entretenir la vie des animaux, la combustion & l'inflammation ; l'autre, au contraire, funeste pour les animaux qui la respirent, & dans laquelle les lumieres & les corps allumés, s'éteignent à l'instant. Après avoir ainsi décomposé en quelque façon l'air, monsieur Lavoisier fit voir comment on pouvoit le recomposer, & refaire avec trois parties d'air nuisible, & une d'air salubre, un air factice, tout semblable à celui de l'athmosphere, & qui réunit toutes les mêmes propriétés.

De ces connoissances sur l'état le plus habituel, & le plus ordinaire de l'air de l'athmosphere, monsieur Lavoisier passa aux opérations qu'il éprouve dans un grand nombre de circonstances ; il fit voir que la respiration des hommes & des animaux avoit la propriété de convertir en air fixe la portion salubre de l'air ; de sorte que dans les salles de spectacle, par exemple, ou dans les dortoirs des hôpitaux, où l'air a été long-temps respiré, il existe deux especes d'air nuisibles ; savoir, la partie nuisible propre à l'air, & qui entre dans sa composition ; & la portion d'air fixe qui s'est formée par l'effet de la respiration. Mais une circonstance très-remarquable, c'est que ces airs ne se mêlent point aisément entr'eux ; & monsieur Lavoisier démontre qu'il existe dans les salles de spectacles trois couches d'air très-distinctes ; la supérieure, qui est la plus nuisible ; la moyenne, qui est la plus respirable, & l'inférieure, qui contient une quantité notable d'air fixe. Ces observations & les expériences sur lesquelles elles sont fondées, conduisent M. Lavoisier à des réflexions sur la construction des salles des hôpitaux, & sur les moyens qu'on peut employer pour donner issue aux deux especes d'air nuisible, qui s'y forment continuellement.

Après avoir fait voir comment on peut connoître quelles especes d'altération l'air a subi, soit dans les salles de spectacles, soit dans les mines, M. Lavoisier passe au moyen de corriger les airs viciés, & les ramener à l'état respirable par des mélanges, des additions &c. Cette partie du mémoire ne put être achevée faute de temps.

M. le roi, directeur de l'académie, lut ensuite le *prospectus* d'un mémoire sur la construction des hôpitaux; cet académicien fait voir qu'un hôpital trop serré & mal construit, enleve chaque année à la société une quantité innombrable de citoyens utiles. Il avoit joint à son mémoire le plan d'un hôpital construit sur les meilleurs principes, & dans lequel il a profité de toutes les lumieres que la physique peut fournir.

M. de Montigny fit ensuite, avec messieurs Bésout & Vandermonde, le rapport d'une éprouvette, que messieurs Lavoisier, Clouet, le Feucheux & de Glatigny, régisseurs des poudres, ont fait construire à l'arsenal de Paris, d'après les ordres du ministre, suivant la méthode du chevalier d'Arcy. La précision de cet instrument surpasse tout ce qui a été exécuté jusqu'ici en ce genre : les commissaires nommés par l'académie pour l'examiner, & en rendre compte, firent sentir tout l'avantage qu'on pouvoit en tirer pour le service du roi, & ils annoncerent que les régiſſeurs des poudres avoient commencé une ſuite d'expériences très-intéreſſantes ſur les moyens de perfectionner les poudres, & de les faire meilleures, à meilleur marché, & en moins de temps.

M. le chevalier d'Arcy termina la ſéance en préſentant à l'académie deux fuſils de ſon invention déja connus d'elle, mais auxquels il a fait des corrections utiles. Le ſoldat au moyen de ces fuſils peut tirer ſûrement un plus grand nombre de coups en un temps donné, & porter plus loin la balle. Ce nouveau fuſil a d'ailleurs l'avantage de faire tirer facilement & ſans danger trois rangs à la fois.

13 Mai 1777. La police, après avoir chanté le monſtre Deſrues dans des chanſons pour l'amuſement du peuple, après avoir fait graver ſon portrait, a cru devoir lui donner auſſi un hiſtorien. Il eſt étonnant qu'un de ces avocats qui écrivent pour écrire, tels que Me. la Croix, Me. Falconnet, ne ſe ſoit pas aviſé, ſous la tournure d'un *mémoire à conſulter & conſultations pour monſieur de la Mothe*, d'employer ſon éloquence à conſigner à la poſtérité le récit d'une aventure auſſi incroyable & auſſi atroce.

15 Mai 1777. *La ſociété libre d'émulation*, inſtituée il y a environ un an à l'inſtar de celle d'Angleterre, commence à prendre une forme, & peut-être acquerra quelque conſiſtance. Il y a beaucoup d'abonnés. On a élu trois préſidents, M. le duc de Montmorency Laval, M. de Puyſégur & M. Raymond de

St. Sauveur, maîtres des requêtes. Monsieur l'abbé Baudeau est secretaire. Il y a cinq prix proposés, & les fonds abondants dont la société est déja pourvue, lui donnent lieu d'espérer de pouvoir travailler efficacement de plus en plus à l'encouragement des artistes, & à la perfection des arts. On travaille actuellement à rédiger les statuts de cette assemblée.

16 *Mai* 1777. La piece de monsieur de la Place, refondue en deux actes, n'a pas eu plus de succès, & il a fallu l'abandonner à son malheureux sort.

16 *Mai*. Le numéro 15 du sieur de la Harpe contient encore un extrait de la main de monsieur de Voltaire. C'est le troisieme qu'il fournit. Ce grand homme ne dédaigne aucun genre, & se fait aujourd'hui *garçon journaliste*. On sait qu'il est un de ceux les plus ardents de l'académie, pour qu'on donne à ce corps le privilege exclusif des feuilles périodiques, sauf à elle à en accorder en sous ordre à qui bon lui sembleroit. Voilà toujours un journal qu'elle regarde comme sien, & dont elle ne laissera pas échapper la rédaction.

17 *Mai* 1777. Le procès pour la *Philosophie de la nature* a été jugé ces jours derniers. M. de Lisle de Salces, comme auteur, est seulement admonesté ; défenses sont faites à l'abbé Chrétien, premier censeur, d'exercer désormais les fonctions de cette place ; enjoint à le Bas, second censeur de la classe de chirurgie, de ne plus approuver que des livres de son état : les libraires sont déchargés de l'accusation. On voit que la sentence atroce du châtelet est ainsi de beaucoup infirmée.

19 *Mai* 1777. M. l'abbé de l'Epée est un ecclésiastique charitable & intelligent, qui depuis nombre d'années donne ses soins à l'instruction des sourds & muets de naissance. Il a poussé ce talent à un point de perfection singulier ; & par le moyen du sens de la vue qui leur reste, leur transmet toutes les connoissances qui sembleroient ne pouvoir s'acquérir sans le secours de l'ouie & de la parole. Non-seulement il a un alphabet pour eux, mais il leur apprend à en faire usage, & par l'écriture à celui de la langue. Il leur montre le François avec l'orthographe, le latin, &c. Il en a mis déja plusieurs en état d'être régisseurs de terres. M. le comte de Falkenstein n'a pas manqué d'aller voir cet homme étonnant, qui a profité de la circonstance, pour lui faire faire un compliment par ses éleves écrivant. Après avoir admiré son école, & l'aisance avec laquelle il la tient, M. le comte lui a fait la proposition de lui former un sujet qui puisse fonder chez lui un établissement pareil. Sa plus grande surprise a été que M. l'abbé de l'Epée n'eût reçu aucun encouragement du gouvernement, & en fût presque ignoré. Il en a parlé à la reine, qui, quelque jour en venant à l'opéra, doit aller voir cet utile citoyen.

Il falloit en quelque sorte l'arrivée du comte de Falkenstein pour le tirer de l'oubli, & le faire connoître. Depuis ce moment les curieux vont en foule visiter le professeur des sourds & muets, que non-seulement on ne seconde point, qui mange tout son revenu à son école, mais qui est encore persécuté par

M. l'archevêque, comme janséniste, au point que, privé de ses pouvoirs, il gémit de ne plus confesser ses éleves.

M. le comte de Falkenstein a envoyé son portrait avec une tabatiere à M. l'abbé de l'Epée, qui a refusé les secours pécuniaires de ce prince, disant qu'il en avoit assez.

20 *Mai* 1777. La requête de M. de Saint-Auban, la lettre de M. de Monteynard & les menées du maréchal de Biron, n'ont produit autre chose qu'un arrêt du conseil du 3 mai, qui supprime les lettres de madame de Bellegarde, seulement *comme contraires au respect dû aux juges nommés par le feu roi, & au ministre chargé de l'exécution de ses ordres.*

On a fait à l'occasion de la commission nommée pour la revision du procès du conseil de guerre des invalides, une mauvaise facétie, intitulée : *Requête d'un déserteur*, parodie de celle de M. de Bellegarde, qui n'est remarquable que par une licence punissable, avec laquelle on introduit la reine, protectrice de l'officier d'artillerie, & on la représente comme gouvernant au lieu de son auguste époux.

21 *Mai* 1777. M. le comte de Falkenstein, curieux de voir madame la comtesse Dubarri, mais voulant le faire sans affectation, a pris le prétexte d'aller visiter son pavillon de Luciennes, un jour où il savoit qu'elle y étoit. Il est resté seul avec elle pendant deux heures, & a déclaré qu'il en avoit été fort content, mais qu'il la croyoit mieux de figure.

Ce prince est aussi allé voir le *palais de*

Terpsichore & la divinité qui l'habite, qu'on sait être mademoiselle Guimard.

22 *Mai* 1777. On annonce enfin pour vendredi l'opéra de *Céphale & Procris*, mal reçu à la cour en 1774, & à la ville en 1775. Les auteurs s'obstinent à le faire goûter du public. On sait que M. Marmontel est l'auteur des paroles & M. Gretry celui de la musique.

23 *Mai* 1777. On a multiplié les estampes concernant Desrues, au point que cela fait aujourd'hui collection. On en compte 16. On l'a représenté dans toutes les circonstaces les plus atroces de sa scélératesse, qui lui a fait réunir tant de crimes pour en couvrir un.

23 *Mai* 1777. On voit avec peine s'approcher le moment du départ de l'empereur, & il paroît lui-mème se plaire ici & le retarder. On continue à observer toutes ses démarches. Il est allé voir M. de Buffon plusieurs fois. Il faut se rappeller que ce grand homme lors du voyage de l'archiduc, eut l'honneur de lui présenter un exemplaire de ses œuvres; que ce prince le trouva fort beau, mais le lui rendit, en lui disant qu'il ne vouloit pas l'en priver. Le comte de Falkenstein n'a pas ignoré ce trait. Dans le courant d'une conversation, il dit à l'académicien qu'il venoit chercher le livre que son frere avoit oublié entre ses mains. Il lui a répondu qu'il lui en destinoit un autre plus convenable pour lui.

24 *Mai* 1777. L'opéra de *Céphale & Procris*, joué hier, n'a pas eu plus de succès qu'à son début, malgré les changements de la part du poëte & du musicien. Ils sont peu considérables quant aux paroles. Quant à la musi-

que, on a remarqué que M. *Gretry* avoit retranché l'ouverture ancienne pour y substituer celle des *Mariages Samnites* ; ce qui annonce qu'il renonce à ceux-ci ; & n'a pas amélioré l'autre ouvrage. La plus grande amélioration a été de substituer, dans le rôle de *Céphale*, à une basse-taille, une haute-contre. En général, au troisieme acte près, où il y a quelques beaux morceaux de chant, c'est un ouvrage très-médiocre.

24 *Mai* 1777. Les comédiens Italiens annoncent pour aujourd'hui la premiere représentation des *Trois Fermiers*, comédie en deux actes, mêlée d'ariettes, paroles du Sr Monvel, musique du Sr. Desaides.

25 *Mai* 1777. La comédie des *Trois Fermiers* a eu beaucoup de succès hier, sur-tout le premier acte, quoiqu'il ne contienne que des amours de villageois. Les scenes en sont si naïves, & si piquantes en même temps ; il y a tant de vérité ; les mœurs en sont si honnêtes, les sentiments si purs ; tout cela est assaisonné d'une gaieté si franche, que ces riens deviennent quelque chose, & forment autant de tableaux charmants. L'auteur, par une adresse peu commune, & qui fait encore plus l'éloge de son cœur, que celui de son esprit, a trouvé le moyen de faire marcher de front huit personnages de la même famille, tous vertueux, avec des caracteres différents, très-bien prononcés & sentis, & qui ne sont ni fades ni ennuyeux.

Le second acte n'est peut-être pas assez lié au premier, à l'examiner dans les regles de l'art. C'est même une autre action disparate, en ce qu'elle tient beaucoup du drame & de l'héroïsme. Le seigneur du lieu, adoré de ses vassaux, arrive avec un ami qui achete sa terre: nouvelle qui désole les fermiers; ils en sont au désespoir, & se doutent qu'une raison bien puissante doit le forcer à vendre. Les chefs, qui sont trois de ses fermiers, l'obligent par leurs instances, à leur déclarer le motif du parti qu'il prend. Le dérangement de ses affaires par un procès perdu, exige ce sacrifice. Alors ils lui offrent leurs secours, & si généreusement, avec tant de supplications & de larmes, qu'il se rend à leurs vœux, & les noces préparées se font. On assure que ce trait est historique.

La musique est analogue au sujet, tendre, simple, agréable, & a réussi autant que le poëme.

26 *Mai* 1777. Quoique monsieur le comte de Falkenstein soit de mœurs austeres, & n'ait pas l'habitude des galanteries fades de nos petits-maîtres de cour, il n'ignore point l'art de dire des choses agréables & spirituelles aux dames. On en peut juger par son propos à madame la comtesse Dubarri. Ce jour où il fut la voir, comme il étoit question de se promener & de visiter les beautés extérieures du pavillon de Luciennes, ce prince offrit le bras à la comtesse, qui sembla honteuse de cet excès d'honneur & s'en avouer indigne: " ne „ faites point difficulté, lui dit l'empereur, „ *la beauté est toujours reine.*„

Il y a dans une guinguette de Paris, un cabaret immense, qu'on appelle *le grand Sallon*. C'est-là que se rendent les fêtes & dimanches tous les ouvriers, & en général tout le peuple de cette ville. M le comte de Falkenstein n'a pas jugé ce lieu indigne de son coup d'œil. Il y est allé dans son incognito, & a vu à son aise tous les tableaux à la Teniers que présente cet assemblage curieux pour un philosophe. Un tel emplacement contient environ deux mille personnes, buvant, mangeant & dansant. Le seul spectacle de viandes & du vin qui s'y débitent, est effrayant.

27 Mai 1777. M. le comte de Falkeinstein s'étant refusé à recevoir directement l'hommage de nos poëtes, nous n'avons point été inondés du déluge de vers qu'on craignoit. Cependant il en perce toujours quelques-uns, & voici un madrigal qui court, qu'on attribue à madame d'Esparbès :

De vos propres sujets n'avez-vous pas assez ?
Voulez-vous donc régner sur tout ce qui respire ?
Gagner ainsi les cœurs par-tout où vous passez,
Des princes, vos voisins, c'est usurper l'empire ;
 Mille vertus vous font chérir,
Vos bienfaits sont les loix que votre cœur impose,
 Et voyager ou conquérir
 Est pour vous une même chose.

28 Mai 1777. La société libre d'émulation de France, pour l'encouragement des arts, métiers & inventions utiles, n'est encore fondée que sur une lettre du ministere, qui lui permet de s'assembler au couvent des prémontrés. Monsieur le lieutenant-général de police la contrarie beaucoup, & s'oppose à ce qu'elle n'imprime rien sans son attache; ce qui la prive du privilege ordinaire à toutes les académies & sociétés publiques. Quoi qu'il en soit, elle espere vaincre les obstacles, & continue à se donner une forme décidée & stable. Elle a fait mettre au jour la liste de ses souscripteurs, depuis le mois de juillet 1776 jusqu'au mois d'avril 1777 compris, & l'on en compte 213, sans ceux inscrits depuis. Elle a formé aussi un réglement intérieur pour ses assemblées. Enfin elle a publié un *Prospectus* très-développé des cinq sujets proposés pour les prix qu'elle doit donner.

30 *Mai* 1777. Il y a eu hier un concours de monde considérable au concert spirituel, pour entendre le *Te Deum* du sieur Floquet. Ce jeune musicien, après avoir passé plusieurs années en Italie, est de retour ici. On peut se rappeller qu'il avoit d'avance vanté ce *Te Deum* comme exécuté déja à Naples avec le plus grand succès. Ses enthousiastes l'ont trouvé admirable, mais les connoisseurs impartiaux en rendant justice à quelques passages, l'ont jugé long, sans génie & rempli d'un pillage continuel, qu'il n'a pas eu l'art de coudre bien, pour en faire du moins un tout. Les amateurs de la musique françoise, qui d'après l'*Union de l'Amour & des Arts*, mettoient leur espoir en lui, comme éleve & soutien futur de cette école, lui reprochent aujourd'hui d'être un lâche déserteur, & de n'avoir plus qu'une maniere italienne.

30 *Mai* 1777. *Céphale & Procris*, est tellement abandonné qu'on va donner *Castor & Pollux*, mais quatre fois seulement. On le réservera

pour l'hiver, & l'on va faire paffer *Ernelinde*.

Mai 1777. Monfieur de Voltaire, long-temps inquiet de favoir à qui il avoit affaire, a enfin découvert que les prétendus juifs, fes adverfaires, lui répondant & défendant leur nation, tantôt fous le nom de trois juifs de Hollande [en 1771] & tantôt fous le nom de trois juifs de Portugal [en 1776], n'étoit autre chofe qu'un feul & même homme : un fimple abbé, un ex-précepteur, a pris la plume contre lui avec plus de confiance, & lui a repliqué dans l'ouvrage intitulé : *un Chrétien contre fix Juifs*. On eft fâché qu'il fe montre infiniment au-deffous de fon rival, non-feulement pour l'érudition, pour la force des preuves & la dialectique, mais pour le ton de modération, d'honnêteté & de politeffe, dont celui-ci ne s'écarte jamais. Le philofophe de Ferney, effleure tout à fa maniere, & fubftitue fouvent le farcafme, le quolibet, l'ordure au raifonnement ; & malgré ce fecours, on peut affurer que fa diatribe n'en eft pas plus amufante, qu'elle eft même ennuyeufe & le cede encore à cet égard à l'apologie de l'abbé Guené, folide, lumineufe, inftructive, &, malgré fon étendue, fe faifant lire avec un plaifir continu.

Par une fineffe dont perfonne n'eft plus dupe, monfieur de Voltaire ne parle point directement ; c'eft ce la Roupilliere, fon ami, qui le défend & qui renie pour lui tant d'ouvrages dont il a raifon de fe difculper, à caufe de l'animadverfion des deux puiffances qu'il auroit à redouter en les avouant.

31 *Mai* 1777. La faculté, toujours dans la

crise, & ne pouvant obtenir justice du parlement ni même audience, a eu de nouveau recours aux avocats. Il paroît pour elle une consultation en date du 13 mai, signée de dix jurisconsultes, tous prépondérants, dont le résultat est d'établir : 1°. Que les décrets de la faculté de radiation du sieur de Préval ne sont pas même légalement attaqués. 2°. Qu'ils ne sont point attaquables. 3°. Que le sieur de Préval se rend coupable d'une calomnie punissable, lorsqu'à défaut de moyens contre ses décrets, il veut trouver à la faculté des torts étrangers ; qu'il ose lui imputer d'avoir manqué au respect que tous les particuliers & les ordres de la société doivent aux arrêts du premier tribunal du royaume. Il y a plus de méthode dans cet écrit, & de clarté conséquemment, que dans le premier, quoiqu'il ne soit pas encore pleinement satisfaisant pour le lecteur. D'ailleurs, nulle éloquence, nulle énergie, rien qui puisse intéresser le public, comme la matiere en seroit très-susceptible.

1 *Juin* 1777. Un monsieur de la Faye, trésorier-général des gratifications des troupes, prétend avoir trouvé une préparation de chaux ou mortier, avec lequel on peut se passer de pierres pour élever les fortifications d'une citadelle. Monsieur le comte de Saint-Germain est fort occupé de cette découverte utile à la guerre, & indépendamment des expériences en petit qu'a déja fait l'auteur : on présume que le ministre lui fera exécuter en grand quelque chose de plus considérable.

2 *Juin* 1777. L'académie des sciences est sur-tout jalouse de la nouvelle société libre d'émulation

qui va fur fes brifées & tend infenfiblement à la rendre inutile. On affure que ce corps a déja fait des repréfentations ; mais qu'on lui a fait fentir qu'il n'étoit pas poffible de s'oppofer au zèle des citoyens qui vouloient bien confacrer des fonds à l'encouragement des arts , tandis qu'eux coûtoient beaucoup d'argent & vendoient leurs travaux à l'état.

2 *Juin* 1777. Il paroît que les hautes fciences ne tournent pas moins la tête que la poéfie ; on en peut juger par la quantité de fous qu'a engendré *la quadrature du cercle*. Un M. Louis Dufé la Frainaye, commenfal de la maifon du roi, répand un avis aux plus puiffants génies de l'univers, où il annonce une folution de problêmes, que l'académie n'a pas jugé moins folle & dont elle lui a donné fon certificat, ainfi qu'en convient l'auteur Calotin. Ces délires des favants & des gens d'efprit, doivent être bien confolants pour les ignorants & pour les fots.

3 Juin 1777. *Vers à l'Empereur, par monfieur Saurin.*

  Sous l'appareil de la grandeur,
Nous aimons à voir la fplendeur
Des vertus qu'en vous l'on renomme ;
Et plus vous cachez l'Empereur,
Plus vous faites admirer l'homme.

Un peuple aimable & doux, peut-être un peu léger,
  Mais aimant l'honneur & fon maître,
Epris du vrais mérite & fachant le juger,
Vous voit d'autant plus grand que vous voulez
  moins l'être.

Ah

Ah ! soyez toujours notre ami ;
Que de l'aigle & des lys, pour le bien de la terre,
Tout resserre le nœud par l'amour affermi.
France heureuse ! jamais d'une union si chere,
 Puisse-tu goûter la douceur,
Et ne jamais avoir, en adorant la sœur,
 Qu'à former des vœux pour le frere !

On voit que le poëte a voulu éviter ici le défaut ordinaire de ses confreres, celui de faire la satire du maître en exaltant trop un souverain étranger. Monsieur Saurin amene chacun à son rang, & lui distribue tour-à-tour des éloges.

3 Juin 1777. Le sieur Sauvigny étant fort désagréable à monsieur le Noir, dans sa place de censeur de la police qu'il avoit obtenue sous monsieur Albert, le magistrat lui enleve autant qu'il peut de ses fonctions. En conséquence, on vient de lui ôter les spectacles, pour les donner à monsieur Suard, c'est-à-dire, les comédiens. Quant à l'opéra, c'est un monsieur le Bret qui en est chargé.

5 Juin 1777. On ne donne plus *Castor*, qu'on avoit annoncé à l'opéra. Les directeurs ont prétendu qu'ils n'avoient pu avoir les habits de la cour, & que d'en faire faire auroit entraîné trop de dépense. Ils redonnent *Iphigénie*, pour célébrer l'arrivée du chevalier Gluck.

En général, on ne peut que gémir sur la nouvelle administration de ce spectacle, de plus en plus vicieuse. Le ministre de Paris a remis en quelque sorte toute la haute police, qui concerne, à monsieur de Vougny, son cousin-germain, fainéant propre à discuter sur le mérite des figurantes, de ce qu'on appelle *les Espaliers*, très-délicat sur le choix des minois, mais ne connoissant rien à la partie des talents. Et, quant à la ville, elle a aussi confié toute sa manutention au sieur Bufau, qui entend à merveille le revirement de cette finance pour son avantage & utilité. Restent le sieur le Berton & un nommé Grenier, appellé de Bruxelles. Voilà à quelles mains sont remises les rênes de l'empire lyrique, tombé dans une véritable anarchie, pillé & dévoré de toutes parts.

6 *Juin* 1777. Des femmes briguent aussi l'honneur patriotique d'être du nouvel établissement dont on a parlé. On en trouve plusieurs dans la liste des souscripteurs. A la tête des réglements, on voit une gravure, portant au centre ce mot : *Utilité*, & autour : *Société libre d'émulation, établie en* 1776. On présume que c'est le modele des jetons qu'on donneroit, ou des médailles pour les prix.

6 *Juin*. La société ou l'académie des colporteurs, quoique n'existant que sous l'influence de la police, quoique soumise à ses ordres, à ses défenses, à ses corrections, à ses punitions, &c. se fait cependant un point d'honneur de n'avoir aucun de ses membres flétri par une sentence juridique : en conséquence, elle s'est donné beaucoup de mouvements pour soustraire à cette forme le nommé *Prot*, arrêté il y a près d'un an, quoiqu'indigne de son attachement par sa lâcheté à trahir les secrets du métier, & même

quelques-uns de ses confreres. Mais l'utilité publique a prévalu; & sachant qu'il étoit question de faire sur lui un exemple en justice, les colporteurs ont mis en œuvre toutes les protections, & ils en ont beaucoup par le besoin général qu'on en a. Et, quoique le crime du coupable fût très-grave, puisque la reine même exigeoit son supplice, on a calmé sa majesté, & ils espèrent que ce malheureux en sera quitte pour un an de Bicêtre, & pour ne plus exercer un métier qu'il entend si mal.

7 Juin 1777. Extrait d'une lettre de BORDEAUX, du 3 Juin...... Dimanche après-midi, monsieur le comte d'Artois est arrivé ici au bruit du canon, & des acclamations d'un peuple innombrable. En débarquant, il s'est écrié qu'il n'avoit rien vu de si beau, & l'a répété cent fois dans le trajet. En effet, c'est un superbe coup d'œil que ce port, qui a près de deux lieues, garni de monde, dont la rade étoit remplie de vaisseaux pavoisés, & les fenêtres de femmes les plus élégantes. Le soir il est allé à la comédie avec tous les seigneurs de sa suite. On l'a beaucoup applaudi : on a crié, *Vive le roi & le comte d'Artois* ! Un acteur lui a fait compliment au nom de sa troupe : on a joué *l'Amoureux de quinze ans*; & lorsque les paysans viennent apporter les bouquets aux deux peres, on lui a adressé quatre couplets, dont le refrein étoit que toutes les bergeres desiroient que, sans faire tort à son rang, il pût se rendre berger. On a crié *bis*. Son altesse royale a soupé au gouvernement. Il y a eu dans la ville de très-belles illuminations, ensuite bal masqué à la comédie.

Le lendemain matin monsieur le comte d'Artois a reçu les harangues du parlement & de la cour des aides. Il a encore été à la comédie, où l'on a joué *la Feinte par amour* & *les Raccoleurs*. Dans l'opéra comique on lui a encore adressé des couplets. Le soir, ce prince s'est rendu au bal que lui donnoient les négociants du Chartron. Il étoit superbe, & son altesse royale en a paru très-satisfaite, & a dit qu'elle n'avoit pas encore assisté à fête où elle se plût davantage. Monsieur le comte d'Artois s'étant adressé à diverses jolies femmes, les a bientôt laissées-là, disant qu'elles n'avoient pas d'esprit.

8 *Juin* 1777. Outre la statue élevée à monsieur le comte de Buffon au jardin du roi, par monsieur le comte d'Angiviller, l'académie royale des beaux arts de Toulouse a voulu avoir son portrait. Il a été dessiné d'après nature par monsieur Pujos, peintre en miniature, associé honoraire de cette compagnie, & gravé par monsieur Vangælisty. Monsieur l'abbé de Lille y a mis ces vers :

La nature pour lui prodiguant sa richesse,
Dans son génie, ainsi que dans ses traits,
A mis la force & la noblesse :
En la peignant il paya ses bienfaits.

9 *Juin* 1777. Il paroît une *seconde lettre de M. le comte de**** *à M.****, *président au parlement de Paris*, en date du 29 mai. Son objet est de combattre la sécurité de monsieur l'avocat-général Seguier, dans son requi-

sitoire ; de prouver que les alarmes prises contre les mouvements des jésuites & de leurs partisans étoient très-fondées, & sur-tout de justifier les modifications opposées par le parlement au nouvel édit les concernant, & qui ont occasioné tant de fermentation à la cour.

10 *Juin* 1777. Tous nos architectes oisifs s'exercent successivement à orner, dans leur imagination, cette capitale de beaux monumens. Les deux salles de spectacle pour les comédies Françoise & Italienne sont ce qui les occupe le plus, comme fournissant en effet plus de jeu à de superbes plans. On en voit aujourd'hui un de monsieur Bonnet de Bois-Guillaume pour la derniere comédie. Il est fait pour séduire les yeux par sa netteté, & même un esprit patriotique par les vues d'utilité qu'il présente. Il propose de transporter ce spectacle à la place du Pilori ; de transformer ce local sale & hideux en une enceinte agréable, & de faire succéder à de sombres échoppes un édifice élégant. Il renvoie au cimetiere des innocents le marché, & purifie ainsi la capitale des exhalaisons pestilentielles de ce gouffre de la mort. Enfin son bâtiment ne coûtera pas 500,000 livres, & il ne demande à la ville, pour l'embellir de cet édifice, qu'il construiroit à ses frais, que la la concession du terrein qu'il a choisi, & la facilité d'élargir ou percer certains endroits pour la plus libre circulation des voitures.

12 *Juin* 1777. On a donné depuis quelque temps un opéra-comique nouveau à la comé-

die de la ville à Versailles. Il est traduit de l'Italien, & a pour titre : *orgon dans la Lune*. L'intrigue en est plaisante & folle, quoique les paroles n'en vaillent pas grand'chose : mais la musique en passe pour délicieuse. La reine a voulu le voir, & vendredi dernier, à onze heures du soir, elle l'a fait jouer chez elle. Sa majesté en a été très-satisfaite.

11 *Juin* 1777. L'accident arrivé lundi au roi à la chasse, quoique sans aucune conséquence, a retardé le départ de *monsieur*, qui devoit avoir lieu hier.

On a vu, à l'occasion de cet événement, l'utilité du *Journal de Paris*, qui, dès le mardi après-midi, a fixé les rumeurs publiques, & dissipé toutes les craintes par un supplément rendu en grande diligence.

13 *Juin* 1777. On peut se rappeller un livre, intitulé : *Le Café politique d'Amsterdam*, où il est beaucoup question d'un monsieur Pelissery, grand spéculateur en finances, & qui avoit envoyé différents mémoires sur cette partie à plusieurs contrôleurs-généraux successivement. Il vient d'en adresser un nouveau à monsieur Taboureau, à monsieur Necker, & à divers autres ministres. On ne sait point ce qu'il contient, mais samedi dernier on est venu chez lui en saisir tous les exemplaires, & on l'a conduit à la Bastille. Ce qui fait desirer beaucoup de lire cet écrit, qui n'en sera que plus rare. On sait qu'en général cet auteur a de fort bonnes vues ; mais se perd quelquefois en théories folles & chimériques.

13 *Juin* 1777. Monsieur le comte d'Artois n'a point manqué, à l'exemple des voyageurs qui veulent s'instruire, de faire un journal de sa route : il est actuellement occupé à le rédiger, & il doit le présenter dimanche au roi.

24 *Juin* 1777. Il paroît que le mémoire de monsieur Pelissery attaque les opérations de finance de monsieur Necker, & que c'est celui-ci qui a demandé sa détention. On n'en sait pas encore davantage.

15 *Juin* 1777. *Extrait d'une lettre de Ferney, du 5 Juin.* « Nous sommes arrivés ici à notre retour d'Italie : nous avons eu le bonheur d'en voir le seigneur, & nous en avons été d'autant plus flattés qu'il devient très-sauvage, & que nous avions rencontré dans notre route plusieurs grands & notables personnages qu'il avoit refusés. Il a passé la journée entiere avec nous. L'endroit de sa terre qu'il nous a montré avec le plus de complaisance, c'est l'église. On lit en haut, en lettres d'or : *Deo Erexit Voltaire*. L'abbé de Lille s'écria : « voilà » un beau mot entre deux grands noms ! mais » est-ce le terme propre, ajouta-t-il en riant? » ne faudroit-il pas *Dicavit, Sacravit*? Non, » non, répondit le patron. » Fanfaronnade de vieillard. Il nous fit observer son tombeau, à moitié dans l'église & à moitié dans le cimetiere : « les malins, continua-t-il, di- » ront que je ne suis ni dehors ni dedans. » La religion l'occupe toujours beaucoup. En gémissant sur la petitesse de ce lieu saint, il dit : « je vois avec douleur aux grandes fê-

» tes qu'il ne peut contenir tout le facré
» troupeau; mais il n'y avoit que 50 habi-
» tants dans ce village quand j'y fuis venu,
» & il y en a 1,200 aujourd'hui. Je laiffe à la
» piété de madame Denis à faire une autre
» églife. » En parlant de Rome, il nous demanda fi cette belle bafilique de Saint-Pierre étoit toujours bien ferme fur fes fondements ? Sur ce que nous lui dîmes que oui, il s'écria :
» Tant pis ! »

16 *Juin* 1777. Monfieur le garde-des-fceaux ayant annoncé qu'il vouloit faire un exemple févere contre les imprimeurs & libraires qui prêtoient leur miniftere à l'impreffion & à la diftribution de livres prohibés ou clandeftins, vient de l'exécuter à l'égard d'un imprimeur de Montargis, nommé *le Quatre*, & de *Hardouin & le Jay*, libraires de Paris. Ils ont été deftitués de leur état, & condamnés à une amende.

Leur crime eft d'avoir imprimé & vendu un livre, ayant pour titre : *Efprit de l'abbé Raynal*. Quoique fon ouvrage des *Etabliffements des Européens dans les deux Indes* foit toléré, on ne veut pas qu'on en quinteffencie le poifon dans un extrait encore plus dangereux. C'eft un fou de Rheims, nommé *Héduin*, qui a compofé ce livre au château de Ham, où il eft enfermé.

17 *Juin* 1777. Un particulier a imaginé une machine à feu pour l'élévation de l'eau, moins difpendieufe que celle de Londres, & pouvant s'appliquer en petit, même dans les maifons particulieres. On en a fait depuis peu l'effai à l'hôtel de Chenifot, rue & ifle Saint-

Louis. L'expérience n'a pas réussi parfaitement à raison d'inconvénients, qui ne détruisent pas le mérite de l'ouvrage ni la possibilité de l'exécution : en conséquence on doit recommencer.

17 *Juin* 1777. Monsieur Greuze, toujours piqué de son exclusion de l'académie, continue à préparer pour le temps de l'exposition des tableaux, quelque chef-d'œuvre qui attire la foule chez lui. Cette année il a pris pour sujet *la malédiction paternelle*. Instruit de l'arrivée de l'empereur, il a pressé son ouvrage, afin de pouvoir le montrer à ce prince dans un état de perfection; ce qui fait qu'on peut déja l'aller admirer chez cet artiste. On en dit beaucoup de bien.

17 *Juin* 1777. L'abbé Perrin, curé de Champagne, ayant prêché le lundi de la pentecôte à Châlons, un sermon où il a attaqué avec une fureur fanatique, le parlement & l'autorité royale, est poursuivi, & l'on informe contre lui.

18 *Juin* 1777. *Extrait d'une lettre de Ferney, le 10 Juin.* Pour vous continuer notre relation, nous vous ajouterons que monsieur de Voltaire, devant toujours exercer sa bienfaisance envers quelqu'un, n'ayant plus le pere Adam, & étant brouillé avec madame Dupuy, ci-devant mademoiselle Corneille, a pris chez lui mademoiselle de Varicourt, fille de condition, dont le pere est officier des gardes-du-corps, mais pauvre & chargé d'une nombreuse famille. Il l'a couchée sur son testament, & l'auroit voulu marier à son neveu, monsieur de Florian. C'est une fille aimable, jeune,

pleine de graces & d'esprit. Elle est en embonpoint, & c'est quelque chose de charmant de voir avec quelle paillardise le vieillard de Ferney lui prend, lui serre amoureusement & souvent ses bras charnus.

Il ne faut pas vous omettre que dans notre conversation nous fûmes surpris de le voir s'exprimer en termes injurieux sur le parlement Maupeou, qu'il a tant prôné ; mais nous avions avec nous un conseiller du parlement actuel, & nous admirâmes sa politique.

Du reste, on nous a rapporté deux bons mots de cet aimable anacréon, qu'on nous a donnés pour récents, & qui vous prouveront que son attaque d'apoplexie, qui ne consistoit que dans des étourdissements violents, n'a pas affoibli la pointe de son esprit. Madame Paulze, femme d'un fermier-général, venue dans ces cantons où elle a une terre, a désiré voir monsieur de Voltaire ; mais sachant la difficulté d'être introduit, elle l'a fait prévenir de son envie ; & pour se donner plus d'importance auprès de lui, a fait dire qu'elle étoit niece de l'abbé Terrai. A ce mot de Terrai, frémissant de tout son corps, il a répondu : " dites à madame la Paulze, qu'il ne me " reste plus qu'une dent, & que je la garde " contre son oncle. "

Un autre particulier, l'abbé Coyer, dit-on, ayant très-indiscrettement témoigné son desir de rester chez M. de *Voltaire*, & d'y passer six semaines ; celui-ci l'ayant su, lui dit avec gaieté, " vous ne voulez pas res- " sembler à dom Quichotte ; il prenoit toutes

„ les auberges pour des châteaux, & vous prenez
„ les châteaux pour des auberges. „

19 *Juin* 1777. Monsieur Guilbert de Préval, vient répandre le mémoire suivant : « *Précis signifié, servant de réponse à deux libelles intitulés : Précis & Réponse, & deux Consultations signées, l'une de cinq avocats, l'autre de dix, & pieces très-importantes* pour M. *Guilbert de Préval,* docteur-régent de la faculté de médecine, *Accusateur,* contre messieurs *Desessarts, le Clerc du Mangin, Bagnaire & Lezurier,* aussi docteurs-régents de la faculté de médecine, *accusés,* plaidant pour ladite faculté. „

Tout cela est suivi d'une consultation rapportée, en date du 25 mai 1776, signée *Gervais & Cochu.*

On ne peut nier que si les faits étoient vrais, monsieur Guilbert ne fût un innocent très-injustement persécuté par ses ennemis & ses envieux.

19 *Juin.* On a enfin donné aujourd'hui la premiere représentation de *l'Egoïsme,* comédie en cinq actes & en vers. La ville cette fois s'est trouvée d'accord avec la cour. On a jugé l'ouvrage détestable, en quelques endroits, médiocre dans le plus grand nombre, & quelquefois saillant par des traits d'un excellent comique. C'est une mauvaise piece, mais du moins dans le vrai genre.

20 *Juin* 1777. Il faut que le sermon de monsieur l'abbé Perrin ait été bien violent, puisque l'évêque de Châlons, présent, a déclaré depuis que c'étoit trop fort, & que s'il n'avoit craint de commettre un scandale, il auroit

fait descendre de chaire ce prédicateur ; & cependant M. de Jugnié est un moliniste ardent, un grand défenseur des jésuites.

21 *Juin* 1777. Monsieur Préval dans son précis, fait d'abord l'analyse des accusations intentées contre lui & de sa défense. Il prétend n'être point coupable de la prostitution qu'on lui reproche ; qu'il n'a jamais trompé sur son remede, & que c'est à celui-ci qu'on en veut, & non à sa personne ; que ce n'est point la faculté qui le poursuit, mais un petit nombre de docteurs, jaloux de sa découverte : qu'au surplus, ç'a toujours été l'usage constant dans son corps, & que les hardis novateurs en médecine avant lui, ont essuyé les mêmes persécutions. Il va plus loin ; il rapporte des faits accumulés qui établissent, suivant lui, qu'on ne veut le perdre que pour faire perdre la confiance acquise à ce remede vraiment précieux à l'humanité. De-là son éloge pompeux.

« Plus de huit milliers de malheureux ont
» retrouvé dans Paris seul, avec le secours
» de son spécifique, une santé perdue & sou-
» vent désespérée. Aucune maladie provenant
» de l'épaississement de la lymphe, & de l'acri-
» monie des humeurs n'y résiste. Les glan-
» des engorgées, les tumeurs lymphatiques,
» les exortoses, qui étoient regardées comme
» des accidents incurables, se fondent sous
» ce précieux remede & ne laissent aucunes
» traces.

» Son effet n'est point local ; il attaque le
» mal avec le même empire dans tous les
» lieux, & par-tout où il se trouve provenir
» des mêmes causes. Les *Indes*, l'*Amérique*,

» la *Martinique*, jouissent aujourd'hui de ses
» admirables effets. Il fait disparoître, comme
» par miracle, le *pian*, le *mamapian*, les
» *malingres* & le *scorbut*, qui sont les des-
» tructeurs de l'espece humaine dans ces con-
» trées : c'est l'expression des médecins des
» Isles.....

» Mais ce qui étonne le plus, & ce que
» le physicien ne peut comprendre, ce re-
» mede est tellement antipathique du mal,
» qu'il l'indique : il change de couleur, il se
» trouble ; de limpide qu'il est, il devient
» épais, blanchâtre, laiteux, à son appro-
» che seule, & il est nuancé en proportion de
» ses degrés. C'est un phanal pour le voya-
» geur dans la nuit obscure, qui lui montre
» le danger : il en est préservé, s'il n'a pas perdu
» la raison..... »

Deux événemens ont sur-tout excité la jalousie des confreres de monsieur de Préval : la confiance du duc des Deux-Ponts, les essais triom-
phants & multipliés qu'il fit faire dans ses
états de son remede ; & celle du magistrat
de la police, qui lui donna lieu en 1772 d'en
développer, par les plus nombreuses, les plus
parfaites, les plus constatées expériences,
l'efficacité infaillible. Il leur attribue l'origine
de son procès contre la faculté, dont il fait
l'histoire.

Il procede ensuite à l'analyse des arrêts &
des rebellions aux arrêts de la cour, & à
celle des délibérations, sous le titre de Décrets de la faculté, pour résister à l'autorité
des magistrats, & il termine par des obser-

rations fur la marche qu'il a tenue & qu'il tient dans fon action intentée contre fon corps.

21 *Juin* 1777. On a appris que monfieur Greffet étoit mort le 16 de ce mois à Amiens, d'une fluxion de poitrine ; ce qui laiffe une place vacante à l'académie, & un champ vafte aux cabaleurs.

22 *Juin* 1777. Il paroît que monfieur Marmontel furieux de la chûte de fon *Céphale & Procris*, & en général du fuccès de la mufique du chevalier Gluck, a exhalé fa bile dans une brochure intitulée : *Effai fur les révolutions de la mufique*, brochure qu'il donne à fes amis & partifans pour mieux s'en affurer le débit. Il y veut établir la fupériorité de celle de *Piccini*, que nous ne connoiffons qu'à la comédie Italienne ; ce qui fe rapproche plus du genre de l'académicien qui a beaucoup brillé à ce théatre. Quoi qu'il en foit, on lui reproche quantité d'héréfies en raifonnant fur un art qu'il n'a jamais profeffé, & ce font tous les jours de nouvelles lettres dans le *Journal de Paris* contre lui, & de nouveaux brocards qu'on lui lance.

23 *Juin* 1777. Monfieur Greffet a été trouvé mort fubitement dans fon lit. Sa femme, qui ne le quittoit jamais, avoit été pour la premiere fois de fa vie à la campagne fans lui. La ville lui a rendu les honneurs dont il étoit fufceptible, en faifant célébrer un fervice pour le repos de fon ame. Il étoit depuis quelques mois hiftoriographe de l'ordre de faint Lazare, place créée pour lui, par *monfieur*.

Voici un distique latin fait pour lui servir d'épitaphe :

Hunc lepidique sales lugent, veneresque pudicæ,
Sed prohibent mores, ingeniumque, mori.

24 *Juin* 1777. Il paroît ici quelques exemplaires venus de Londres, d'une histoire des deux *Amériques méridionale* & *septentrionale*, par monsieur Robertson. On n'en voit encore que deux volumes in-4°. qui doivent être suivis de deux autres pour la compléter. Ils sont d'une superbe impression, papier d'Hollande, & coûtent deux louis. On ne doute pas que monsieur Suard ne s'empare de cet ouvrage & ne le traduise. Depuis la mort de monsieur Hume, Roberson est l'historien le plus estimé des Anglois. On dit cet ouvrage d'un style riche, magnifique, & philosophiquement traité dans le goût de celui de l'abbé Rainal.

25 *Juin* 1777. *Extrait d'une lettre de Bordeaux, du* 21 *juin.* " Il y a eu les mêmes fêtes pour *monsieur* que pour le comte d'*Artois* : illumination tous les jours, bal masqué à la comédie, bal à la Bourse, bal au Chartron, spectacle à chaque soirée. La première fois on a donné une pièce en un acte, que Desforges, le comédien, avoit fait pour son altesse royale, intitulée *la Voix du cœur*, qu'on a trouvée très-jolie, & *le Barbier de Séville*, qui a été joué beaucoup mieux qu'à Paris. La seconde ils ont exécuté *la Partie de chasse de Henri* IV, où l'on avoit ajouté des couplets analogues à la circonstance.

Ce prince a très-bien pris ici, & il paroît

s'y être amusé, car la veille de son départ, c'est-à-dire mercredi, lorsque ce même Desforges vint lui adresser le compliment d'adieu, on crut voir à son altesse royale les larmes aux yeux. Il est vrai que la maniere avec laquelle l'acteur débita son discours, attendrit tout le monde.

Monsieur a voulu tout voir. On s'accorde à dire qu'il est très-instruit. Il est parti jeudi matin pour aller coucher à Agen, & doit se rendre à Toulon le jour suivant. »

26 *Juin* 1777. Suivant les lettres de Bordeaux, l'empereur y est arrivé le lendemain du départ de *monsieur*. Il a débarqué d'un brigantin sur le port. Quoique ce prince arrivât plutôt qu'on ne comptoit, puisqu'on ne l'attendoit qu'au premier juillet, on a eu vent de sa venue. Il est accouru bientôt au port une si grande quantité de monde & de voitures, que l'illustre étranger a perdu dans la foule ses deux gentilshommes, & s'est trouvé embarrassé pour se rendre à son auberge. On a beaucoup crié: *vive l'empereur!* ce qui lui a donné de l'humeur, au point qu'un particulier, pour faire l'important, ayant dit: *bas les chapeaux*, il s'est retourné en lui demandant sévérement s'il l'avoit choisi pour son maître des cérémonies?

27 *Juin* 1777. On écrit de Châlons que les magistrats de cette ville continuent les informations concernant le sermon séditieux dont on a déja parlé; que cela excite une grande rumeur dans la ville par la différence des partis; qu'on a assigné tout le chapitre pour déposer de ce qu'il a entendu: ce qui alarme beaucoup les cha-

noines, assez partisans de l'ex-jésuite; qu'ils craignent, en disant la vérité, de lui nuire; & qu'en ne la disant pas, ils ne se trouvent en manifeste contradiction avec le reste des spectateurs & auditeurs.

28 *Juin* 1777. Extrait d'une lettre de Bordeaux, du 14 juin. L'empereur, à son arrivée, s'est rendu à son hôtel loué. Son consul, appellé Betmann, est allé le voir, le maréchal de Mouchy aussi. Il y avoit un monde infini à la porte de l'auberge, & les premiers de la ville en carrosse. On se flattoit qu'il se mettroit un instant à la fenêtre, ce qu'il n'a pas fait, quoique le plus grand nombre soit resté jusqu'à neuf heures du soir, malgré la pluie.

Le samedi après-midi il est monté au château *Trompette*. Toute la ville s'est rendue aux allées de Tourni, & sur le chemin qui conduit à la citadelle : l'empereur est arrivé en carrosse de louage, se cachant tant qu'il pouvoit. En sortant du château, il s'est rendu à la nouvelle salle de comédie, dans laquelle il n'a pas voulu permettre qu'entrassent même les femmes des jurats. Il a beaucoup critiqué ce bâtiment & a humilié l'architecte *Louis*. Le dimanche il est allé entendre la messe aux jacobins. En sortant de l'église il couroit, au lieu de marcher : il a vu ensuite la bourse, qu'il a critiquée sans ménagement.

L'après-dîné, M. le maréchal avoit annoncé que ce prince iroit à la comédie. Toutes les loges étoient louées, & ceux qui ne pouvoient pas entrer, étoient restés à la porte ; mais il ne sortit point, ne se mit pas même à la fenêtre,

& l'on ne commença le spectacle qu'à près de huit heures, quoique le maréchal y fut.

L'empereur est parti le lundi à quatre heures du matin.

Ce prince n'a pas plu ici, & a paru sauvage. On a comparé sa conduite à celle de *monsieur* qui loin de critiquer la bourse, dit au maréchal que s'il restoit à Bordeaux, il voudroit loger en ce lieu, tant il le trouvoit beau. Il s'étoit expliqué d'une façon plus flatteuse encore, lorsque le gouverneur lui demande s'il vouloit voir ce monument : *non*, répondit-il ; *mais je veux rendre visite aux négociants dans leur hôtel.*

Le jour où l'empereur a été à la nouvelle salle de comédie, les jurats n'osoient se montrer à cause de la difficulté qu'avoit fait ce prince d'admettre personne. Ils étoient cachés dans une loge. En sortant cependant M. le maréchal lui dit : « monsieur le comte, voici les jurats de Bor- » deaux, qui desirent avoir l'honneur de vous » saluer. » Mais il ne se donna pas la peine de les regarder.

Lorsque le Sr. du Hamel, le sous-maire, fut lui dire que la ville l'envoyoit pour prendre ses ordres, il répondit brusquement : « je n'ai » point d'ordre à donner ici. » En un mot, tout son séjour s'est ressenti de la mauvaise humeur qu'il a contracté dès le premier jour, de se voir découvert & entouré de la multitude qu'il ne peut souffrir. »

29 *Juin* 1777. Un troisieme vauxhall, élevé depuis plusieurs années sur les nouveaux boulevards, mais suspendu & formé seulement au mariage de la princesse de Piémont en 1775, où

l'ambassadeur de Sardaigne donna sa fête, prend aujourd'hui naissance, & annonce son ouverture par cette extraordinaire. On y doit voir le *temple de la bienfaisance*, à la gloire du roi, un feu d'artifice, &c. Il s'intitule : *le Cirque Royal*.

30 *Juin* 1777. Une sentence de police du 25 avril excite la curiosité générale au coin des rues où elle est affichée : par un changement d'étiquette dans le protocole de la justice, qui prouve combien le luxe attire aujourd'hui de considération à celles qui s'y emploient le plus efficacement, on lit : *Sentence, &c. en faveur des* dames, *marchandes de modes, plumagistes, fleuristes, &c.* Cette qualification honorable de *dames*, pour ces prêtresses de Vénus, fait beaucoup rire.

30 *Juin* Les docteurs le Clerc, du Mangin, Lezurier Bagnaire & Dessessarts doyen, répondent par un *mémoire* à celui du sieur Guilbert de Préval, qui les a inculpés & fait décréter. Cet écrit, qui n'est qu'une discussion sèche des accusations, est peu intéressant pour le public & assez mal tourné. Il est étonnant que la faculté entière n'ait pas de plus adroits & de plus éloquents rédacteurs, ou n'ait pas recours aux plus fameux de nos jurisconsultes dans une cause aussi majeure.

30 *Juin* Le *Cirque Royal* n'est pas encore terminé. On a ajouté à la rotonde, qui en fait la partie essentielle, un jardin où a été tiré le feu. Les directeurs ne pouvant enchérir sur le luxe & l'élégance des autres lieux de cette espèce, ont cherché à se distinguer par une noble simplicité. On peut cependant traiter l'ameublement de mesquin, mais l'architecture est mieux. La rotonde est précédée d'une cour

en périſtile, qui, illuminée à l'Angloiſe de feux de couleurs, produit un coup d'œil plus beau que celui de Torré. Tous les amateurs s'étoient rendus à cette ouverture ; mais on y a remarqué une eſpece d'hommes qui y a abondé plus particuliérement, comme étant dans leur quartier, ſans doute : ce ſont les *abbés*. Ce mélange avec les filles les plus élégantes, n'étoit pas la choſe la moins piquante du ſpectacle.

30 *Juin* 1777. M. Greuſe, ce peintre excellent pour les têtes de caractere, s'eſt emparé de celle de monſieur Franklin, dont on voit l'eſquiſſe. Il y a beaucoup de reſſemblance & d'expreſſion. Comme il a fait graver actuellement ſon tableau de *la malédiction paternelle*, que l'empereur eſt allé voir chez lui, on ne peut encore admirer ce chef-d'œuvre, connu ſeulement des amis de cet artiſte & de quelques amateurs.

2 *Juillet* 1775. On annonce un nouvel ouvrage en deux volumes, ayant pour titre *l'Eſpion Anglois*, ou *correſpondance ſecrete entre milord All' Eye* (tout œil) & *milord All' Ear* (toute oreille) avec cette épigraphe : *Singula quæque notando*. On dit qu'on a beaucoup de peine à faire paſſer ce livre, dont il y a encore peu d'exemplaires à Paris. Ces propos ſont une ruſe ordinaire des colporteurs pour exciter la curioſité, & vendre plus cher cette marchandiſe de contrebande. Au reſte, le titre eſt piquant & très-propre à alarmer la vigilance de la police.

3 *Juillet* 1777. Extrait d'une lettre de Bordeaux, du 28 juin. L'empereur eſt en effet parti lundi pour Bayonne, peu regretté des Bordelois, mais ſur-tout des femmes, envers leſquelles il

n'a été rien moins que galant. En voici un échantillon. La présidente de Virozel & madame Doyard n'ayant pu le voir, malgré toutes les peines qu'elles s'étoient données, formerent la partie de passer la nuit de son départ & de se rendre chez lui à trois heures du matin ; ce qu'elles firent, accompagnées de monsieur de Pontac. Le maître de l'hôtel qui les connoissoit, les laissa entrer en leur disant : « Mesdames, » tout ce que je puis faire pour vous, c'est de » vous mettre sur l'escalier. » Betmann, le consul de ce prince, les ayant trouvées, dit à son maître que deux femmes des premieres de la ville ne s'étoient pas couchées pour ne pas perdre le dernier instant qui leur restoit de le voir. Quelques minutes après il eut occasion de sortir & de passer devant elles ; il les salua très-froidement, puis revenant sur ses pas, il leur dit : « Mesdames, je suis très-étonné que vous soyez » si curieuses de m'envisager, car je ne suis » ni Adonis, ni Cupidon. » Ces dames furent étourdies & ne se feroient pas, sans doute, vantée du compliment, s'il n'y avoit eu des témoins.

La ville de Bordeaux, c'est-à-dire, les jurats avoient obtenu de mettre un droit sur le sel ; le parlement avoit enrégistré l'édit, mais non la cour des aides qui avoit fait des remontrances. Un nommé la Botiere, fameux libraire de cette ville, les avoit imprimées ; il y a trois jours qu'il est arrivé un arrêt du conseil qui l'interdit & le condamne à une amende.

3 *Juillet* 1777. On a parlé du projet qu'avoient formé, il y a près de deux ans, quelques particuliers de distinction de rétablir ou faire

revivre l'ordre du St. Sépulcre, qui n'étoit plus connu ici que comme une confrairie d'artisans, surnommée par dérision *la confrairie de l'aloyau*. Ils prétendirent que suivant l'institution, remontant à 1099, il devoit y avoir dans l'association trois classes différentes, celle des chevaliers, celle des voyageurs, & celle des confreres de dévotion. La vanité qui avoit excité les novateurs, les porta à imaginer des croix, un habit de cérémonie, des commanderies à retrouver, & des dignités à réintégrer. Ils dédaignerent les vrais possesseurs, s'emparerent de l'administration, & comme l'argent est nécessaire à tout, ils rendirent les réceptions beaucoup plus cheres. Il en est résulté un procès entre les deux corps, & des plaintes en cour.

Le 2 juin 1776, il est intervenu un ordre du roi, portant défenses aux prétendus chevaliers de porter la croix, & injonction de représenter les registres pour y faire rayer les qualifications prises dans les délibérations nouvelles.

Cet ordre a été suspendu depuis quant à la radiation, & S. M. a permis aux prétendus chevaliers de lui adresser des représentations.

Ces messieurs voulant faire parler d'eux, & se donner une consistance dans le monde, ont pris l'occasion de leur contestation avec les *confreres de l'aloyau*, pour sortir de leur obscurité & répandre une requête volumineuse sous prétexte de repousser les assertions injurieuses des accusateurs.

Comme dans tous les noms à la tête du mémoire au nombre, de plus de trois cents, il ne laisse pas que d'y en avoir de recommandables & d'illustres, cette querelle produit sensation,

& l'on cherche à déterminer M. le comte d'Artois, qu'on follicite depuis long-temps de fe mettre à la tête de cet ordre de chevalerie, à l'inftar de *monfieur*, grand-maître de celui de St. Lazare.

4 *Juillet* 1777. Il paroît la fuite d'un ouvrage, dont on avoit eu pour échantillon deux volumes cet hiver, intitulé : *Mémoires fecrets pour fervir à l'hiftoire de la république des lettres*, &c. *par feu monfieur de Bachaumont*. On en voit huit volumes aujourd'hui, allant depuis 1762 jufqu'au mois de janvier 1776. Il caufe une grande fermentation parmi nos auteurs, dont l'amour-propre n'eft pas flatté ; il eft en outre recherché pour une foule d'anecdotes, & de pieces en vers & en profe que perfonne n'avoit encore ofé révéler ou livrer à l'impreffion. (Cet article eft extrait de *nouvelles à la main*, très-accréditées dans Paris).

5 *Juillet* 1777. La requête au parlement des prétendus chevaliers du St. Sépulcre ayant fait bruit, on a voulu lire le mémoire des *confreres de l'aloyau*, & il s'eft trouvé que celui-ci, de la main de Me. Vermeil, très-connu au barreau, étoit plus curieux par l'efquiffe fatirique qu'on y trouvoit du plan ambitieux des premiers, qu'il appelle les *novateurs*, & dont il tourne en dérifion les projets chimériques, en ne diffimulant pas qu'ils avoient pouffé leur fol efpoir jufqu'à croire qu'un prince augufte (le comte d'Artois) devoit fe placer à la tête de cet ordre, & lui rendre fon premier éclat.

Du refte, les accufés, au nombre de neuf, qui ont à leur tête un nommé *Venier*, maître tailleur, fe trouvant décrétés d'ajournement personnel à la requête du ministere public, prétendent que c'est le résultat de sollicitations insidieuses des prétendus chevaliers qui, auteurs du tumulte, sujet de la plainte, ont eu la lâcheté d'être les dénonciateurs secrets d'un délit dont ils étoient coupables eux-mêmes. Ce procès doit être jugé incessamment.

5 *Juillet* 1777. Quoique les deux pieces très-intéressantes ci-jointes aient deux ans de date, elles étoient restées jusqu'à présent dans le plus grand secret, & à la lecture on jugera aisément pourquoi. Mais l'avidité des curieux d'une part, & la cupidité des mercenaires de l'autre, font tout transpirer à la longue.

Désistement de messieurs de la Chalotais & de Caradeuc, du 5 août 1775.

Nous soussignans *Louis René de Caradeuc de la Chalotais, & Anne-Jacques de Caradeuc*, procureurs-généraux du roi au parlement de Bretagne, voulant donner à sa majesté un témoignage de notre respect pour sa personne sacrée, de notre reconnoissance de la justice qu'elle a bien voulu nous rendre, de notre desir de concourir aux vues de paix dont elle est animée, & de notre considération pour monsieur le comte de Maurepas, déclarons abandonner purement & simplement toutes actions & demandes que nous aurions faites ou pu faire relativement à la procédure criminelle injustement intentée contre nous au mois de novembre 1765 & années suivantes, circonstances & dépendances, en quelque tribunal & envers quelques personnes que ce soit, renonçant à en faire aucunes suites,

&

& notamment monsieur le duc d'*Aiguillon*. A Rennes, le 5 août 1775. *Signé* DE CARADEUC DE LA CHALOTAIS, DE CARADEUC.

Lettre de monsieur le garde-des-sceaux à monsieur de la Chalotais, du 8 août 1775, envoyée d'Athys à monsieur de la Chalotais, le 14 août.

MONSIEUR,

Le roi a bien voulu vous accorder une gratification de la somme de 100,000 livres une fois payée, & une pension de 8000 livres reversible après vous ; savoir, 4000 livres à monsieur le chevalier de la Chalotais, votre fils, & 4000 livres à madame de la Fruglaye.

Sa majesté vous accorde également une charge de président à mortier, dont elle voudra bien donner l'agrément à monsieur de Caradeuc, si vous la lui faites passer. Vous ne devez pas douter du plaisir que j'ai à vous annoncer ces graces.

Ja vais faire passer à monsieur le contrôleur-général l'ampliation des décisions du roi, pour qu'il soit à portée de vous procurer le paiement des 100,000 livres, & de vous faire porter sur les états du roi pour la pension de 8000 livres.

Je vais faire passer également à monsieur de Malesherbes une ampliation de la décision relative à cette pension, pour qu'il soit en état de vous en expédier le brevet.

Je suis,
MONSIEUR,
Votre affectionné serviteur.

Signé MIROMESNIL.

A Versailles, le 8 août 1775.

9 *Juillet* 1777. On parle beaucoup d'une négresse blanche qui vient d'arriver. Elle est de l'espece qu'on appelle *Albinos*. Elle n'a que dix-huit ans ; elle est de pere & de mere noirs ; elle a la laine blanche, & les pieds & les mains annoncés d'une nature à exercer les spéculations des physiciens. On doit la faire voir au public d'ici au mois de septembre, qu'elle va en Italie.

10 *Juillet* 1777. Un certain abbé Martin, vicaire de la paroisse de Saint-André-des-Arts, qui, lorsque la premiere fermentation occasionée par le livre des *Trois siecles de la littérature Françoise* fut passée, que l'abbé Sabbathier s'en avouant l'auteur eut reçu toutes les injures, toutes les invectives des coryphées du parti encyclopédique très-maltraités dans l'ouvrage, ainsi que la secte entiere, s'étoit avisé de lui disputer malhonnêtement cette paternité, est devenu fou depuis quelques mois, & les remedes n'ayant pu opérer, il vient d'être enfermé dans une maison de force. Ses partisans continuent à assurer que non-seulement il a été le coopérateur de l'abbé Sabbathier ; mais que celui-ci, au contraire, ne faisoit que lui servir de manœuvre pour les recherches & la découverte des matériaux ; que le vicaire étoit en chef, assembloit les articles, les rédigeoit, & mettoit à tous ses sarcasmes, son style & son vernis. Ce qu'il y a de sûr, c'est que le grand-aumônier étoit persuadé du fait, puisqu'il avoit donné une pension de 1500 livres à ce cuistre littéraire, en lui disant que ce n'étoit qu'un encouragement pour l'exciter à continuer. C'est dans cette

noble ardeur qu'il a forcé de travail, & que la tête lui a pété.

11 *Juillet* 1777. En vertu des défenses faites aux prétendus chevaliers du saint-sépulcre de porter la croix, ainsi qu'on l'a dit, ils ont, par le ministere de Me. Perrin, avocat aux conseils, présenté une requête au roi, qu'ils qualifient de *très-humbles & très-respectueuses représentations des chevaliers, voyageurs & confreres de dévotion du saint-sépulcre de Jérusalem, formant ensemble l'archi confrairie royale du même nom, établie en l'église des cordeliers de Paris.* Après un historique assez curieux de la formation de divers ordres militaires & religieux, auxquels les croisades ont donné naissance, & dont celui du saint-sépulcre seroit le plus ancien & le plus illustre, suivant l'écrivain ; après avoir cité & discuté les monuments qui ont perpétué jusqu'à ce jour l'archi-confrairie royale dans le même état & la même existence qu'elle a eus dès sa naissance, il vient aux moyens qui doivent déterminer sa majesté à conserver aux membres de cette archi-confrairie les prérogatives & privileges dont ils ont toujours joui.

L'auteur démontre qu'elle est composée de trois classes : 1°. des chevaliers ; 2°. des voyageurs ; 3°. des confréres de dévotion : que la bulle de suppression d'Innocent VIII n'a point été reconnue en France; que le procureur-général s'en est porté appellant comme d'abus, & que Louis XIV lui-même a reconnu l'existence de l'ordre du saint-sépulcre. Les suppliants concluent en conséquence à ce que le roi conserve à ce corps véritablement utile pour le soulagement des malheureux, la qualification qu'il a conservée jusqu'à ce jour dans tous les tribunaux, & sur-tout à ce qu'on ne lui ôte point une croix, signe caractéristique de son institution.

11 *Juillet* 1777. Les amateurs de la littérature sont affligés du bruit qui se répand qu'on n'a trouvé aucun manuscrit chez monsieur Gresset, pas même le nouveau chant destiné à être ajouté au poëme de *Ververt*, sous le nom de l'*Ouvroir*, chant qu'il avoit lu à la cour durant son dernier voyage, & qui y avoit plu beaucoup. Il s'ensuivroit que l'auteur l'auroit brûlé dans un accès de cette dévotion qu'on traitoit injustement d'hypocrisie. Il est fâcheux que sa vénération pour l'ancien évêque d'Amiens l'ait empêché, comme on l'assure, de publier cette nouvelle facétie dans un temps où il ne s'en seroit pas fait scrupule, mais où il craignoit d'alarmer l'ame timorée du prélat, & de lui faire quelque peine.

13 *Juillet* 1777. Malgré ses importantes occupations, le sieur de Beaumarchais ne paroît pas répugner à y joindre un procillon avec les comédiens, qui pour lui sera sans doute un passe-temps. On a déja parlé de ses contestations avec les histrions, relativement aux honoraires de son *Barbier de Séville*. Il a derniérement rassemblé à un souper, des jurisconsultes & des gens de lettres; il leur a exposé la question; il a fait lecture de sa correspondance avec les comédiens, & tout le monde a reconnu son bon droit, & approuvé la sagesse de sa conduite. On attend

avec impatience les facéties dont il va nous égayer.

13 *Juillet* 1777. On savoit depuis long-temps que l'abbé Baudeau avoit une pension de 4000 livres sur les économats, mais peu de gens étoient instruits qu'il en étoit redevable à monsieur de Sartines. Ce ministre lui a dit, comme Auguste au Romain son ennemi : *soyons amis, Cinna.*

14 *Juillet* 1777. L'abbé Martin est mort à Senlis des suites de son état.

15 *Juillet* 1777. L'*Espion Anglois* n'est qu'une reprise d'un autre ouvrage commencé en 1773, sous le titre de l'*observateur Hollandois à Paris*, qui devoit se distribuer comme un écrit périodique. On en avoit publié un *prospectus*, qui effraya le ministere de France d'alors, & il profita de son ascendant auprès des Etats-Généraux pour l'arrêter, même avant que par la publication on pût juger s'il méritoit la proscription. L'*Observateur*, qui contient à peu près le premier volume, est une peinture aussi vraie que curieuse de la vieille cour & de l'état de la France au moment de la révolution de la magistrature ; il va jusqu'à la mort de Louis XV. Il est en forme de lettres : 1°. *sur le roi & la famille royale* : 2°. *sur les ministres & le chancelier* : 3°. *des états, des parlements, chambres des comptes, cours des aides & autres cours souveraines, ou tribunaux du royaume* : 4°. *sur les princes du sang, les ducs, la noblesse* : 5°. *du clergé* : 6°. *sur le tiers état.*

L'*Espion Anglois*, supposant que la premiere époque du regne de Louis XVI; savoir, le rétablissement de la magistrature, est déja détaillée dans un ouvrage étendu, servant de suite au *Journal de la révolution opérée dans la constitution de la monarchie Françoise*, ne commence qu'à la seconde époque, qui est les émeutes à l'occasion de la cherté des bleds. Il est en lettres aussi, & par leurs titres on juge aisément de leur importance. On assure qu'une grande impartialité est le caractere distinctif des deux écrivains, ou du même, changeant de nom, de Hollandois devenus Anglois.

16 Juillet 1777. Le parlement a enfin reconnu le danger de se mettre à dos la faculté; les docteurs décrétés ont gagné la semaine derniere l'incident contre le sieur Guilbert de Préval. Les décrets sont annullés : celui-ci est condamné à tous les dépens, & il est défendu à l'expulsé de se présenter aux assemblées avant que le fond soit jugé. Cela est de mauvais augure pour le reste.

17 Juillet 1777. Monsieur le Fuel de Méricourt ne s'est pas tenu pour supprimé : à l'exemple de Me. Linguet, il a seulement transporté à Londres le siege de sa résidence ; & là, comme lui, il prétend continuer son journal, malgré le rédacteur existant en France. Il profite de cette liberté pour étendre la sphere & la hardiesse de sa censure. Il annonce le *Journal Anglois, Italien & François, dramatique, lyrique & politique, ouvrage périodique*, avec cette épigraphe : *Amicus Plato, sed magis amica veritas*. Il s'est associé à cet effet, suivant son *Prospectus*, à plusieurs gens de lettres, versés dans les langues modernes. Ce bizarre assemblage sera composé de trois parties : la premiere, écrite en Italien, contiendra quelques pieces fugitives, une notice & un précis de tous les drames qui seront représentés sur tous les théatres d'Italie. La deuxieme, écrite en Anglois, renfermera toutes les nouvelles politiques & littéraires de la France. On y rendra compte de toutes les nouvelles découvertes, & en général, de tout ce qui pourra intéresser la société. On fera un examen critique des pieces de théatre, Angloises, Italiennes & Françoises, que l'on comparera quelquefois ; & l'auteur prétend que de ces comparaisons résultera souvent une connoissance exacte & approfondie du genre de ces trois nations.

Dans la derniere enfin, écrite en François, on annoncera & l'on fera connoître toutes les pieces nouvelles : on fera justice des mauvais acteurs, en louant les bons, & en donnant de sages conseils à ceux qui annonceront des talents. On ne parlera que des livres nouveaux les plus intéressants. On donnera un extrait de tout ce qu'il y aura de plus curieux dans les papiers Anglois, & l'on ne rapportera des nouvelles que celles qui ne seront point hasardées. Cette partie sera terminée par quelques poésies légeres, & des vaudevilles. Monsieur le Fuel, pour premier essai, distribue son *Prospectus* dans les trois langues qu'il doit employer dans son journal.

C'est le premier août que paroîtra le premier cahier de ce *cent millieme Journal* environ.

18 *Juillet* 1777. Toutes les demoiselles d'opéra & autres, inftruites du bonheur que la demoiselle Michelot, jolie perfonne, mais fimple figurante dans les ballets, a eu de plaire au comte d'Artois, envient fon bonheur. Il y a cependant à parier qu'elles ne doivent pas défefpérer d'avoir leur tour, & que ce n'eft qu'une fimple paffade. On le préfume d'autant mieux que fon alteffe royale varie fort dans fes plaifirs. On fe rappelle qu'elle a déclaré elle-même avoir beaucoup de rapport avec fon aïeul ; elle l'a jufques dans cette inquiétude perpétuelle, qui lui rendoit tout infipide en peu de temps.

18 *Juillet*. Le défiftement de meffieurs de la Chalotais & de Caradeuc n'eft que le réfultat d'un mémoire manufcrit très-curieux que les procureurs-généraux fe propofoient de préfenter au roi, s'ils n'euffent pas reçu la juftice qu'ils en devoient attendre.

Dans cet écrit ils expofoient en long, 1°. l'origine de ce qu'on appelle *les troubles de Bretagne*, depuis le requifitoire de meffieurs de la Chalotais, & les arrêts rendus contre les jéfuites, jufqu'au 10 novembre 1765, jour auquel ils furent arrêtés avec quatre autres magiftrats.

2°. Examen de la procédure faite contre eux.

3°. Difcuffion des différents chefs d'accufation que le fieur de Calonne leur avoit intentés, & leur réfutation complete : d'où il résulte la pleine & entiere justification des accusés.

Le mémoire étoit composé pour être joint à une requête en opposition aux lettres-patentes du 22 décembre 1776.

20 *Juillet* 1777. La reine, madame & madame la comtesse d'Artois sont venues hier à la comédie Italienne. On a donné pour premiere piece, les Intrigues d'Arlequin. On y a introduit par addition le sieur Dorsonville, nouvelle haute-contre, dont ce spectacle a fait acquisition, & que sa majesté desiroit entendre. Il est bien de figure, il a une voix peu forte, mais charmante, & est doué déja d'un goût exquis. Il a reçu les plus grands applaudissements. Lorsqu'il a débuté, le parterre lui a fait l'honneur de le demander après la piece, pour lui témoigner spécialement sa satisfaction : triomphe dont n'avoit encore joui aucun acteur.

Quant à la piece nouvelle, intitulée *Ernestine*, le poëte a eu l'art de rendre détestable un sujet si agréable & si touchant dans le conte. Rien de plus plat. Il y a des choses agréables dans la musique, & en général elle est digne de meilleures paroles. Les auteurs n'ayant point eu de succès, ont jugé à propos de garder l'anonyme.

Pour dédommager le public, les comédiens ont annoncé tout de suite une autre nouveauté, intitulée *Laurette*.

21 *Juillet* 1777. On rapporte que le docteur Bouvart ayant été appellé depuis peu par le grand-aumônier en enfance, mais n'en étant

pas moins susceptible des maux physiques, s'est plaint de sa goutte au médecin, & lui a dit qu'il souffroit comme un damné : « *Quoi ! déja, monseigneur,* » a repris le malin esculape.

21 Juillet 1777. Le mémoire de messieurs de la Chalotais & de Caradeuc est admirable pour l'historique précieux qu'il contient, pour la force des preuves & des raisonnements, pour la vigueur & l'énergie du style. Il est bien fâcheux que des raisons de politique obligent de le garder manuscrit. La péroraison est d'une grande beauté. On voit à la suite un mémoire particulier, contenant un projet d'accommodement qui n'a pas eu lieu, mais qui prouve combien la cour, honteuse de cette affaire monstrueuse, avoit à cœur de l'assoupir, & d'en effacer toutes les traces.

23 Juillet 1777. On assure que l'empereur est passé très-près de Ferney, sans avoir daigné seulement s'informer quel en étoit le maître. Il faut que ce prince ait eu ses raisons pour humilier ainsi monsieur de Voltaire, qui avoit fait de grands préparatifs pour le recevoir.

24 Juillet 1777. *Laurette*, comédie en un acte & en prose, mêlée d'ariettes, jouée hier aux Italiens, a paru très-médiocre, & beaucoup au-dessous du conte de monsieur Marmontel, dont le sujet est tiré. L'auteur l'a étranglé, & a trouvé le secret d'en ôter tout l'intérêt. Quant à la musique, elle a produit plus d'effet. On y a senti de l'expression, beaucoup de richesse, mais des réminiscences fréquentes de quantité d'autres opéra-comiques: d'ailleurs trop d'abondance, des accompagnements trop forts, & couvrant les voix. Elle est de monsieur Méreaux. Quant à l'auteur des paroles, il garde prudemment l'*incognito*, ainsi que celui du poëme d'*Ernestine*. On a su que celui de la musique de cette piece, jouée la semaine derniere, étoit monsieur de Saint-George, amateur & violon distingué, mais qui n'a pas le même goût en fait d'ouvrages dramatiques, & auroit dû sentir qu'une excellente musique adaptée à un plat & détestable opéra comique, perd toute sa valeur.

25 Juillet 1777. On a dit que le sieur Greuze faisoit le portrait de monsieur Franklin, qui ne manquera pas d'être gravé. Monsieur Elie de Beaumont, avocat célebre par son éloquence, par ses intrigues, & par un génie romanesque, a disposé d'avance, dans son cabinet, une niche pour ce personnage illustre, entre d'autres grands hommes anciens & modernes qu'il y a placés, & a fait d'avance cette inscription pour mettre au bas: *Alterius orbis Vindex, utriusque Lumen.*

25 Juillet Monsieur Jardin, architecte peu connu en France, mais plus renommé dans le Nord pour une église qu'il a construite à Copenhague, est envoyé à Londres par ordre du roi. Il fait un mystere de cette mission que lui a procurée monsieur le comte d'Angiviller, & déclare pourtant qu'elle est relative à son art, & doit être fort utile.

25 Juillet. Après avoir établi, dans la premiere partie de son mémoire, ce qu'on appelle l'origine des troubles de Bretagne, & fait voir par une foule de ses lettres écartées, que bien loin d'avoir contribué à les faire naître & les fomenter, il a fait tout ce qu'il a pu, au contraire, pour les prévenir & les arrêter, monsieur de la Chalotais passe à la seconde partie.

Elle contient l'examen de la procédure, & voici les chefs : 1°. Accusation & procédure sans corps de délit : 2°. Accusation sans accusateur : 3°. Accusation & instruction sans juges compétents : 4°. Poursuite militaire sous ombre de justice, où d'un bout à l'autre l'accusateur & le délateur ont été juges & parties, ordonnateurs & disposant de la personne des accusés : 5°. Accusations vagues, changements de tribunaux & de juges, de parties publiques au gré des accusateurs & des délateurs, procédure variant à volonté : 6°. Procédure qui déroge aux loix, & qui en fait de nouvelles, qui confond la nature des délits & la qualité des preuves : 7°. Accusation jugée sans que les accusés aient pu produire leurs faits justificatifs, pendant qu'ils étoient dépouillés de leurs pieces, & sans qu'ils aient été entendus : jugement qui ne juge point.

La troisieme embrasse les chefs d'accusation : 1°. Complot fait avec monsieur de Kerguesac : 2°. Des billets anonymes : 3°. Manque de respect aux ministres & même au roi : 4°. Projet de porter le trouble dans le ministere : 5°. Vexations & abus de pouvoir ; huit faits relatifs à cette accusation.

Tel est le plan de cet écrit, qui fait frémir, & indigne tout lecteur, de voir tant d'atrocités calomnieuses, impunies; d'en voir, au contraire, les auteurs récompensés, constitués en dignités.

26 *Juillet* 1777. La querelle de Me. Linguet avec son ordre, qui a eu des suites si funestes & causé un si grand scandale, a fait sentir au parlement la nécessité de profiter de la premiere occasion pour fixer invariablement, & consacrer, par un arrêt, les maximes de la discipline des avocats. Elles se réduisent à quatre, établies dans celui rendu à l'occasion de l'avocat de Troyes expulsé, dont on a rendu compte: 1°. Les colleges d'avocats exerçant près les présidiaux, ont le droit de rayer de leur Tableau un confrere qui se seroit rendu indigne de son ministere: 2°. La radiation doit être arrêtée par délibération non écrite, mais verbale, parce que les avocats ne sont point officiers, & ne sont point corps ni communauté: 3°. Les bailliages royaux, même ceux ressortissant nuement en la cour, sont incompétents pour connoître & juger si la radiation est bien ou mal fondée: 4°. Les colleges ne peuvent être parties sur l'appel en la cour, que l'avocat rayé interjetteroit de leur jugement, mais seulement le procureur-général, protecteur né de l'ordre des avocats, & leur défenseur en matiere de discipline.

26 *Juillet*. Extrait d'une lettre de Ferney, du 20 juillet.... Monsieur de Voltaire est dans un chagrin d'autant plus sensible, que son amour-propre est blessé au vif. Il avoit fait les plus superbes préparatifs dans l'espoir que

le comte de Falkenstein viendroit le visiter; il avoit rassemblé autour de lui, tous ses amis des environs, pour grossir sa cour; il avoit composé des vers que devoit débiter à l'illustre étranger, mademoiselle de Varicour. Tous ces soins ont été inutiles. Le prince n'a pas daigné le voir, ni son château, ni son village; il n'a demandé aucune de ses nouvelles; il s'est cependant arrêté à Geneve; & par une affectation encore plus cruelle est allé à Versoy, & a parcouru en détail & avec attention ce lieu, non moins affligeant pour le seigneur de Ferney. Vous savez que monsieur de Choiseul, avoit entrepris de le former en ville, & d'y creuser un bassin. Depuis sa disgrace les travaux avoient été suspendus; mais comme il coûtoit beaucoup en frais de l'administration qu'on avoit commencé d'y établir, & qu'on avoit calculé qu'avec cet argent on auroit fini le projet, on avoit recommencé: il en a résulté déja des émigrations, & Ferney se seroit dépeuplé si cela avoit duré. Le canton de Berne a heureusement fait des représentations contre ce port, qui lui seroit très-nuisible. On assure que l'on va de nouveau abandonner les ouvrages, & que monsieur de Vergennes l'a promis au canton réclamant. Ceci calme un peu les tourments du patron; mais l'empereur brûler son hermitage avec un mépris aussi marqué! il ne peut digérer cet affront.

27 *Juillet* 1777. Feu M. le prince de Conti, quoique bel homme & digne à tous égards que sa ressemblance fût conservée, n'avoit jamais voulu être tiré de son vivant. On le

voit cependant à l'Isle-Adam dans un déjeûné historié, figurant entre les princes, princesses & illustres convives, mais représenté par le dos seulement. Un chevalier de Lorge, déja connu par un portrait de la reine, a entrepris de peindre ce prince dans son lit de parade, le dernier instant où il ait été possible de saisir sa figure. En ayant eu l'agrément du comte de la Marche, il l'a esquissé dans le temps; il est occupé actuellement à terminer ce tableau historique. Quelques connoisseurs qui l'ont vu, en disent déja beaucoup de bien.

28 *Juillet* 1777. Depuis long-temps les auteurs dramatiques se plaignent des comédiens, & de ce qu'arbitrairement, par des arrangements qui n'ont aucune légalité, les histrions, d'intelligence avec les gentilshommes de la chambre, ont fait des réglements tout-à-fait injustes, & diminuant de beaucoup les honoraires de leurs pieces. On a vu le peu de succès qu'avoient eu leurs plaintes; & vraisemblablement cela seroit resté encore long-temps ainsi, au moyen des évocations que le conseil faisoit de tous ces procès commencés, sur lesquels il ne statuoit rien. Par bonheur le sieur Beaumarchais ayant eu une pareille discussion, les comédiens & leurs puissants protecteurs, ont redouté les sarcasmes d'un pareil adversaire. Il s'agit d'accommoder la chose, & le maréchal duc de Duras a proposé d'examiner dans un comité d'auteurs dramatiques, ce qu'il y auroit à faire pour terminer les débats. Il est composé de deux académiciens, messieurs Saurin & Marmontel, & de deux pro-

fanes, messieurs Sedaine & Beaumarchais: le gentilhomme de la chambre est président; & ces messieurs s'assemblent chez lui à cet effet. On attend avec impatience le résultat du comité, qui sans doute le fera enrégistrer au parlement pour que le nouveau réglement ait force de loi.

18 *Juillet* 1777. Les *Mémoires Secrets*, &c embrassent un espace de quatorze ans, contiennent dix à douze mille notices; fécondité dont il n'y a point d'exemple dans aucun ouvrage périodique. Il en est quelques-unes peu intéressantes en elles-mêmes, mais utiles pour conserver l'ordre chronologique des dates & des époques, si essentiel dans toutes les parties historiques. Outre les notices, il y a une foule d'anecdotes & de petites pieces en prose & en vers non imprimées jusques-là, qui font rechercher ce recueil des amateurs. Il est d'ailleurs commode pour les gens qui ne lisent que par amusement, ou sont bien aises de trouver le matin quelque chose à retenir & à citer le soir: ils s'ornent ainsi l'esprit en peu de temps, & à peu de frais.

29 *Juillet* 1777. *Mesdames*, par différentes circonstances, n'ayant pu voir Chantilly depuis les embellissements extraordinaires qu'y a faits le prince de Condé, avoient promis à son altesse de s'arrêter en ce beau lieu, en allant à Compiegne. Quoique le voyage ait manqué, elles ont tenu parole & y ont couché le 26. Il y a eu depuis lors des fêtes qui doivent durer trois jours; c'est-à-dire, pendant tout le temps que les princesses y resteront. Il n'en faut pas moins pour parcourir à l'aise les cu-

riosités de ce palais de féerie. Elles consistent entre autres choses, dans des surprises qui caractérisent bien cet art, imaginé par des génies romanciers. Elles se trouvent aujourd'hui réalisées dans la plus exacte vérité.

30 *Juillet* 1777. Mademoiselle Arnoux, se nommant *Anne*, a célébré dernièrement, suivant l'usage antique, sa fête avec beaucoup de courtisannes, d'amateurs & de gens d'esprit. On se doute bien que la sainte Patrone a été la moins fêtée; il n'en est pas même fait mention dans les couplets composés & chantés à cette occasion, où l'héroïne n'est désignée que sous le nom de *Sophie*, qui est celui qu'elle aime comme plus noble. Voici ces couplets assez agréables, qu'on croit de monsieur André de Murville.

AIR : *Qui par fortune trouvera Nymphe dans la prairie.*

Amis célébrons à l'envi
La fête de *Sophie*,
Que chacun de nous réuni
La chante comme amie;
Nous ne pouvons lui présenter
De fleur plus naturelle,
Qu'en nous accordant pour chanter,
C'est toujours, toujours elle.

Si quelqu'un parle d'un bon cœur,
On cite alors *Sophie*;
Si l'on décerne un prix flatteur,
Elle est encor choisie;

Si quelqu'un trouve à l'opéra
Grace & voix naturelle,
Cet éloge désignera :
C'est toujours, toujours elle.

En vain l'envie aux triples dents
Voulut blesser *Sophie*,
Elle répand que ses talents
Semblent rose flétrie ;
Mais elle parut dans *Castor*
Si touchante & si belle,
Que chacun s'écria d'accord :
C'est toujours, toujours elle.

Le temps cruel qui détruit tout
Respectera *Sophie*,
Par son pouvoir le dieu du goût
Prolongera sa vie ;
Le charme de ses doux accents
Nous la rendra nouvelle,
On répétera dans vingt ans :
C'est toujours, toujours elle.

31 *Juillet* 1777. Le colisée, pour attirer le public chez lui, avoit imaginé l'année derniere une exposition de tableaux dans un sallon consacré à cet effet ; & afin d'exciter les artistes à le garnir, il avoit arrêté de donner des prix à ceux qui excelleroient par leurs ouvrages. On y vit de bons morceaux, & même dans le genre de l'histoire, entr'autres deux des sieurs Bardin & Séné, anciens pensionnaires du roi à Rome, exécutés pour l'abbaye d'An-

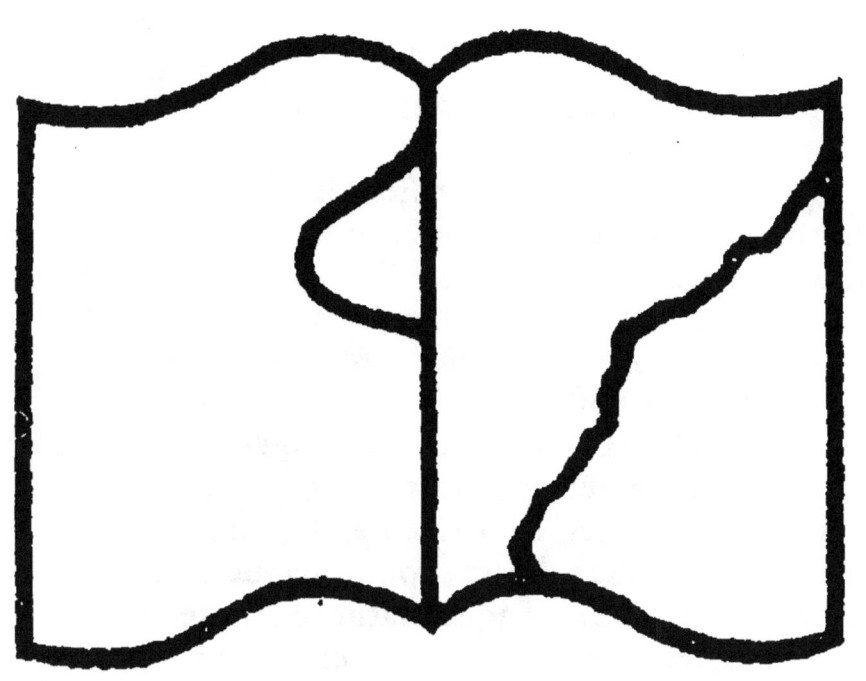

Texte détérioré

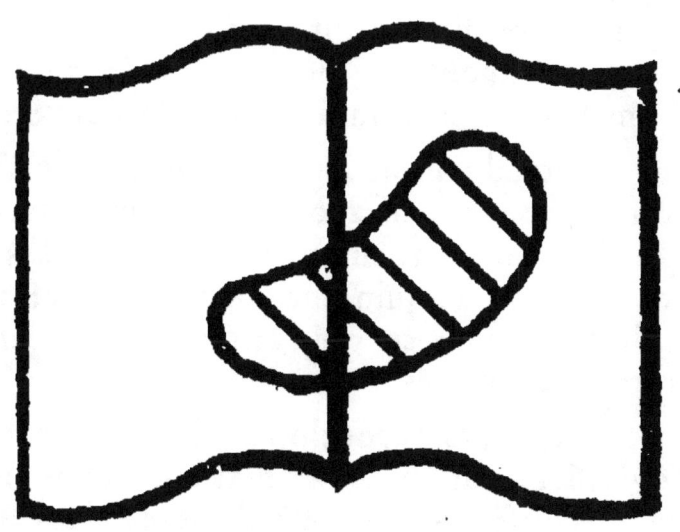

Illisibilité partielle

chin, qui méritèrent l'attention des connoisseurs.

Quant aux prix, les artistes desirerent qu'ils fussent convertis dans la commande de plusieurs tableaux & statues. En conséquence le colisée détermina que les sujets proposés seroient tirés de l'histoire de France, & qu'on consacreroit ainsi à la postérité les héros de la nation par des tableaux, des statues, & qu'on en multiplieroit la représentation par les gravures des plus habiles artistes en ce genre. Les honoraires furent fixés à 2800 livres pour chaque tableau, à 800 livres pour chaque statue en terre cuite de la hauteur de 30 pouces, & à 3000 livres pour chaque planche gravée.

On avoit répandu de bonne heure un avis aux artistes, amateurs, académiciens ou non académiciens, regnicoles ou étrangers, desirant exposer au sallon des arts du colisée en 1777, leurs ouvrages en peinture, sculpture, gravure, modeles d'architecture, méchanique, les envoyer en ce lieu avant le 15 avril maniere que l'exposition fût faite & le catalogue imprimé au premier mai, jour de l'ouverture.

On a attendu jusqu'ici avec impatience l'exécution de ce plan assez bien imaginé ; mais on sait aujourd'hui que monsieur le comte d'Angiviller a mis le 10 juin une opposition à la formation de ce sallon ; ce qui arrête tout & est la matiere d'un procès.

2 *Août* 1777. L'opposition de monsieur le comte d'Angiviller qui fait la matiere d'un procès entre le colisée & lui, est d'autant plus extraordinaire, que l'on ne lui connoît aucun droit

pour l'avoir formée, & pour arrêter ainsi un projet utile aux arts & aux artistes; car, non-seulement il s'agissoit d'une exposition de tableaux, sculptures & gravures, mais encore d'y former un cabinet d'histoire naturelle, un sallon de costume ancien, moderne & actuel, destiné à fournir des secours aux éleves, de faire même la dépense des modeles qui leur sont nécessaires pour les aider dans le genre de l'histoire fort dispendieux.

3 *Août* 1777. La franc-maçonnerie étant plus en honneur que jamais dans cette capitale, les loges ont chargé le chevalier de Berainville, connu par son génie tourné à l'allégorie, d'en faire graver une relativement à l'aventure des freres de Naples, & à l'heureuse issue qu'elle a eue. Ce morceau doit être dédié à monsieur le duc de Chartres, qui est actuellement à la tête de l'ordre en France.

4 *Août* 1777. La faculté de théologie, continue à s'occuper de la censure du poëme des Incas.

Tandis que cette faculté cherche ainsi à guérir nos maux moraux, celle de médecine travaille à remédier à nos maux physiques, à étendre & améliorer ses connoissances. Son décret du 8 mars dernier, rendu à cet effet, s'est exécuté pour la premiere fois vendredi dernier au *prima mensis* d'août. On a nommé un comité subsistant, composé de douze docteurs, d'un censeur, d'un secretaire & de quatre commissaires. Ses fonctions seront de discuter ce qui aura été dit, cité, rapporté à l'assemblée générale relativement à la séance, aux faits, aux remedes, aux expériences, aux découvertes dont il aura été question. Tous les docteurs membres nés de cette assemblée, ont été invités de concourir à ce projet louable, & une lettre adressée aux diverses facultés du royaume, & à celles des pays étrangers, les engage à seconder de leurs lumieres celle de Paris.

4 *Août* 1777. Le bâtard de feu Boissy cherche à marcher sur les traces de son illustre pere, sans espoir cependant de parvenir jamais à la même réputation. Il en a une, sinon plus durable, au moins plus sûre pour aller au bonheur; il passe pour un des premiers étalons de France. Ce renom le fait rechercher des femmes, & donne un grand relief à ses opuscules poétiques, peu de chose en eux-mêmes. C'est ainsi qu'on vante beaucoup un opéra-comique esquissé, composé, répété & représenté en huit jours, au dire de l'auteur. Il a pour titre *le double déguisement*, ou *les vendanges de Puteaux*, lieu où il a été exécuté le 3 novembre 1776. La dédicace à Colette est ce qu'il y a de mieux.

A Colette.

J'écris comme tu plais, Colette,
Sans art & sans prétention,
Je suis toujours content de ma musette,
Lorsque ta douce voix répete
Et mes plaisirs & ma chanson.
Sois encore mon interprete :
Qu'en voyant ton joli nom
Gravé comme sur ta houlette,
La critique reste muette,

On dife, avec toi, ma chanfon,
» *Il écrivit pour fa Colette,*
» *Le plaifir fut fon Apollon.*

Nota. Monfieur Laus de Boiffy n'eft point bâtard du poëte de ce nom ; il eft fils d'un riche artifan ; il eft lieutenant particulier de la connétablie & maréchauffée de France. Comme il a la métromanie, dans fes fociétés ou l'a appellé en plaifantant *le bâtard de Boiffy*, & cette plaifanterie a pris confiftance dans le monde, où il cherche à figurer & fe fait appeller *de Laus de Boiffy*, tandis que fon vrai nom eft *Laus* tout court.

5 Août 1777. On fait aujourd'hui que la miffion du fieur Jardin, architecte, envoyé en Angleterre par monfieur d'Angiviller, eft de fe mettre au fait du fecret dont on a appris l'expérience par les papiers publics. Son objet eft de préferver les bâtiments du feu, même ceux de bois ; ce qui feroit fort utile pour nos vaiffeaux.

6 Août 1777. La ville de Bordeaux eft en combuftion à l'occafion d'un impôt mis fur le fel, ce qui eft directement contraire à fes privileges. Le parlement a eu la foibleffe de le paffer, mais la cour des aides s'y eft oppofée, d'autant plus que le motif de cette furcharge eft uniquement de contribuer à la conftruction d'une fuperbe falle de comédie. La différence de cette conduite des deux cours a donné lieu à une chanfon affez plaifante, où l'on fuppofe que les femmes de meffieurs du parlement invoquent le fecours des autres.

CHANSON.

Sur l'air : *Les Bourgeois de Chartres.*

    Aimable cour des aides,
    Nos fideles amis,
    Venez, de grace, à l'aide
    De nos foibles maris :
    Ces pauvres magistrats,
    Comme à leur ordinaire,
Remplissent mal, à notre avis,
Soit au palais, soit au logis,
    Leur petit ministere.

    Vous auriez cru plus de force
    A nos fiers exilés ;
    De cette belle écorce
    Les voilà dépouillés.
    Au palais comme ailleurs,
    Malgré toute leur gloire,
Les exilés sont aussi mous,
Peut-être plus que les Maupeous ;
    Vous pouvez nous en croire.

    Quand le sel assaisonne
    Les mets & les ragoûts,
    La saveur qu'il leur donne
    Flatte plus notre goût :
    Mais redoutant le feu
    D'un piquant badinage,
Ils ont jugé fort à propos

Dans leurs arrêts, comme des sots,
D'en proscrire l'usage.

Sur une autre denrée,
S'ils osoient établir
Un plus gros droit d'entrée,
Qu'ils auroient de plaisir !
Mais ils n'auront jamais
De puissance assez forte ;
Nos chers amis, rassurez-vous,
Vous entrerez toujours chez nous,
Sans payer à la porte.

7 Août 1777. La contestation élevée par l'abbé Martin & ses adhérents à l'occasion du livre des *Trois siecles*, dont le défunt s'étoit depuis quelque temps déclaré l'auteur, n'a encore été que sourde. Depuis la mort du premier, l'abbé Sabbathier se propose de faire une nouvelle édition de l'ouvrage en question à Toulouse, & sans doute de s'en assurer ainsi encore mieux la propriété exclusive : mais les amis du vicaire semblent disposés à ne plus rien ménager, & à établir ses droits devant le public. Monsieur l'archevêque de Paris perd aussi en lui un confident littéraire qu'il avoit choisi pour la confection de ses mandements. On doit donner quelques opuscules posthumes de cet abbé, qui serviront d'échantillon de comparaison, & pourront faire juger s'il étoit en état de composer les trois siecles pour la partie du style, de la critique & du goût.

7 Août. Depuis long-temps on cherche

les moyens de détruire la mendicité, & l'on ne peut y parvenir. On renouvelle d'une année à l'autre les déclarations, ordonnances & réglements rendus contre eux ; mais, ou ils les éludent, ou ceux-ci tombent bientôt en désuétude. Enfin, il paroît une ordonnance où l'on semble vouloir sérieusement purger la capitale de ces fainéants, dont la tolérance devient la source de beaucoup de crimes.

7 Août 1777. Monsieur le marquis du Muy, frere du maréchal, est mort ces jours derniers. Il étoit très-riche ; du reste, il n'avoit pas une moins bonne réputation que son frere, & l'on sait que sous le feu roi on appelloit cette famille *les honnêtes gens de la cour*.

8 Août 1777. Monsieur de Trudaine est mort subitement, il y a quelques jours. Il est regretté : c'étoit un homme bienfaisant ; & quoique par la suppression des intendants des finances il se trouvât inutile au bien public, on se flattoit que cela n'auroit pas duré, & qu'on auroit eu recours à lui de nouveau. Il n'avoit cependant pas autant de réputation que son pere, comme administrateur, mais il se livroit particuliérement à la théorie. Il avoit donné à corps perdu dans la science des économistes. C'étoit sous le ministere de M. Turgot, un de ses bras droits. Il étoit honoraire de l'académie des sciences, & fort attaché à cette compagnie.

8 Août. La reine, non moins jalouse de dissiper le roi que le reste de la famille royale, & ne pouvant le faire aller aussi

facilement, & l'attacher aux fonctions du trône, a imaginé de lui donner des spectacles dans l'intérieur, où sa majesté ne pût se dispenser d'assister. C'est à cet effet qu'elle fait préparer à Trianon des fêtes, dont la délicatesse du local ne permet nécessairement pas de faire part au public.

9 *Août* 1777. Le sieur *la Bottiere*, libraire de *Bordeaux*, venu ici en vertu d'un ordre du roi, pour avoir imprimé les remontrances de la cour des aides de cette ville, en a été quitte pour les frais de son voyage & pour une sévere réprimande du garde-des-sceaux. Cet écrit, par lui ou par d'autres, a percé dans la capitale, & les amateurs le recherchant comme un monument rare de zele patriotique, dans ce temps où toutes les cours sont dans l'asservissement.

Les remontrances en question ont eu lieu à l'occasion de lettres-patentes obtenues par les jurats de Bordeaux, le 25 novembre dernier, comprenant la prorogation de plusieurs droits anciens & l'établissement de plusieurs nouveaux. Les premiers ont été enrégistrés promptement : les seconds ont été modifiés par l'enrégistrement. Celui-ci a été cassé par un arrêt du conseil, & un huissier en a fait à cette cour une signification insolite. Toute cette forme abusive a provoqué de premieres représentations plus courtes, en date du 29 mars 1777, & bientôt il en a été fait d'autres sur le fond en date du 5 avril. Rien de plus sage, de mieux raisonné & de plus lumineux que ces deux morceaux, écrits dans le style tempéré proportionné à la chose.

9 *Août* 1777. Monsieur de Voltaire sentant bien le mauvais effet que pourroit faire dans le public l'indifférence de l'empereur à son égard, a cherché à le diminuer par la lettre ci-jointe, écrite à un ami pour qu'elle soit un peu répandue.

Extrait d'une lettre de Ferney, du 23 juillet...... « Le vieux malade n'a pu aler au devant de l'empereur à son passage, & la familiarité républicaine de quelques Genevois, habitants de Ferney, n'a pas disposé sa majesté à faire les avances. Deux seigneurs ouvriers en horlogerie s'aviserent de se faire députer de la colonie, & allerent arrêter le carrosse du prince. L'un d'eux monta sur le marche pied qui tient au brancard, & demanda si le comte de Falkenstein n'étoit pas-là? d'où il venoit & où il alloit ? L'empereur, un peu étonné, lui répondit qu'on ne lui avoit jamais fait de pareilles questions en France. Cet excès d'impertinence le dégoûta de Ferney & avec beaucoup de raison. »

10 *Août* 1777. Un anonyme, pour faire sa cour, sans doute, au ministere de France, propose par souscription des *Analectes politiques, civiles & littéraires*, ouvrage périodique, pour servir de supplément aux annales de monsieur Linguet, avec cette épigraphe: *Tu cave defendas, quamvis mordebere dictis.* Ce supplément, ainsi qu'on le conjecture aisément, est un prétendu contre-poison, imaginé pour guérir des morsures du journaliste. On se propose en conséquence de le

suivre à la piste, & d'appliquer le remede l'instant d'après qu'il aura fait la plaie. Le premier numéro paroîtra le 16 août à Bruxelles. La recherche du vrai, du juste & de l'honnête est le but de l'écrivain, & il invite tous ceux qui auront le dessein d'y concourir de lui faire part de leurs idées.

11 *Août* 1777. Monsieur le grand-aumônier a été à l'agonie la semaine derniere, & ceux qui desirent avec empressement ses dépouilles, se flattoient déja qu'elles ne pourroient plus leur échapper; mais il en a rappellé encore. En attendant qu'ils se réjouissent de l'événement de sa mort, qui n'affligera que ses neveux, on rit des coqs-à-l'âne de ce vieillard en enfance. On a dit que sa manie étoit toujours d'aller à Versailles. Ces jours-ci il a fait monter son cocher, & lui a dit qu'il vouloit partir sur le champ. Celui-ci s'est excusé, & a, entr'autres raisons, prétendu qu'il falloit raccommoder son siege, qu'il étoit trop dur. « Oh bien, a repliqué » son éminence, je vais t'en donner un plus » doux dans celui de Sarlat; je te fais évê-» que de cette ville. » Depuis ce temps il l'appelle *Monseigneur*, & il faut que ses gens le qualifient tel devant lui.

11 *Août*. Pour mieux consommer la révolution de la musique en France & expulser sans retour la nationale, un sieur Bianchi, compositeur Italien, a ouvert un *conservatoire* semblable à ceux de Naples, propre aux progrès de l'art & à l'avancement des jeunes éleves. Il doit y enseigner tous les secrets du méchanisme vocal de ses compatriotes, c'est-à-

dire, la méthode de vocaliser sur toutes les voyelles, de prendre la respiration en mesurant son haleine à la musique & aux paroles, d'augmenter & diminuer insensiblement les sons sans altérer l'intonation. Enfin, il familiarisera ses disciples avec l'accompagnement, de façon qu'ils ne manquent ni la mesure, ni l'à-plomb, & qu'ils acquierent l'assurance que donne l'habitude & la nécessité de chanter ensemble.

En outre, il s'est établi un bureau où l'on se propose de faire venir toutes les ariettes des grands maîtres d'Italie les plus estimés, à mesure qu'elles paroîtront.

12 *Août* 1777. Dans ses premieres remontrances la cour des aides de Bordeaux se défend contre les assertions avancées dans le préambule de l'arrêt du conseil du 12 mars, où l'on fait entendre que son enrégistrement tendroit à diminuer considérablement les avantages que le roi a voulu faire à la ville de Bordeaux pour le rétablissement de ses finances, à intervertir les arrangements que sa majesté a pris pour y parvenir, à laisser subsister des moyens de fraude qu'elle a eu intention de supprimer, enfin à entretenir des conflits de jurisdiction.

Son objet dans les secondes est de justifier les modifications qu'elle a cru devoir apposer aux lettres-patentes du 25 novembre 1776, obreptices en partie, quoiqu'enrégistrées au parlement de Bordeaux le 17 janvier suivant.

Lesdites modifications portant sur trois sortes d'objets: 1. Sur l'administration municipale que la cour des aides ramene à ſes regles eſſentielles : 2. Sur la forme des baux qu'elle ſouſtrait à des conditions onéreuſes & abuſives : 3. Sur les droits d'octrois qu'elle reſtreint dans leurs légitimes bornes.

Deux principaux articles frappent dans ces remontrances ; ſavoir, un atteinte directe portée aux loix publiques de la municipalité de Bordeaux, ſuivant leſquelles les jurats ne peuvent traiter les affaires importantes que dans une aſſemblée compoſée des cours ſouveraines, de ceux du clergé, des tréſoriers de France, des ſecretaires du roi, des anciens & principaux avocats & négociants ; ce qu'on appelle l'aſſemblée de cent trente : enſuite un octroi ſur le ſel conſommé dans cette capitale, infraction manifeſte à ſon privilege, qui rend le commerce du ſel libre dans ſon intérieur.

Le réſultat eſt de démontrer invinciblement qu'on ne ſauroit renverſer l'enrégiſtrement de la cour des aides, ſans détruire en même-temps des immunités précieuſes aux Bordelois, ſans les alarmer ſur leurs ſubſiſtances, ſans ſoumettre des branches de commerce, ou néceſſaires, ou privilégiées, à d'injuſtes exactions, ſans violer les regles eſſentielles de l'adminiſtration municipale.

12 *Août 1777.* Non content de ſon triomphe à la comédie Italienne dans la piece des *trois Fermiers*, le ſieur Monvel en brigue un ſur un plus beau théatre. On annonce de lui pour demain aux François *l'Amant bourru*, comédie en trois actes & en vers. Le ſujet eſt tiré d'un roman de madame Riccoboni, qui

a paru il y a quelque temps, appellé *la marquise de Sancerre*.

12 *Août* 1777. Il paroît que cette fois-ci l'académie Françoise s'est piquée de faire preuve d'impartialité, en accordant le prix d'éloquence. C'est un certain abbé Remi qui doit l'avoir, & l'on ne lui connoît aucune intrigue, aucune liaison avec aucun parti. C'est un homme simple & incapable d'avoir manœuvré ou opéré quelque séduction en sa faveur. Il faut se rappeller que le sujet étoit *l'éloge du chancelier de l'Hôpital*. Cet abbé Remi est d'une loge de Francsmaçons, intitulée: *les neuf Sœurs*, où il y a beaucoup de gens de lettres. Monsieur de la Lande est le vénérable, &, dans une derniere fête, depuis que la nouvelle de la gloire de ce candidat est certaine, ce savant l'a couronné d'avance de lauriers en présence des freres, qui ont applaudi à son triomphe. On assure que son discours est d'une si grande beauté, que dès qu'il fut lu les juges déterminerent qu'il méritoit la victoire, & crurent qu'il ne s'en trouveroit pas un second de la même force.

15 *Août* 1777. L'*Amant bourru* a eu le plus grand succès. C'est un caractere tout-à-fait hors de vraissemblance, mais au moins bien soutenu dans son absurdité. C'est le seul saillant, & quelquefois assez gai aux yeux du spectateur. Le sieur Molé, qui l'a rendu, y a mis un jeu supérieur & l'a fait valoir infiniment. L'auteur, le sieur Monvel, y a figuré, & l'accueil favorable du public l'a tiré de l'embarras où il devoit être naturellement. La

reine, présente à ce spectacle, a singuliérement applaudi. A la fin de la piece, elle a eu la bonté d'attendre que Monvel parût pour recevoir les acclamations du parterre qui le demandoit, & elle a témoigné sa satisfaction personnelle. On a demandé ensuite Molé ; & dans un enthousiasme de joie & de reconnoissance qui fait tout passer, on n'a point trouvé mauvais qu'il ait publiquement embrassé son camarade avec lequel il étoit brouillé. Mais celui-ci ayant rendu l'accolade à l'autre acteur qui étoit venu le chercher, on a jugé cela trop familier. Ces incidents ont eu lieu sous les yeux de sa majesté, qui a voulu voir finir ce délire général.

16 *Août* 1777. Le morceau le plus curieux des remontrances de la cour des aides de Bordeaux est celui où, relevant l'objet de la destination du nouvel impôt sur le sel, elle dit au roi : « Votre majesté sait qu'on éleve à Bordeaux un théatre aux frais de la ville, mais elle ignore peut-être, & nous devons le lui dire, que l'énorme dépense qu'il occasione, effraie ses habitants : édifice d'un luxe scandaleux, & certainement disproportionné à l'étendue de la ville & aux facultés de ceux qui l'habitent ; c'est-là qu'iront s'engloutir des *millions* ; c'est-là, on ne nous désavouera pas ; c'est-là *la principale cause de l'épuisement des revenus de la ville de Bordeaux* : & c'est-là que l'on eût versé une imposition prise sur la subsistance du pauvre ! Et pourquoi, si les fonds communs sont épuisés, recourir à des impôts destructifs ? Pourquoi ne pas remonter à la cause même du mal, suspendre pour quelque temps

cette entreprise dévorante, mettre au moins plus de lenteur dans les travaux de sa construction ? »

Cette entreprise doit être d'autant plus désagréable aux magistrats, qu'elle a été formée du temps du maréchal duc de Richelieu, & qu'elle a occasioné dès le principe des querelles avec le parlement.

16 *Août* 1777. Le concert spirituel, exécuté hier, a été très-brillant. La signora Balconi, qu'on avoit déja admirée cet hiver, a soutenu la réputation qu'elle s'étoit faite par un art infini dans son chant. Sa voix, sans être prodigieusement étendue, est d'une très-belle qualité de son. Mais le signor Savoy, premier acteur de l'opéra de Londres, qu'on ne connoissoit point à Paris, a fait encore plus de plaisir. Il a chanté deux fois : d'abord une ariette de Sacchini, *e cerca, se dice*, & ensuite un rondeau du signor Alessandri, & chaque fois on a répété *bis* avec des acclamations si unanimes qu'il a été obligé de se rendre aux vœux du public. Ce Castrato, outre la voix la plus parfaite, a beaucoup d'ame & d'expression. Dans son ariette, qu'on dit tirée de l'*Olympiade*, il y a de ces cris qu'on trouve dans *Alceste*, & qui ont produit tant d'effet à l'opéra ; il les a poussés avec une énergie qui a percé tous les cœurs.

Une demoiselle Deschamps, jeune personne d'environ quinze ans, éleve du sieur Capron, a exécuté un concerto de violon, de maniere à étonner les plus habiles virtuoses. Son jeu n'est pas fini, mais elle surmonte les plus grandes difficultés. Ce spectacle croissant de merveille en merveille fait de plus en plus honneur au sieur le Gros, directeur actuel.

17 *Août* 1777. Depuis que le signor Savoy a émerveillé tous ses auditeurs vendredi dernier, on ne s'entretient que de lui. Les François qui ont voyagé, se rappellent l'avoir vu à Rome, & racontent à cette occasion, une anecdote qui l'a fait connoître presque autant que son organe admirable. Ce castrate, assez bien de figure, avoit, suivant l'usage fréquent en Italie, enchanté une femme de la plus haute qualité, qui s'en servoit pour ses plaisirs secrets. L'amour-propre du chanteur, l'engagea non-seulement à révéler son bonheur, mais à en montrer des témoins muets qu'il portoit dans une tabatiere. Plus orgueilleux qu'un argonaute revenu de la conquête de la toison d'or, il étala si souvent cette superbe dépouille, que la dame fut instruite de sa perfide indiscrétion ; elle s'en plaignit au cardinal Préfet, & le castrate eut ordre de sortir de Rome.

18 *Août* 1777. *Le Courier de l'Europe* a manqué l'ordinaire dernier, ce qui inquiette ses souscripteurs & partisans. L'abondance des matieres qu'on y traite lui procure nécessairement beaucoup plus de lecteurs qu'aux autres gazettes, d'autant que l'on s'y permet de fréquents écarts, & une liberté infiniment plus grande qu'ailleurs ; mais aussi, il en résulte une frayeur continuelle de le voir supprimer. Déja plusieurs numéros ont été arrêtés, & malgré l'excessive indulgence du ministere à son égard, sans doute à raison de sa nature angloise, qui suppose une indépendance parti-

culiere, il est difficile que l'humeur ne s'en mêle pas à la fin, & qu'on ne proscrive irrévocablement cette feuille au fond peu rare, fort bavarde, & ayant tous les défauts du terroir. Les différents partis de ce pays-ci dans tous les genres seroient désolés de cet événement, qui les priveroit de ce réceptacle de leurs querelles & de leurs injures.

18 *Août* 1777. On commencera aujourd'hui à aller voir le cabinet d'histoire naturelle de feu monsieur Geoffroy, apothicaire de l'académie royale des sciences, qui doit être mis en vente. On annonce sur-tout, trois clous de charette convertis, par la *transmutation*, en argent, l'un par la tête, l'autre par la pointe, & le troisieme en totalité. On prétend que la portion de fer restante est attirable à l'aimant, propriété qui cesse lorsqu'on promene la pierre sur le clou, & qu'elle parvient à la partie devenue argent.

On raconte que cette découverte a eu lieu dans le laboratoire de l'académicien, en sa présence & en celle de nombre de chymistes, tous en garde contre l'auteur du prodige. Ce qui rend l'anecdote plus frappante, c'est la facilité de l'opération qui, au rapport des témoins, se fit par la seule immersion des clous dans une liqueur dont étoit pourvu le physicien, & dont il ne donna point de connoissance. Voilà de quoi exercer le zele des investigateurs de la pierre philosophale, & faire allumer bien des fourneaux. Il est étonnant qu'un fait aussi curieux, n'ait pas occasioné plus de bruit dans le temps, & ne soit pas consigné dans les mémoires de l'académie des sciences. En sorte que les gens de l'art le révoquent fort en doute.

20 *Août* 1777. L'espece de bureau de législation dramatique établi depuis quelque temps, & qui intéresse beaucoup les gens de lettres, doit en effet son origine aux plaintes du sieur de Beaumarchais. Les comédiens craignant son persiflage & ses sarcasmes, ont eu recours aux gentilshommes de la chambre ; & le maréchal duc de Duras, qui est de service, ne redoutant pas moins le ridicule que cet écrivain distribue si bien & si libéralement, l'a exhorté à traiter de ses prétentions à l'amiable, à se concilier avec messieurs les auteurs ses confreres, auxquels on ne demandoit pas mieux que de rendre justice. Le sieur de Beaumarchais est parti de-là pour inviter les plus célebres au théatre entre ces derniers, à se rendre chez lui. Le plus grand nombre a eu la bassesse de le faire. Alors s'établissant comme le président de l'assemblée, après leur avoir rendu compte de son projet, il a demandé qu'on commençât par fixer ceux qu'on appelleroit aux assemblées, & il a été convenu que tous ceux jouissant de leurs entrées à la comédie Françoise seroient convoqués, sauf le sieur Palissot, rejeté d'une voix unanime, comme un membre gangrené.

Comme le nombre des membres de ce bureau est de 23 ou 24, on a formé un comité des quatre déja nommés, qui proposent aux assemblées-générales les points à traiter & à discuter. Le tout est précédé d'un dîner frugal & modeste, que leur donne le sieur de Beaumarchais. Ces messieurs se réunissent ensuite autour d'un tapis verd, & pérore qui veut. Ils s'accordent à convenir que l'*Amphitrion* est toujours celui parlant le mieux & le plus longuement, ne disant pas toujours de bonnes choses au fond, mais tour-à-tour séduisant par sa facilité & ses tournures, imposant par sa hardiesse & son impudence.

Il est question de deux choses, ou d'un nouveau réglement, ou de demander une seconde troupe. Le premier moyen est le plus long, le plus difficile & vraisemblablement le plus inutile. Certains auteurs s'imaginent que le second remédieroit à tout. Malheureusement le reste n'est pas d'accord, & les comédiens ont eu l'adresse de se former un parti entre les opinants, qui s'oppose formellement à l'institution de la troupe rivale. Monsieur Dudoyer, le meilleur parleur après le sieur de Beaumarchais, mais plus fort en raisonnements, est à la tête de la cabale, & a établi dimanche dernier un schisme dont on craint les suites.

21 *Août* 1777. Le ridicule de monsieur Laus de Boissy, qui semblant mépriser l'état d'homme de lettres & de poëte, affecte de dire & d'écrire qu'il est un homme du monde, ne prenant la plume que pour s'amuser, lui a valu l'épigramme suivante de monsieur Landrin de Rubel :

> Damis ne sera pas des nôtres,
> Il n'écrit que pour son plaisir ;
> Et lorsque l'on veut réussir,
> Il faut écrire un peu pour le plaisir des autres.

22 *Août* 1777. On trouve peu glorieuse pour

le maréchal de Biron la lettre même que M. le garde-des-sceaux lui a adressée en consolation du jugement des invalides cassé, quoique rendu sous sa présidence. Personne n'ignore que ce n'est jamais que sur la forme qu'on casse au conseil, mais qu'en même temps les juges devant s'astreindre aux formes, sont des prévaricateurs ou des ignorants s'ils ne les observent, sur-tout étant avertis comme l'ont été ceux dont il est question, par les requêtes & mémoires des accusés. Cette lettre est donc dérisoire ou ridiculement imaginée.

22 *Août* 1777. Monsieur le marquis de Montalembert, dont il a été si long-temps & si longuement question, cherche aujourd'hui à fixer l'attention du public d'une maniere plus louable. On vend un ouvrage en trois volumes, ayant pour titre: *Correspondance de monsieur le marquis de Montalembert, étant employé par le roi de France à l'armée Suédoise, avec monsieur le marquis d'Havrincourt, ambassadeur de France à la cour de Suede, monsieur le maréchal de Richelieu, les ministres du roi à Versailles, messieurs les généraux Suédois & autres, pendant les campagnes de* 1757, 58, 59, 60 & 61. On ne peut guere douter qu'il n'ait prêté les mains à cette impression. On ne sait pourquoi cependant ce livre ne se distribue que clandestinement à Paris. C'est un des plus mortellement ennuyeux qu'il soit possible de lire: rien de piquant, sauf une lettre du roi de Prusse au marquis d'Argens, où il s'explique fort librement sur notre ministere, mais dont il s'étoit répandu des copies dans le temps. Au reste, ces matériaux remplis de détails militaires & politiques, sont essentiels à

conserver pour écrire l'histoire, & ce n'est que dans de pareilles vues qu'on en peut soutenir l'aridité.

25 *Août* 1777. L'*Essai sur les Révolutions de la Musique de France*, est peut-être ce qu'on a écrit de plus raisonnable sur cette matiere. On sait que la brochure est de monsieur Marmontel, & il paroît qu'il regne entre ce poëte & monsieur Gluck, une antipathie qui s'y manifeste, & a sans doute donné lieu aux violents sarcasmes lancés contre la production du premier. Il prétend que le musicien, aujourd'hui l'idole de Paris, n'a eu aucun succès en Italie, que sa composition est tout-à-fait opposée au génie de la musique Italienne. Il lui reproche une présomption intolérable; il en cite en preuve différentes de ses lettres, où il regarde successivement chacun de ses opéra comme autant de chef-d'œuvres. On voit aussi qu'à son tour l'Allemand s'est égayé sur le compte de l'académicien, & lui en veut de prôner Piccini. Ces anecdotes sont assez curieuses, & ne font qu'ajouter du piquant à la dissertation, très-sage d'ailleurs & remplie d'excellentes vues.

26 *Août* 1777. Dimanche dernier les Italiens avoient mis sur leur affiche : *Par ordre*; ce qui annonçoit que la reine devoit venir à ce spectacle. Sa majesté se proposoit d'aller ensuite au château des Tuileries, entendre le concert qu'on y donnoit pour la fête du roi, suivant l'usage antique. Enfin elle comptoit faire un tour au colisée avant de retourner à Versailles. En conséquence elle avoit fait ex-

pédier les vêpres & autres actes religieux de bonne heure ; mais le roi ayant affecté de dire qu'il falloit être bien fou pour courir à Paris par le chaud qu'il faifoit, fon augufte compagne a regardé ce propos comme une infinuation pour elle de ne point faire cette partie de plaifir. Elle comptoit s'en dédommager le lendemain.

On a dit que la reine avoit arrêté avec les gens chargés de fes fêtes, d'en donner au roi au petit *Trianon*. Le jour d'une étoit pris pour le lendemain. Il étoit queftion des chofes les plus agréables, fur-tout de furprifes flatteufes pour le monarque ; malheureufement le roi en a eu vent ; il a fu que la dépenfe de cette fête montoit à 80,000 livres : il a trouvé cela trop cher, fur-tout dans un moment où par économie il fe privoit d'un voyage de Fontainebleau ; & pour couper court à des galanteries difpendieufes, lorfque fa majefté eft venue elle-même le folliciter de fe rendre au petit Trianon, il l'a refufée impitoyablement ; ce qui a fenfiblement affligé la reine. Le motif eft fi beau, fi extraordinaire dans un prince de cet âge, que la bouderie de fa majefté ne durera fûrement pas, & qu'elle profitera de la leçon pour mettre plus d'épargne dans fes plaifirs.

27 *Août* 1777. Quoique le difcours de monfieur l'abbé Remi, couronné le jour de la faint Louis, contînt déja des vérités très-fortes, des portraits fatiriques aifés à reconnoître, des réflexions fur le gouvernement d'une critique fort amere, & fur-tout des farcafmes peu religieux contre le clergé, on parle d'un

autre *éloge du chancelier de l'Hôpital*, beaucoup plus violant ; que l'auteur, exprès pour se ménager la liberté de tout dire, n'a point fait concourir ; qui s'est envoyé furtivement à différentes portes, & dont on ne peut avoir d'exemplaires par l'attention de la police à les retirer.

28 *Août* 1777. On prétend que l'*éloge du chancelier de l'Hôpital* qu'on a donné aux portes, & qui fait si grand bruit, est de monsieur de Guilbert. Il est certain qu'il ne doit s'attribuer qu'à un homme en état de faire ces sacrifices pécuniaires, & de braver les persécutions que lui peut occasioner son ouvrage.

28 *Août*. Par un arrêt du conseil du 17 août, sa majesté a établi une commission uniquement occupée à trouver les moyens d'améliorer les hôpitaux de Paris. Elle est composée de sept chefs de l'administration du temporel de l'hôtel-dieu, & en outre des sieurs d'Argouges & de Bernage, conseillers d'état; du sieur de la Miliere, maître des requêtes; des curés de Saint-Eustache, de Saint-Roch & de Sainte-Marguerite, du sieur de Lassonne, directeur de la société royale de médecine ; & des sieurs d'Outremont & de Saint-Amant, administrateurs de l'hôpital-général.

Le roi invite les citoyens animés de l'amour du bien, & qui se croiront quelques connoissances particulieres sur cette matiere, à les communiquer à la commission. Elle veut qu'on lui nomme les auteurs des projets qui auront été adoptés, ou qui auront présenté des idées nouvelles & intéressantes, & sans doute de les récompenser, suivant le rapport.

29 *Août* 1777. Monsieur de Lorge, prenant la qualité de peintre de la reine, ayant mis son tableau allégorique sur la mort de son altesse sérénissime monseigneur le prince de Conti en état d'être offert au public, commence à le faire voir dans son attelier aux célestins ; il annonce aussi d'autres ouvrages, & établit ainsi un autre sallon en opposition du grand.

30 *Août* 1777. Les comédiens Italiens doivent donner aujourd'hui la premiere représentation de *Gabrielle de Passy*, parodie de *Gabrielle de Vergy*, en deux actes & en prose, mêlée de vaudevilles. Cet ouvrage est de messieurs d'Usieux-Imbert, & de Clermont-Ferrand, & l'on doute qu'il ait beaucoup de succès. Le sujet est trop atroce pour pouvoir prêter à une plaisanterie heureuse.

31 *Août* 1777. Monsieur Allegrain, sculpteur de l'académie, n'ayant pu transporter au sallon une statue son ouvrage, la montre chez lui, & les curieux y courent en foule. C'est *Diane surprise au bain par Actéon*. Il seroit difficile de voir une figure mieux dessinée, d'un ciseau plus doux, plus moëlleux. Elle est prise dans le point où elle sort de l'eau, & dans son embarras, cherche à soustraire au profane tant de beautés. Mais tandis qu'elle les cache d'un côté, elle les découvre de l'autre. Son attitude est d'être un peu courbée, ce qui rapproche cette figure au-dessus de la stature de nos femmes, c'est-à-dire, de cinq pieds dix pouces de haut, des proportions ordinaires. Il y a un art infini dans les développements du corps. Quelques amateurs en

trouvent les membres trop forts pour son sexe; mais une *Diane* ne doit pas avoir la délicatesse du corps de Vénus. La tête n'est pas moins séduisante que le reste, & c'est le défaut qu'on reproche à l'auteur. On trouve que c'est un contre-sens dans le moment de l'action qu'il annonce, puisque l'expression, loin d'être celle d'une femme coquette jouant la surprise, dont elle n'est pas fâchée intérieurement, devroit être celle d'une déesse pudique, indignée de se voir en proie aux regards sacrileges d'un mortel.

1 *Septembre* 1777. Monsieur Necker, par une adresse bien propre à lui concilier les suffrages des bons citoyens, entremêle autant qu'il peut des vues & des actes de bienfaisance à ses projets économiques. On a remarqué comment il avoit affecté de s'intéresser à l'amélioration des hôpitaux, par l'arrêt du conseil du 17 août. Ce sont les prisons dont il s'occupe aujourd'hui. Sur les bénéfices qu'il compte faire en rectifiant l'administration des domaines; il veut que l'entretien de ces lieux publics, autrefois à leur charge, y retourne en partie, & il consacre déja une somme de 300,000 livres par an aux réparations, à l'entretien, & à la purification de ces demeures pestilentielles.

2 *Septembre* 1777. La *Gabrielle de Passy*, exécutée le samedi, avoit réussi quant au prémier acte, où il y a du sel & de la gaieté; les vaudevilles sur-tout avoient plu; mais le second acte n'avoit pas été aussi bien reçu, & le dénouement avoit paru plat, ignoble & dégoûtant. Les auteurs l'ont resserrée en

un acte, & prétendent que leur *Gabrielle de Passy* a été plus heureuse hier. En général, il n'y a rien d'assez merveilleux pour ramener le public au genre de la parodie, fort difficile lorsqu'on le veut porter au degré de perfection qu'il exige ; sans quoi il tient trop de la farce, & n'est bon qu'aux tretaux de la foire.

3 Septembre 1777. L'académie royale de peinture & de sculpture n'a point jugé à propos cette année de décerner de prix dans aucun de ces deux arts. Quant à celle d'architecture, dont le sujet étoit un château d'eau, le grand prix a été adjugé le premier de ce mois, d'une voix unanime, à monsieur Deseine, & le second à monsieur Gisors.

4 Septembre 1777. Les gens de lettres attendent avec impatience la lecture du *Panégyrique de saint Louis*, prononcé le 25 août dernier par monsieur l'abbé d'Espagnac, en présence de messieurs de l'académie Françoise. Une anecdote particuliere excite leur curiosité. On sait que monsieur l'archevêque de Paris l'envoya chercher la veille, le pria de lui lire son discours, sous prétexte de prévenir différents écarts où il auroit pu donner à l'exemple de plusieurs orateurs, qui, depuis quelque temps, sembloient s'être ligués pour avancer des paradoxes très-irréligieux en chaire, & rendre tout profane un discours destiné à l'édification publique. Le jeune homme docile présenta son cahier au prélat, qui le mutila étrangement. On prétend que la mémoire de monsieur l'abbé d'Espagnac ne s'étant pas trouvée d'accord avec les corrections, il l'a débité à peu près tel qu'il l'avoit composé. On veut voir si à l'impression il aura conservé les morceaux châtrés par monsieur l'archevêque.

Monsieur l'abbé d'Espagnac est celui qui a concouru, il y a deux ans, pour le prix de l'académie, en composant un éloge du maréchal de Catinat.

4 Septembre 1777. Les curieux vont admirer à Notre-Dame deux bénitiers de granite de France, qu'on y a posés le mois dernier. Ils sont d'un très-beau profil, composés d'une grande jatte plate, couleur de petit-gris, de trois pieds deux pouces de diametre, sur un fût de colonne verd avec sa base & socle quarrés, du même ton que les jattes. La dureté extraordinaire de cette matiere se manifeste par la beauté du poli, & la pureté de l'exécution, qui ont dû entraîner beaucoup de difficultés.

Ces ornemens précieux ont été donnés par le roi, à l'instigation de monsieur Bertin, qui a déterminé *Louis XVI* à continuer envers l'église de Paris les bienfaits dont Louis XV la combloit.

5 Septembre 1777. La coëffure du sexe est devenue une chose si importante, qu'il faut absolument multiplier les artistes qui concourent à bâtir ces galans édifices. En conséquence, par une déclaration donnée à Versailles le 18 août, & enrégistrée en parlement le 2 septembre, six cents coëffeurs de femmes sont agrégés à la communauté des maîtres barbiers perruquiers, mais toujours moyennant finance. Ils donneront 600 livres chacun. Il paroît qu'on laisse en outre subsister les coëffeuses pour le peuple & la bourgeoisie, les fonctions des premiers étant surtout destinées aux têtes illustres & brillantes.

5 Septembre 1777. Le Nazaréen, ou le Christianisme des Juifs, des Gentils & des Mahométans, traduit de l'Anglois de Jean Toland. Tel est le titre d'un ouvrage nouveau qui fait bruit parmi nos théologiens & nos esprits forts. On ne sait si c'est le signal d'une nouvelle inondation de brochures de cette espece, dont le cours s'étoit arrêté depuis quelques années. Celle-ci est fort obscure, fort savante & fort ennuyeuse.

5 septembre. Dans le tableau allégorique de monsieur de Lorge sur la mort du prince de Conti, il ne faut point chercher beaucoup d'invention : le prince est représenté sur son lit de parade : la France est à la gauche, qui gémit de la perte d'un tel soutien : une *Minerve* dans les airs le rassure, & un génie tenant d'une main un flambeau éteint & renversé, en présente un second plus brillant & plus durable. Il annonce par-là que son altesse sérénissime ne quitte sa dépouille mortelle que pour se revêtir de l'immortalité. Il faut convenir que cette composition n'est ni ingénieuse ni nouvelle. Du reste, la figure principale est bien & ressemblante, malgré le défaut de vie & l'état de dessèchement après une longue maladie de langueur. La *Minerve* n'a ni vigueur ni noblesse : la *France* est une très-belle femme : trop jeune : un garde ou serviteur du prince, au pied de son lit, abymé dans sa douleur, & se cachant le visage de ses deux mains, est la figure qui caractérise mieux le peintre. Elle est fiérement dessinée, mais forme un contresens, en ce que ce personnage, le moins intéressant, attire cependant le plus l'attention par son attitude & son désespoir. Du reste, un beau coloris, des étoffes riches, & un accessoire brillant sont les parties dominantes de l'ouvrage.

6 Septembre 1777. On voit dans l'attelier de monsieur de Lorge, outre le tableau allégorique *sur la mort du prince de Conti*, plusieurs tableaux de sa composition, qui annoncent & caractérisent son vrai genre. Ils représentent des animaux, des fruits, des fleurs. Il y en a surtout un d'instruments & de trophées militaires, qui est son chef-d'œuvre. On ne peut rien trouver de plus parfait pour la vérité de la ressemblance, la fidélité des détails, le brillant du coloris. On en conclut assez naturellement que son talent est de peindre la nature morte, & même des portraits, sans s'élever jusqu'à l'histoire.

6 Septembre. On étoit fort empressé de savoir quel étoit l'auteur des *Analectes*. On les a pendant quelques jours attribués à Me. de la Croix, qui s'en défend, & publie, dans le *Journal de Paris*, une lettre où il déclare respecter trop les infortunes de son ancien confrere pour s'acharner après lui, & le poursuivre jusques par-delà les mers. On assure aujourd'hui qu'elles sont de l'abbé Morellet. En ce cas, c'est une grande gaucherie de sa part de s'exposer à perdre la supériorité qu'il avoit acquise sur cet adversaire par sa *Théorie du Paradoxe*.

6 Septembre. Tous les partisans du chevalier Gluck se sont rendus hier à une premiere répétition générale d'*Armide* pour la musique;

& quoique cet opéra fût dénué de décorations, de danses & de tout l'accessoire qui le rend si magnifique & si délicieux, ils en ont été émerveillés. Le musicien a suivi exactement la distribution & les paroles du poëme de Quinault. Monsieur le duc de Chartres s'y est montré, & l'on a beaucoup applaudi au rétablissement de son altesse.

6 Septembre 1777. Monsieur Greuse, qui n'expose plus depuis long-temps au sallon, en a aussi ouvert un chez lui ; & il admet le public qui veut s'y présenter. On y voit sur-tout le portrait de monsieur Francklin. On juge aisément que ce personnage a échauffé sa verve : il est difficile de trouver une tête mieux caractérisée. On y remarque la bonté heureusement alliée à la fierté, & l'amour de l'humanité y respire avec la haine de la tyrannie.

6 Septembre. Une partie du pont de Tours s'est écroulée, & l'on a tout lieu de craindre que ce qui en reste n'ait pas le même sort. C'est le troisieme bâti à grands frais par encaissement; & malgré toutes les précautions prises pour en assurer la solidité, on n'a pu encore réussir à en fixer aucun.

7 Septembre 1777. Le problême sur le sexe du chevalier d'Eon, de retour ici, continue en cette capitale, & il y a déja de gros paris à cet égard. Il s'est éclipsé un moment pour aller à Tonnerre, sa patrie ; mais il transpire que bientôt il reviendra pour être présenté à la cour en femme, & qu'il conservera ce costume avec la croix de Saint-Louis. On sait qu'on lui garnit à cet effet deux robes chez la demoiselle Bertin, la marchande de modes de la reine, & qu'il a

déja

déja soupé chez cette ouvriere une fois habillé en homme, & l'autre vêtu en femme, sorte d'accoutrement dans lequel il a fort mauvaise grace. Quoi qu'il en soit, tout concourt à confirmer que son vrai sexe est le féminin.

7 *Septembre* 1777. La fête que la reine devoit donner au roi le jour de la St. Louis n'ayant pu avoir lieu, comme on l'a dit, a été renvoyée à un temps plus opportun. Sa majesté a fait déterminer le roi à l'agréer, & ce monarque, toujours disposé à se prêter aux plaisirs de son auguste compagne, s'est enfin rendu au petit Trianon mercredi. Rien de si délicieux, & il paroît que ce retard n'a servi qu'à le rendre un peu plus cher, car on l'évalue encore plus haut qu'on ne l'avoit fait.

8 *septembre* 1777. Monsieur le chevalier de Berainville, frere de la loge de Thalie, a terminé sa gravure concernant la délivrance des francs-maçons de Naples, par la protection de l'auguste reine de ce royaume. Elle commence à paroître, & est dédiée à son altesse sérénissime monseigneur le duc de Chartres, grand-maître de toutes les loges de France. On lit autour pour légende : *Votum unum per orbem.* Et au bas : *Carolina regina fratrum Neapolitanorum frangit vincula.* En voici l'explication intéressante.

La *Vertu maçonnique*, chargée de chaînes, est traînée par l'*Imposture* dans les horreurs du cachot. La *Vérité* leve le voile qui cachoit aux yeux des profanes le temple érigé par les *maçons* à la gloire & au bonheur de l'*Humanité*.

L'auguste *Caroline*, *Minerve* de nos jours, conduite par la *Bienfaisance*, sa compagne inséparable, vient au secours de l'innocente victime...... L'*imposture* frémit, son masque tombe, & la perte de sa proie met le comble à ses fureurs. L'auteur y a joint ce quatrain, simple & historique.

Au fond d'un noir cachot, sans espoir, sans appui,
La timide Vertu que l'Imposture immole,
  Voit en *Caroline* aujourd'hui,
 Et son salut & son appui.

Aux deux colonnes du temple, d'une part, est écrit *Justitia*, & de l'autre *Beneficentia*. Tous les freres s'empressent de se pourvoir de cette allégorie, & l'on ne doute pas que cet heureux essai ne procure au chevalier de *Berainville* la dignité de médailliste, chargé des devises & inscriptions de l'ordre.

10 *Septembre* 1777. Monsieur le duc de Chartres, actuellement grand-maître de toutes les loges de France, est un prince trop cher aux francs-maçons pour qu'ils ne célebrent pas sa convalescence. Monsieur l'abbé Cordier, frere très-ardent & très-zélé, a fait mettre le projet en délibération dans la loge des *Neuf-Sœurs*, & le vœu unanime ayant été pour son exécution, il a été arrêté que mercredi prochain, 17 de ce mois, il seroit chanté une messe & un *Te Deum* en musique, dans l'église des cordeliers, en actions de graces de cet heureux événement. Il y a des billets d'invitation, une marche différente pour les femmes & pour les hommes, & l'on ne pourra entrer qu'avec des signes de reconnoissance.

11 *Septembre* 1777. Par arrêt du conseil, du 30 août, concernant la police du colisée, il

est débouté de toutes ses prétentions, soit pour ouvrir un sallon de peinture, sculpture & architecture, soit pour le rétablissement de la loterie de la sphere, soit pour des dommages & intérêts contre les intéressés dans la salle des nouveaux boulevards, & il lui est défendu d'ouvrir ou de donner aucune fête, représentation ou spectacle, sous quelque dénomination que ce soit, à moins qu'il n'ait préalablement obtenu l'autorisation du lieutenant-général de police : ordre de remettre à monsieur Amelot, sous huitaine, les noms, les qualités & domiciles de tous ceux qui forment la compagnie des entrepreneurs & propriétaires, ainsi que la désignation des portions d'intérêt appartenant à chacun dans ladite entreprise : à défaut de quoi il y sera pourvu par sa majesté de la maniere, & ainsi qu'elle avisera, même par l'interdiction du colisée, & la défense de l'ouvrir.

11 *Septembre* 1777. Le décret qui réunit les antonins à l'ordre de Malte, auroit dû, après avoir été revêtu de lettres-patentes duement enrégistrées dans les cours, être fulminé par un prélat ; mais le clergé, dans sa derniere assemblée, ayant pris des mesures pour empêcher cette réunion, aucun évêque n'a voulu s'en charger. Il a été envoyé au trésorier de la sainte chapelle, ministre du second ordre dans la hiérarchie ecclésiastique, sans territoire comme sans titre pour recevoir une telle mission ; & l'on ne doute pas qu'il n'y ait une réclamation générale de la part du premier ordre, lors de la premiere assemblée du clergé.

13 *Septembre* 1777. Il est décidément arrêté de paver le boulevard ; & pour mettre la ville en

état de faire cette dépense, il y a un arrêt du conseil qui lui permet d'abattre la porte Saint-Antoine, qui obstrue le passage dans ce carrefour d'une grande circulation, de combler les fossés, glacis & contr'escarpe jusqu'à la rue du Calvaire, pour y élever des maisons; & c'est sur le bénéfice de ces nouveaux bâtiments qu'elle doit trouver de quoi se dédommager. On gémit de cet arrangement, qui, du boulevard, une des promenades les plus fréquentées de Paris, l'agrément du Marais, & de tous les quartiers adjacents, ne va plus faire qu'une rue. Il est également question de couper les arbres pour s'occuper, il est vrai, d'une nouvelle plantation, mais ce qui obligera de déserter ces lieux pendant un demi-siecle.

23 *Septembre* 1777. *Extrait d'une lettre de Geneve, du premier septembre.* « Nous avons été ces jours-ci chez le philosophe de Ferney. Madame Denis, sa niece, nous a très bien accueillis, mais elle n'a pu nous promettre de nous procurer une conversation avec son oncle. Elle a cependant bien voulu lui faire dire que des milords Anglois souhaiteroient le saluer. Il s'est excusé sur sa santé, à l'ordinaire, & nous avons été obligés de nous conformer à l'étiquette qu'il a établie depuis quelque temps pour satisfaire notre curiosité, car son amour-propre est très-flatté de l'empressement du public. Mais cependant il ne veut pas perdre son temps en visites oiseuses, ou en pourparlers qui l'ennuieroient. A une heure indiquée il sort de son cabinet d'étude, & passe par son sallon pour se rendre à la promenade. C'est là qu'on se tient sur son passage, comme sur celui d'un

souverain, pour le contempler un instant. Plusieurs carrossées entrerent après nous, & il se forma une haie à travers de laquelle il s'avança en effet. Nous admirâmes son air droit & bien-portant. Il avoit un habit, veste & culotte de velours ciselé, & des bas blancs. Comme il savoit d'avance que des milords avoient voulu le voir, il prit toute la compagnie pour Angloise, & il s'écria dans cette langue: *Vous voyez un pauvre homme!* Puis, parlant à l'oreille d'un petit enfant, il lui dit: *vous serez quelque jour un Marlborough; pour moi je ne suis qu'un chien de François.*

Quant aux valets & autres personnes qui ne peuvent entrer dans le sallon, ils se tiennent aux grilles du jardin; il y fait quelque tour pour eux. On se le montre, & l'on dit: *le voilà! le voilà!* C'est très-plaisant.

24 *Septembre* 1777. Afin de dédommager monsieur Necker des tracasseries qu'il éprouve, & des brocards de la malignité & de l'envie, un poëte patriote lui a adressé les vers suivants:

> On vous damne comme hérétique,
> On vous damne bien autrement
> Pour votre plan économique,
> De zele immortel monument.
> Mais ne perdez pas l'espérance,
> Allez toujours à votre but:
> En réformant notre finance,
> Pourroit-on manquer son salut
> Quand on fait celui de la France?

14 *Septembre* 1777. *L'Observateur*, & nou

l'*Espion Anglois*, comme on l'avoit annoncé, fait un bruit du diable, sur parole, car on n'en connoît que très-peu d'exemplaires que ne montrent guere ceux qui les ont ; &, graces aux soins de monsieur le garde-des-sceaux, la gent des colporteurs est presqu'anéantie. Comme on y trouve les portraits de toute la famille royale, des princes du sang, & de beaucoup de grands, l'ouvrage sera long-temps clandestin.

15 *Septembre* 1777. Un comte de Limbourg-Styrum, se disant comte d'Oberstein, est venu dans cette capitale, asyle de tous les intrigants, mettre à contribution la crédulité & la foiblesse de divers particuliers assez dupes pour se laisser éblouir des titres pompeux qu'il s'est permis de prendre de comte, de duc, de prince, &c. décoré de cordons & chef-d'ordres : il a transmis une partie de ces honneurs à ceux dont il a cherché à captiver la confiance, pour s'en faire une ressource pécuniaire. Monsieur le marquis de Quincy a été une de ces ames foibles qu'ont séduit l'importance & l'appareil de cette espece de souverain. Il a bientôt reconnu la fourberie, & a cherché à revenir contre ; ce qui n'étoit pas aisé. Il a fallu procéder judiciairement en instance aujourd'hui au Châtelet. C'est ce qui a donné lieu à un mémoire, où l'on trouve le récit des faits & gestes de ce roitelet. On y fait connoître le caractere des gens affidés pour seconder ses prestiges, & l'on donne à rire aux dépens des escrocs composant la cour moderne de ce souverain fantastique, tous revêtus de dignités relatives à celles qu'usurpe leur maître. On conçoit combien ce *Factum* pou-

voit être plaifant ; mais il manque de ce fél délicat que peu d'orateurs du barreau favent employer. Il eft vraifemblable que monfieur de Quincy en fera pour fa myftification, c'eft-à-dire, pour une vingtaine de mille francs.

15 *Septembre* 1777. On parle beaucoup d'une demoifelle Gavaudan, qui a débuté à l'opéra dans celui de *Céphale & Procris*, où elle a fait le rôle de l'*Aurore* avec un grand fuccès. Bonne fortune pour ce fpectacle, auquel elle attire beaucoup de monde.

15 *Septembre*. Quoique plufieurs maîtres des requêtes, préfents à la lecture de l'*éloge du chancelier de l'Hôpital* de l'abbé Remi, euffent été forcés d'applaudir au portrait fatirique, mais vrai, de cette efpece de magiftrat ; revenus chez eux, ils n'en ont pas été moins mécontents, & les autres qui ont été à même de le connoître enfuite par l'impreffion, ont trouvé cette hardieffe très-indécente. Ils follicitent depuis ce temps un arrêt du confeil qui fupprime ce difcours. Jufqu'à préfent ils n'ont pu réuffir. D'un autre côté, on a cherché à mettre en caufe l'abbé Riballier, le fyndic de la faculté de théologie, afin qu'il inculpât les deux docteurs qui ont approuvé l'ouvrage, & les dénonçât à fon corps. Mais cet abbé eft las des tracafferies qu'il a eues déja plufieurs fois avec l'académie, & femble aujourd'hui très-pacifique, du moins à l'occafion de cette nouvelle querelle.

17 *Septembre* 1777. Le goût de la parodie femble renaître avec fureur : on en a fait une d'*Ernelinde*, & déja plufieurs auteurs font en con-

currence pour celle de l'*Armide* du chevalier Gluck qui n'est pas encore jouée, & ne le sera que la semaine prochaine au plutôt.

18 *Septembre* 1777. Une question assez plaisante a été portée à la police ces jours-ci. Une fille nommée *Rosalie*, se trouvant logée dans le même lieu qu'un jeune gars nouvellement débarqué, a jeté un dévolu sur lui. Elle a cherché à jouir des prémices de ce rustre vigoureux ; mais celui-ci, insensible à toutes les avances de la raccrocheuse, y a résisté constamment. Alors elle a pris le parti d'exciter sa cupidité, & de lui promettre un louis pour une nuit. Cette perspective a ébloui le manant plus que les charmes de sa conquête. Il a promis d'être le soir au rendez-vous : la demoiselle a affecté de craindre qu'il ne tînt pas parole, & de peur qu'il ne se dégageât a voulu six francs de dédit, dont elle seroit nantie, & qu'elle lui rendroit avec le louis. Le gars, de bonne foi & de bonne volonté, a accepté la condition. Il a très-bien rempli sa fonction, & sa maîtresse émerveillée le matin est convenue de la dette ; mais elle a prétendu qu'il n'y avoit pas de bonnes noces sans lendemain, & a désiré le revoir le soir. Comme il étoit encore en fond, il a trouvé doux d'avoir de l'argent & du plaisir en même temps, d'autant que la demoiselle a promis de porter la somme jusques à dix écus, indépendamment du dédit de six francs à lui rendre. Enfin, après l'avoir bien sucé & mis sur les dents, elle continuant à exiger de nouveaux services, il s'est fâché ; & ne pouvant obtenir le salaire qui lui revenoit ni même son propre argent, il est allé présenter

un placet au lieutenant de police. Celui-ci l'a renvoyé au commissaire, & ce juge de paix trouvant que la contestation ne méritoit aucune réfutation sérieuse, s'est contenté, dans son rapport, de prétendre que le cas étoit tout résolu par la fable de la Fontaine, intitulée: *le Loup & la Cicogne*, dont la moralité est dans la réponse même du premier, qui ayant un os dans la gorge, & ayant besoin du long cou de la seconde pour en faire l'extraction, lui répond, lorsqu'elle exige une récompense, *qu'elle est trop heureuse d'être sortie saine & sauve de sa gueule*. Cette décision est regardée comme plus ingénieuse que juste.

19 *Septembre* 1777. On écrit de Bordeaux que Me. François de Neuf-château, ce jeune avocat d'un mérite rare, obligé de quitter Paris à raison de tracasseries avec son ordre, après avoir cherché à se fixer en divers lieux, est invité de rester à Bordeaux, & d'y suivre le palais. Il s'est concilié la bienveillance de monsieur Dupaty, l'un des avocats-généraux de ce Parlement, magistrat connu par son patriotisme & par ses talents. Comme il aime beaucoup les lettres, Me. François de Neuf-château a hasardé de lui envoyer le billet suivant, en madrigal, qui ne pouvoit être que bien reçu :

   Je suis étranger dans Athenes ;
D'un œil contemplateur j'admire ses vaisseaux,
Ses superbes remparts, ses forts, ses arsenaux ;
   Mais je voudrois voir Démosthenes.

Il a vu le Démosthene de la Garonne, non

moins empreſſé de voir le Cicéron de la Seine, faiſant de meilleurs vers que le Romain, s'il n'atteint pas à ſon éloquence.

20 *Septembre* 1777. Suivant les dernieres lettres reçues de la Martinique, non-ſeulement le million promis depuis pluſieurs années à celui qui fourniroit un moyen ſûr de détruire les fourmis dans cette colonie, n'a produit que des efforts impuiſſants, mais cet inſecte s'y multiplie de la façon la plus alarmante. Il fait également tort & aux productions & à la population, en faiſant périr les enfants des negres que ceux-ci ſont obligés d'abandonner pendant leur travail, & dont il remplit le nez, les oreilles, les yeux & ronge les membres délicats.

Il y a apparence que les ravages d'un ſi cruel & ſi indeſtructible fléau, expoſés à monſieur de Sartines par l'intendant de cette iſle, depuis ſon retour en France, n'ont pas peu contribué à déterminer ce miniſtre à favoriſer le nouveau projet de colonie dans la partie de la Guiane, afin de ménager ainſi une reſſource aux habitants de la Martinique, obligés d'abandonner leur iſle, ſi l'on reſte encore long-temps à remédier au mal qui ne peut que s'accroître.

21 *Septembre* 1777. La direction de l'opéra eſt encore à la veille d'éprouver un autre changement. Une nouvelle compagnie ſous le nom d'un ſieur de Viſmes, ſous-directeur des fermes, dépoſe à la ville 500,000 livres, dont celle-ci fait la rente. Elle y joint 80,000 livres, par an, pour être déchargée de tout. On prétend, ſuivant l'uſage, que ces meſſieurs ont les meilleures intentions; mais ont-ils le

génie nécessaire pour les remplir ? Il sera toujours bien extraordinaire qu'un pareil spectacle, bien loin d'être utile à la ville, lui soit à charge !

22 *Septembre* 1777. Samedi, après la répétition d'*Armide*, on a exécuté chez mademoiselle Guimard, sur son théatre de la Chaussée-d'Antin, une parodie d'*Ernelinde* du sieur Despréaux, danseur de l'opéra, qui a singuliérement réjoui toute l'assemblée. Elle étoit composée des plus grands seigneurs, de plusieurs princes du sang & des filles les plus célebres par leurs talents ou par leur opulence.

22 *Septembre* 1777. Les filoux de ce pays-ci sont sans cesse occupés à imaginer quelque tour nouveau pour attraper les particuliers. Un homme bien mis ayant canne à pomme d'or, sortoit ces jours derniers de la comédie Françoise par le jardin des Tuileries ; il jouoit avec ce soutien qu'il tenoit derriere son dos. Quelqu'un vint le lui arracher avec violence : il se retourne ; l'homme ne s'enfuit pas, lui fait mille excuses, lui dit que l'obscurité l'a trompé ; qu'il le prenoit pour un de ses amis qu'il vouloit surprendre : il lui remet en même temps sa canne. Le propriétaire va dans une maison où il conte son aventure. Quelqu'un plus soupçonneux lui demande s'il a bien examiné son meuble ? Il avoue que non, & reconnoît à l'instant qu'on lui a substitué un mauvais jet garni de cuivre.

22 *Septembre*. C'est pour demain qu'est affichée *Armide*. On continue à en suivre les répétitions avec fureur. Cependant le parti des Lullistes se réveille & prétend que le chevalier

Gluck n'approche pas en quantité d'endroits du chant noble, des beautés simples du récitatif de l'ancien opéra, & que le nouveau sur-tout est dénué des airs gais & agréables dont l'autre fourmilloit.

24 *Septembre* 1777. Si les filoux sont industrieux à imaginer continuellement des moyens d'exercer utilement leur art, on cherche d'un autre côté à faire des découvertes pour s'en garantir. On vante beaucoup le talent d'un maître serrurier qui fabrique des serrures de maniere à ne pouvoir appercevoir la forme des clefs ; au moyen de quoi il élude toute l'adresse des rossignols ou crochets. Son invention a été approuvée de l'académie des sciences, & il en a donné le secret au lieutenant-général de police Cet habile artiste se nomme *Georget*.

25 *Septembre* 1777. Au gré des partisans du chevalier Gluck on ne peut asseoir aucun jugement sur son *Armide* Outre que les ouvrages de ce grand maître célebre exigent pour plaire une grande habitude & une longue discussion, c'est que celui-là a été très-mal exécuté. Quant aux adversaires, ils prétendent que ce raisonnement, peut-être bon dans d'autres cas, ne vaut rien ici, où ayant sans cesse un objet de comparaison, ils ne pourront jamais goûter le second musicien. Ils lui reprochent même d'avoir fait souvent des contre-sens, & de n'avoir pas conformé sa mélodie au charme des paroles. Ils assurent que sans la présence de la reine, cela ne se seroit pas passé ainsi, & qu'ils auroient demandé à grands cris la musique de Lully. On attend avec beaucoup d'im-

patience la seconde repréſentation de vendredi, pour voir ce qui réſultera de ces débats; & d'ici à quelques jours on ne peut décider du ſort de cette production. Dans tous les cas il faut toujours ſavoir gré au muſicien d'avoir reſpecté le chef-d'œuvre de Quinault, de l'avoir rendu dans ſon entier, ſans y rien ſupprimer, ainſi qu'on avoit fait à la derniere repriſe de cet opéra en 1764.

26 *Septembre* 1777. Il eſt arrivé que ni le clergé ni les maîtres des requêtes n'auront ſatisfaction du diſcours de l'abbé Remi; mais monſieur le garde-des-ſceaux paroît diſpoſé à faire valoir leurs plaintes pour mettre déſormais plus d'entraves aux concurrents & exciter la vigilance des docteurs chargés de l'examen de ces ſortes de diſcours académiques, de façon qu'il ne s'y gliſſe rien de trop hardi ou de trop ſatirique.

Le diſcours donné aux portes eſt aſſez généralement reconnu pour être de monſieur de Guibert, ce jeune militaire, déja renommé dans la carriere des lettres par des productions diſtinguées. La cupidité a trouvé le ſecret de multiplier ſon dernier ouvrage, & il ſe vend clandeſtinement. Il a pour épigraphe: *Ce n'eſt point aux eſclaves à louer les grands hommes.* Un ſeul endroit cité de l'écrit fera juger des raiſons de ſa clandeſtinité. C'eſt à l'occaſion de la guerre que l'Hôpital fit déclarer dans le conſeil contre Eliſabeth, plus par politique que par goût pour un genre de criſe qui n'alloit ni à ſon caractere ni à ſa dignité. L'auteur prétend que ſes vues étoient en cela celles d'un homme de génie, d'un excellent patriote, d'un philoſophe prévoyant; qu'il faut quelquefois acheter par ces état violent un repos plus sûr ou une existence plus avantageuse pour les générations suivantes. Il ajoute en réfléchissant sur les circonstances d'aujourd'hui :

« Telles ne sont pas assurément les spécula-
» tions de nos ministres actuels ; ils voient pa-
» tiemment la nation humiliée sous le poids
» de ses anciennes injures. Ils ne comptent
» pour rien l'énergie à redonner à nos esprits,
» & l'honneur à rendre à nos armes. Le Havre
» n'est point aux Anglois, comme du temps de
» l'Hôpital ; mais *Dunkerque* est pour nous un
» monument de honte bien plus grand. Un
» député de cette fière nation y commande en
» républicain. Semblable à cet ambassadeur
» Romain qui traçoit un cercle sur le sable au-
» tour d'Antiochus, en lui disant ces paroles
» terribles : *Vous ne sortirez pas de ce cercle que*
» *vous ne m'ayez répondu* ; tous les jours ils nous
» dit : *vous n'éleverez pas une pierre sur cette*
» *pierre, ou nous vous en punirons.* O l'Hôpital !
» l'Hôpital ! tu étois magistrat & philosophe,
» & tu aurois soulevé toutes les forces du
» royaume contre cet intolérable affront. C'est
» devant tes manes que je dénonce ces minis-
» tres coupables ! ils se disent pacifiques & ils
» ne sont que foibles. Ce n'est point la paix
» qu'ils veulent conserver, ce sont les places
» qu'ils occupent. Ils sentent que leur activité
» ne suffiroit pas à des mouvements plus vifs,
» & que le choc des grandes occasions briseroit
» leur caractere....... »

17 *Septembre* 1777. On voit au sallon une gravure, représentant monsieur l'abbé Terrai. On a
fait à cette occasion un distique en forme de

dialogue entre deux amateurs, dont l'un témoigne la surprise de voir ce personnage transmis à la postérité, à qui le second replique. Le voici:

Le premier interlocuteur.

Quoi, ce monstre gravé! cet infame! ce traître!

Le second.

Cartouche l'est: Terrai doit l'être.

On a recueilli aussi deux vers produits par un sentiment différent. Monsieur Guichard, en voyant chez monsieur Allegrain la statue de *Diane surprise au bain par Actéon*, dont on a parlé, a écrit au bas:

Sous ce marbre imposteur, toi que Diane attire,
Crains le fort d'Actéon; tu vois qu'elle respire.

Cette *Diane* doit être placée à Luciennes, chez madame la comtesse Dubarri.

27 *Septembre* 1777. Le feu a pris à la foire Saint-Ovide, la nuit du lundi au mardi, & comme tout dans cette construction est fort combustible, en très-peu de minutes un quartier entier, composé de vingt-sept boutiques, a été brûlé. On évalue ce dommage à 300,000 livres.

Audinot, *Nicolet* & autres jeux de la foire, ont donné plusieurs représentations au profit des incendiés. Cet accident est d'autant plus malheureux pour ceux qui en ont été victimes, que l'on annonçoit que cette foire alloit être supprimée, & avoit lieu pour la derniere fois.

27 *Septembre*. Depuis long-temps on cherche les moyens d'appliquer l'électricité à la

cute de certaines maladies du corps humain. Les essais faits à cet égard n'ont pas encore eu beaucoup de succès. On en tente aujourd'hui un nouveau sur un homme qui a perdu la vue. On assure qu'après une douzaine de ces frictions ignées il commence à voir les objets, mais à l'envers : on continue & l'on espere que son état s'améliorera de plus en plus.

28 Septembre 1777. Outre le morceau contre les ministres actuels, le plus direct, le plus fort & le plus répréhensible, mais perdant beaucoup de son effet dans la bouche de monsieur de Guibert, militaire, & a qui l'on peut répondre : *vous êtes orfevre, monsieur Josse*, il y en a plusieurs autres dans son *éloge de l'Hôpital*, prêtant à des allusions malignes ; il en est encore de directs contre l'administration, le parlement, l'académie même, à qui l'auteur paroîtroit renoncer par cet écart. Il veut que Richelieu ayant continuellement en vue de consolider & d'étendre le despotisme dont il venoit de faire le principe du gouvernement François, ait imaginé d'instituer cette compagnie pour asservir le génie des gens de lettres, qui y seroient introduits absolument sous la dépendance du ministere, & même le génie des autres aspirants à cet honneur, & obligés d'être fort circonspects, pour ne pas se mettre dans le cas de l'exclusion.

Du reste, ce discours est écrit avec la force, l'énergie, la véhémence qu'exigeoit le projet de l'auteur. Il est quelquefois obscur & néologue ; ce qu'il a de commun avec presque tous les ouvrages modernes : il n'y a pas une grande suite, cette liaison, cet enchaînement de plan & d'idées qui constituent les chef-d'œuvres oratoires. Il est allongé en certaines parties, étranglé dans d'autres ; mais malgré ces défauts il mérite d'être lu. Bien des gens le préferent à celui de l'abbé Remi. Les partisans de ce dernier ne sont pas du même avis.

29 *Septembre* 1777. Outre le zele des directeurs des spectacles forains à concourir au secours des incendiés, projet charitable dont on doit la premiere idée au sieur Nicolet, le corps de la draperie & mercerie, la communauté des marchandes de modes, divers particuliers, dont grand nombre n'ont pas même voulu être nommés, se sont empressés d'y contribuer, & la police a exigé que les dix maisons de jeu autorisées à donner la belle, consacreroient chacune le profit d'un de leurs jours à cette bonne œuvre. En sorte que les brûlés se trouveront vraisemblablement mieux qu'auparavant.

29 *Septembre.* La querelle s'échauffe entre les *Lullistes* & les *Gluckistes.* Le beau temps ayant attiré beaucoup de monde au Palais-Royal, le lendemain de la premiere représentation & jours suivants, il y eut de grands débats, & les premiers paroissant l'emporter, & montrant beaucoup d'acharnement, le musicien a été conseillé, pour prévenir la conjuration, de demander vendredi qu'on redonnât l'opéra ancien, de supplier la reine de venir par sa présence intimider les cabales. Sa majesté a eu la bonté d'y condescendre, & le coup a été paré. L'exécution s'est trouvée moins défectueuse, mais non encore admirable.

29 *Septembre.* Les trois concurrents les plus accrédités pour la place vacante à l'académie Françoise, sont messieurs *le Miere*, abbé *Maury*

& *Chabanon*. Le premier a pour lui *Hypermnestre* & la *Vétusté*. Le second est fortement porté par le parti encyclopédique, & a une intrigue supérieure en pareil cas au plus grand mérite. Le troisieme, excellent membre de l'académie des belles-lettres, sans avoir de titres véritables, compte sur ses confreres, en grand nombre dans l'académie Françoise, & d'ailleurs est fort répandu, & a beaucoup de liaisons chez les gens de haut parage. Monsieur de Chamfort, est peut-être celui qui supplanteroit les trois autres, s'il pouvoit parvenir à faire jouer son *Mustapha* avant l'élection, & s'il réussissoit. Les candidats ont le temps de se remuer & de dresser leurs batteries d'ici à la saint Martin.

29 *Septembre* 1775. Le colisée, frustré des ressources sur lesquelles il comptoit, pour soutenir la curiosité du public, est obligé de s'en tenir au spectacle trivial de ses feux d'artifice. Il a excité un concours entre le sieur Malo, son artificier ordinaire & le sieur Duperé, débutant & portant le défi au premier, à raison d'un feu d'artifice appellé *Du Fort*, que l'un a fait exécuter hier, & l'autre fera exécuter aujourd'hui.

30 *Septembre* 1777. On donne jeudi à la comédie Italienne, la premiere représentation de *l'Olympiade* ou le *Triomphe de l'amitié*, drame héroïque en trois actes & en vers, mêlé d'ariettes, parodiées de la musique du sieur Sachini.

1. *Octobre* 1777. On rapporte un bon mot de la reine, le jour où elle est allée au sallon, ne voyant point le sieur Vernèt, entre les artistes qui lui faisoient leur cour, elle l'a fait ap-

peller & lui a dit obligeamment: « Monsieur Vernet, je vois que c'est toujours vous qui faites la pluie & le beau temps. » Il faut savoir que cet artiste est un peintre de marines supérieur, dont les tableaux étoient en effet les plus remarquables du sallon, entr'autres une *Tempéte* & un *Calme*. Ses confreres jaloux, ont cherché à étouffer cette saillie de la reine, qui transpire aujourd'hui.

2 *octobre* 1777. La fermentation continue au sujet de l'*Armide* du chevalier *Gluck*. Cependant la troisieme représentation, quoique la reine n'y fût pas, s'est passée assez tranquillement. On y a remarqué encore des changements & suppressions. Malgré cela les applaudissements n'ont pas été excessifs, & les partisans même du musicien s'en prennent aujourd'hui à mademoiselle Rosalie, leur héroïne dans *Alceste*. Ils trouvent qu'elle n'y excelle pas comme dans celui-ci. Il résulte de ces divers avis que l'Allemand, admirable pour peindre la douleur, la fureur, & toutes les grandes passions de cette espece, n'a pas le même talent pour la partie gracieuse, pour la mélodie, pour les airs de ballets; & comme *Armide* est un opéra, plus rempli de tendresse & de volupté que d'autres sentiments, qu'il a eu tort de choisir ce sujet, sur-tout ayant été traité par un grand maître, dont le chant facile, simple & noble, est encore dans la mémoire & dans la bouche de tous les défenseurs de notre musique.

2 *octobre* 1777. Hier mademoiselle Thenard a débuté à la comédie Françoise, dans le rôle d'*Idamé* de l'*orphelin de la Chine*. Cette éleve du

Sr. Préville, avoit attiré un monde immense. C'est le second sujet pour le tragique qu'il présente. La singularité n'a pas peu contribué à la curiosité générale. Mademoiselle Thenard n'est plus de la premiere jeunesse. Elle a une taille avantageuse, un bel organe, de l'intelligence; mais elle a peu de sensibilité; elle peche par un défaut d'entrailles, si nécessaires dans un pareil rôle. On comptoit sur le sieur le Kain, pour le rôle de *Gengis-Kan*; il a été remplacé par le sieur la Rive. Celui-ci étant venu annoncer qu'on donneroit samedi *Zaïre*, une voix s'est élevée du parterre, & a crié *c'est bon, à condition que vous n'y jouerez pas*. A l'instant un murmure d'improbation de cette voix isolée s'est élevé, & les alguazils se sont mis en devoir d'arrêter le téméraire. Heureusement aucun délateur ne l'a dénoncé; la fermentation a paru s'appaiser; mais quand on a levé la toile pour jouer la petite piece, tout le parterre a crié, *la Rive*, & n'a pas voulu laisser commencer qu'il ne fût venu. On l'a amené à moitié déshabillé, & il a été applaudi excessivement; ce qui lui a prouvé le desir du public, de le dédommager de la mortification qu'il avoit reçue d'abord; genre de réparation qu'on n'est pas souvent dans le cas de faire aux comédiens.

8 *octobre* 1777. De toutes les critiques qui ont paru sur le sallon, une petite piece de vers attribuée au marquis de Villette, est celle qui a eu le plus de succès. Il faudroit un commentaire pour en bien faire sentir les divers traits épigrammatiques à ceux qui ne connoissent pas le local, & les productions de

cette année. Il y a pourtant assez de sel pour qu'elle puisse être goûtée généralement. La voici:

<pre>
Il est au Louvre un galetas,
Où dans un calme solitaire
Les chauve-souris & les rats
Viennent tenir leur cour pléniere
C'est-là qu'Apollon sur leurs pas
Des beaux arts ouvrant la barriere
Tous les deux ans tient ses états,
Et vient placer son sanctuaire.
C'est-là, par un luxe nouveau
Que l'art travestit la nature ;
Le ridicule est peint en beau,
Les bonnes mœurs sont en peinture,
Et les bourgeois en grand tableaux
Près d'Henri quatre en miniature :
Chaque figure à contre-sens
Montre une autre ame que la sienne,
Saint Jérôme y ressemble au temps,
Et Jupiter au vieux Sylene.
Ici la fille des Césars
Dans nos cœurs trouvant son empire,
Semble refuser aux beaux arts
Le plaisir de la reproduire ;
Tandis qu'un commis ignoré,
Narcisse amoureux de lui-même,
Vient dans un beau cadre doré
Nous montrer son visage blême.
Ici l'on voit des *ex voto*,
Des amours qui font des grimaces,
Des Caillettes incognito,
Des laideurs qu'on appelle Graces :
Des perruques par numéro,
Des polissons sous des cuirasses,
Des inutiles de haut rang,
</pre>

Des imposteurs de bas mérite,
Plus d'un Midas en marbre blanc,
Plus d'un grand homme en terre cuite,
Jeunes morveux bien vernissés,
Vieux barbons à mine enfumée:
Voilà les tableaux entassés
Sous l'hangar de la renommée;
Et selon l'ordre & le bon sens,
Tout s'y trouve placé de sorte
Qu'on voit l'abbé Terrai dedans,
Et que Sully reste à la porte.

3 Octobre 1777. Hier avant l'ouverture de *l'olympiade*, le sieur Michu est venu prévenir le public sur la nouveauté de ce spectacle, & réclamer son indulgence. Il a dit que les comédiens ne se dissimuloient point, que leur théatre & le genre dans lequel leurs talents se sont exercés jusqu'à ce jour, étoient peu propres à rendre une piece d'un ton si élevé; mais que le desir de faire connoître l'ouvrage d'un musicien célebre, dont les productions avoient déja été favorablement accueillies sur leur théatre, l'avoit emporté sur toute autre considération.

Ce compliment trop long, rempli d'inconséquences, & ne faisant pas connoître l'anecdote la plus importante par laquelle on nous auroit appris comment ce drame destiné à l'opéra avoit passé au théatre Italien, a cependant été applaudi par le parterre toujours benin.

Quant au drame, on a trouvé que le parodiste, le sieur Framery, avoit absolument gâté l'ouvrage de Métastase. La musique, au surplus, a eu beaucoup de succès. C'est le pendant de *la Colonie*. Le plus grand défaut de *l'Olympiade* est de contenir trop de richesses harmoniques ; il en faudra élaguer une partie, & ce chef-d'œuvre n'en produira que plus d'effet.

5 *Octobre* 1777. Monsieur le comte de Maurepas a toujours beaucoup aimé les ouvrages d'esprit, mais sur-tout les polissonneries. La vieillesse ne lui a point ôté ce goût-là, & les soucis du gouvernement lui rendent un tel plaisir encore plus nécessaire. C'est pour y contribuer que monsieur Amelot fait ramasser dans Paris toutes les chansons & autres opuscules de ce genre, que fait éclorre la licence de nos auteurs ; il y a même un petit bureau littéraire institué *ad hoc*, où les auteurs de ces facéties viennent les lire, & dont on fait un choix, sans qu'ils s'en doutent, pour amuser le mentor du roi.

5 *Octobre*. Les entrepreneurs du colisée, contrariés dans toutes leurs entreprises pour le soutien de cet établissement, n'en sont pas moins industrieux à imaginer de nouveaux moyens de le maintenir : ils proposent aujourd'hui une souscription modique, & bien capable d'amorcer. Elle est de 25 livres seulement : pour cette somme on entrera gratuitement en ce lieu l'année prochaine 1778, depuis le 30 avril jusqu'au 17 novembre ; ce qui embrasse un nombre d'environ soixante représentations. Le prix restera toujours fixé à trente sous pour les non abonnés. Ils ont

indiqué un homme public pour recevoir l'argent, & il doit le rendre au mois d'avril, si le nombre des souscriptions desirées n'est pas complet. Il doit être de 4,000 ; ce qui feroit un capital de 100,000 livres. Ils prétendent qu'il seroit suffisant pour subvenir aux frais & à l'entretien de ce lieu, ainsi qu'à celui des fêtes & décorations.

6 octobre 1777. Quelques changements successifs qu'ait éprouvés, & éprouve à chaque représentation l'*Armide* du chevalier Gluck, les sensations du public impartial ne varient point, & le résultat constant est que l'effet n'en est frappant qu'en deux endroits du premier acte, & sur-tout dans un où l'enthousiasme est général ; que les trois autres se reçoivent avec une froideur à peu près égale, & que l'on se réchauffe au cinquieme, où il y a des beautés, quoiqu'inférieures à celles du commencement de l'opéra. De-là une guerre plus vive entre les deux partis. Comme monsieur Marmontel est à la tête des adversaires du musicien Allemand, c'est contre lui que sont spécialement dirigés les traits de la critique : Monsieur l'abbé Aubert se met sur les rangs, & a adressé au chevalier Gluck le madrigal suivant, épigrammatique contre l'académicien. Il faut savoir que dans son écrit sur la musique, il se sert souvent de l'expression *Période Musicale*, en parlant du chant phrasé, dont manque souvent l'auteur d'*Alceste*.

Vers à M. le chevalier Gluck.

J'ai vu ton *Armide* nouvelle,
Et j'ai senti l'effet de ses enchantements ;
La

La haine ne peut rien sur elle,
Dom Période & sa sequelle
Ne pourront rien sur ses amants.

7 *octobre* 1777. On ne peut que publier avec empressement un procédé particulier ou plutôt une opération hardie par laquelle on vient d'accoucher une femme mal conformée, sans avoir eu recours aux deux seuls moyens barbares connus jusqu'alors dans les cas où l'enfant ne peut franchir les voies naturelles, même aidé des manœuvres usitées ; l'un de massacrer de sang froid le nouvel être aux portes de la vie, pour l'arracher avec la plus grande violence, & l'autre de recourir à l'opération césarienne, qui consiste à ouvrir le ventre sur le côté, pour en extraire le fœtus.

Monsieur *Sigaud*, jeune médecin peu connu, d'un génie borné, au gré de ses confreres, est celui qui ait imaginé de substituer à ces deux opérations meurtrieres la section de la symphise cartilagineuse des os pubis. Cette section d'une partie presqu'inerte, a eu le plus grand succès entre ses mains. La mere & l'enfant se portent au mieux, & la faculté a nommé deux commissaires pour suivre le traitement, pouvoir en dresser procès-verbal, & faire connoître au public un événement qui intéresse si fort l'humanité.

8 *octobre* 1777. Quoique la reine, par son rang & par les graces de sa personne, semble n'avoir besoin d'aucune décoration extérieure, elle n'en aime pas moins la parure excessivement, comme c'est assez l'usage dans la jeu-

nesse. Derniérement à Choisy, où il y avoit spectacle, elle a vu une danseuse la tête ornée de plumes qui lui ont fait envie. L'actrice s'en étant apperçue s'empressoit de s'en décoëffer en entier pour en faire hommage à sa majesté ; mais elle n'en a point voulu, elle a dit qu'elle la trouvoit trop bien, que ce seroit dommage, & s'est contentée d'en prendre une. Les catons de la cour ont trouvé indécente cette familiarité de sa majesté, que les Aristippes admirent, au contraire, comme un trait de bonté.

8 *Octobre* 1777. Sous le ministere de monsieur de Laverdy, un plaisant, pour se moquer de lui, lui adressa anonymement un projet tendant à stationner des brouettes en différents quartiers de Paris, avec des sieges d'aisance pour soulager ceux qui se trouveroient tourmentés d'une colique pressante, & il en devoit résulter un petit impôt sur celui qui seroit dans le cas. Aujourd'hui on a réalisé cette facétie dans le jardin des Tuileries. Lorsque le Nôtre planta ce jardin sous Louis XIV, il traita la chose avec cette magnificence dont tous les ouvrages d'un tel souverain portoient l'empreinte ; il n'oublia point les besoins inséparables de l'humanité, même au milieu de ses plaisirs : il établit de vastes cabinets de verdure, régnant tout le long d'une terrasse, bien fournis, bien épais & propres à dérober au public, & le spectacle & les inconvéniens de cette fonction. On vient de supprimer tous ces cabinets & d'établir mesquinement des commodités, comme dans la maison d'un parti-

ticulier, où est forcé d'aller le malheureux qui veut se débarrasser de son superflu, & il n'a cette faculté que moyennant une rétribution de deux sous : amende, au surplus, pour ceux qui feroient leurs déjections ailleurs. Cette invention rappelle l'édit de Vespasien, qui avoit mis un impôt sur les urines.

10 *Octobre* 1777. On voit encore chez monsieur Greuze le tableau d'une fille qui a cassé sa cruche, symbole expressif d'un bien plus précieux qu'elle a perdu. Des fleurs qu'elle tient dans son tablier, représentant non moins ingénieusement la légère & facile récompense qu'elle en a reçue. Sa figure est pleine de la douleur naïve que ce premier échec cause à toute jeune personne honnête. Quant au faire, il est supérieur ; les chairs ont cette fermeté d'une villageoise robuste ; les bras sont charnus & animés du sang qui y circule : ce tableau est merveilleusement empâté, & la santé & la fraîcheur respirent sur la physionomie de cette fille.

10 *Octobre*. Le *Mustapha* de monsieur de Chamfort, doit être donné à Fontainebleau, & tout de suite à Paris ; ce qui confirme la prétention de cet auteur au fauteuil académique, & son espoir de l'obtenir.

11 *Octobre* 1777. Des différentes nouveautés, au nombre de sept en effet, qu'on doit exécuter à Fontainebleau devant la cour, il n'y en a aucune de la comédie Françoise. Ce sont *la Chercheuse d'Esprit*, ballet de monsieur Gardel l'aîné, pour le jeudi 23 de ce mois : *Pomponin*, opéra-comique en deux actes, de monsieur Guinguené, musique de monsieur Pic-

cini pour le 24 : le 27, ballet de *Ninette à la cour*, de monsieur Gardel l'aîné : le 30 *Fatmé*, comédie ballet en deux actes de monsieur de St. Marc, musique de monsieur Delaides : *Matroco*, drame burlesque en cinq actes, mêlé d'ariettes & de vaudevilles, de monsieur Laujon, musique de monsieur Gretry ; pour le 3 novembre & le 14, *Félix*, opéra comique en deux actes, de monsieur Sedaine, musique de monsieur Monsigny ; enfin le même jour *Mirtil* & *Lycoris*, opéra en un acte, de monsieur Bocquet, musique de monsieur Déformery.

12 *Octobre* 1777. La parodie de l'opéra d'*Ernelinde*, jouée chez mademoiselle Guimard, la Terpsichore du théâtre lyrique, l'a été une seconde fois à Choisy la veille du départ pour Fontainebleau, le roi en a été si content qu'il a donné une pension à l'auteur, qu'on sait être un nommé Despréaux, danseur de l'opéra. On peut juger par cette faveur combien sa majesté a encore l'ingénuité du bel âge & aime à rire. On étoit assez embarrassé jusqu'à présent de lui connoître aucun goût en ce genre, & le voilà découvert.

C'est, sans doute, pour contribuer à amuser ainsi son auguste époux, que la reine favorise la future administration de l'opéra, qui se propose de faire venir des bouffons d'Italie.

12 *Octobre*. Il y a eu ces jours derniers une course à la plaine des Sablons ; la reine y a assisté, & c'est M. le duc de Lauzun qui a gagné.

12 *Octobre*. La célèbre madame Geoffrin vient enfin de payer le tribut à l'humanité;

mais comme elle étoit depuis quelque temps en enfance, cet événement n'a produit aucune sensation; le troupeau philosophique qu'elle rassembloit, dispersé d'avance, s'étoit réparti en d'autres sociétés.

12 *Octobre* 1777. Quoique l'*Olympiade* fût horriblement mal exécutée & chantée aux Italiens, les connoisseurs & gens de goût n'en avoient pas moins démêlé la beauté de la musique, qu'ils avoient trouvé bien supérieure à celle d'*Armide*, sur-tout pour la mélodie. Le Chevalier Gluck & ses partisans, furieux de cette préférence, ont excité la jalousie de l'opéra qui, se prévalant de son privilege, a prétendu que la comédie Italienne empiétoit sur lui & ne pouvoit jouer de pieces où il y eût des chœurs, & plus de sept chanteurs en scene; en conséquence il y a eu recours à l'autorité, qui a arrêté le cours des représentations de l'*Olympiade* après la quatrieme représentation. Cette indignité révolte tout Paris. L'injustice est d'autant plus criante, que ce drame lyrique n'a été adopté par le dernier spectacle que lorsque les directeurs du théatre lyrique, après l'avoir fait mettre à l'étude & répéter, l'ont abandonné, de peur de déplaire au chevalier Gluck & aux Gluckistes. Il en résulte une grande défaveur sur l'Allemand, dont les manœuvres basses se sont manifestées en cette occasion.

12 *Octobre. Ethocratie*, où *le Gouvernement fondé sur la morale*. C'est un ouvrage proscrit, comme tant d'autres, parce qu'il est trop bon, à ce qu'assurent ses partisans: ils

difent que c'est un essai, un projet d'union entre la morale & la politique ; qu'il présente l'idée d'une législation conforme à la vertu, qui peut être également avantageuse aux souverains, aux nations, aux familles, à chacun des citoyens ; que l'auteur, tel qu'il soit, mérite la reconnoissance de tous les ordres de la société ; qu'il ne propose rien de chimérique, & que son plan peut être aisément exécuté par tout législateur sincérement animé du désir de faire le bonheur des hommes.

12 Octobre 1777. Quoique les Italiens aient échoué successivement dans deux parodies qu'ils ont présentées depuis peu au public, ils ne se rebutent pas ; ils lui en annoncent une troisieme, qui sera exécutée aujourd'hui. C'est celle d'*Ernelinde*. Elle est en trois actes & en vers, mêlée de vaudevilles.

13 Octobre 1777. Extrait d'une lettre de Ferney, du 4 octobre. J'ai dîné aujourd'hui chez monsieur de Voltaire en très-grande compagnie. L'automne le dérange, & il redoute les approches de l'hiver : il se plaint de sa strangurie ; il est cassé & a la voix éteinte : mais son esprit n'a que quarante ans ; il rabache moins encore dans sa conversation que dans ses écrits. Il est précis & court dans ses histoires. Comme nous avions la jolie madame de Blot, il a voulu être galant, & il étoit plus coquet qu'elle des mines & de la langue. Pour vous donner une idée de la vigueur & de la gentillesse de son esprit, je ne vous en citerai que deux traits, ils suffiront : la comtesse est tombée sur le roi de Prusse & a loué son administration éclairée & incor-

ruptible : « *Par où diable, Madame, s'est-il* » écrié, *pourroit-on prendre ce prince ? il n'a* » *ni conseil, ni chapelle, ni maîtresse.* » On n'a pas manqué de parler de monsieur Necker, & j'étois curieux de sa façon de penser sur son compte. Il a apostrophé un Genevois, qui étoit à table avec nous : « *Votre république, Mon-* » *sieur, doit être bien glorieuse*, lui a-t-il dit : » *elle fournit à la fois à la France un philo-* » *sophe* (M. Rousseau) *pour l'éclairer, un mé-* » *decin* (M. Tronchin) *pour la guérir, & un* » *ministre* (M. Necker) *pour remettre ses finan-* » *ces ; & ce n'est pas l'opération la moins diffi-* » *cile. Il faudroit,* a-t-il ajouté, *lorsque l'ar-* » *chevêque de Paris mourra, donner ce siege à* » *votre fameux ministre Vernet, pour y réta-* » *blir la religion.* » Ce dernier persiflage, sans autre réflexion ultérieure, m'a décelé son jugement sur notre directeur-général. Je l'avois pressenti par une citation écrite de sa main au bas du portrait de monsieur Turgot, *ostendent nobis hunc lentum fata....* Le marquis de Vilette étoit des nôtres & paroît goûté du patron, qui lui a dit des douceurs ; je crois qu'elles sont intéressées, & qu'il s'agit de l'amadouer pour un mariage.

Ce qui indispose encore plus le philosophe contre monsieur Necker, c'est la faveur qu'il accorde à la loterie royale de France, qui s'est étendue dans ces cantons. On vient d'établir à Ferney un bureau de cette loterie ; il redoute avec raison que les habitants de la colonie ne donnent dans ce piege.

13 Octobre 1777. M. Perronnet, le fameux constructeur de ponts, est allé à Tours pour

voir quels remedes apporter au désastre de celui de cette ville. Il a fait un prix avec les entrepreneurs pour réparer les deux arches, & moyennant une somme de 220,000 livres il n'y paroîtra pas.

13 Octobre 1777. Monsieur Marmontel, historiographe de France, & l'un des quarante de l'académie, quoique sexagénaire ou peu s'en faut, est devenu éperdument épris d'une jeune personne de vingt-trois ans, niece de l'abbé Morellet, & ce philosophe s'est laissé conduire à l'épouser, ce qui doit avoir lieu aujourd'hui. C'est ce qu'on appelle une grisette, mais jolie. Quant à lui, il a près de 20,000 livres de rentes viageres ou autres qu'il s'est formées de ses *Contes* & divers ouvrages. Il vivoit avec la grosse Chalut, femme du fermier-général, & il a essuyé de vifs reproches de cette amante délaissée.

13 Octobre. Les membres du bureau de législation dramatique ont fini leur travail, & l'ont présenté aux gentilshommes de la chambre pour y donner leur sanction & le faire homologuer au parlement, s'il leur plaît : on est curieux de voir ce réglement, que ces messieurs regardent comme un chef-d'œuvre, ainsi que tout ce qui sort de leurs mains. Il paroît que le projet des deux troupes est échoué.

14 Octobre 1777. Le succès de la parodie d'*Ernelinde*, qui a si fort amusé le roi, a engagé les gentilshommes de la chambre à faire composer d'autres spectacles dans le même genre & de plus grivois encore. C'est ce qui a donné lieu à la naissance de la princesse

A E I O U, parade des plus équivoques & des plus dégoûtantes pour quelqu'un qui ne porteroit pas à ce genre de spectacle une certaine bonhommie. Elle a été exécutée aussi à Choisy devant le roi & la reine, avec non moins de succès de la part de ces augustes personnages. Du reste, on n'y trouve rien contre les bonnes mœurs, mais une gaieté polissonne, & des propos si poissards, qu'on a été obligé d'avoir recours aux poissardes les plus consommées pour exercer & styler les acteurs. Les hommes étoient habillés en femmes, & les femmes en hommes : c'étoit une déraison, une farce générale.

On a parodié aussi l'effroyable ballet de *Médée & Jason*, & l'on a travesti en scene burlesque cette cruelle tragédie pantomime.

On ne croit pas que la reine se plaise infiniment d'elle-même à ce genre de spectacle, mais son dessein d'amuser le roi l'a engagée à s'y prêter, & à affecter de le goûter.

15 *Octobre* 1777. Un plaisant vient d'adresser une *épître aux Bostoniens* : il leur reproche de s'aviser de vouloir être libres lorsque le despotisme regne sur le monde entier. Cette idée, qui fait le fond de la facétie, donne lieu à des détails très-ingénieusement tournés. Il y a de la gaieté, de la vérité, & une excellente philosophie, assaisonnée de sarcasmes adroits & piquants contre le gouvernement Britannique, & en général, contre tous les souverains, car on voit que

l'auteur n'est rien moins que royaliste : on va juger.

Parlez donc, messieurs de Boston,
Se peut-il qu'au siecle où nous sommes,
Du monde troublant l'unisson,
Vous vous donniez les airs d'être hommes ?
On prétend que plus d'une fois
Vous avez refusé de lire
Les billets doux que Georges Trois
Eut la bonté de vous écrire.
Il paroît, mes pauvres amis,
Que vous n'avez jamais appris
La politesse Européenne,
Et que jamais l'air de Paris
N'insinua dans vos esprits
Cette tolérance chrétienne
Dont vous ignorez tout le prix.
Pour moi, je vous vois avec peine
Afficher, malgré les plaisants,
Cette brutalité Romaine
Qui vous vieillit de deux mille ans.
Raisonnons un peu, je vous prie :
Quel droit avez-vous, plus que nous,
A cette liberté chérie
Dont vous paroissez si jaloux ?
D'un pied léger la tyrannie
Vole, parcourant l'univers,
Ce monstre, sous des noms divers,
Ecrase l'Europe asservie ;
Et vous, peuple injuste & mutin,
Sans papes, sans rois & sans reines,
Vous danseriez au bruit des chaînes
Qui pesent sur le genre humain ;

Et vous d'un si bel équilibre,
Dérangeant le plan régulier,
Seuls auriez le front d'être libres
A la barbe du monde entier !
L'Europe demande vengeance.
Armez-vous héros d'Albion ;
Rome ressuscite à Boston.
Etouffez la dans son enfance :
Dans ses derniers retranchements
Forcez la liberté tremblante,
Qui, toujours plus intéressante,
Se feroit de nouveaux amants.
Qu'elle expire, & que son nom même,
Presqu'ignoré chez nos neveux,
Ne soit plus qu'un mot à leurs yeux
Et son existence un problême.

15 *Octobre* 1777. La parodie d'*Ernelinde*, donnée dimanche aux Italiens, n'a pas eu plus de succès que les précédentes : on l'a trouvée basse & plate, sans critique, sans saillies. Elle va pourtant, & l'on l'a jouée aujourd'hui pour la seconde fois.

On espere revoir l'*olympiade* : les comédiens ayant obtenu de l'exécuter à Fontainebleau, on ne doute pas que de suite ils n'aient la liberté de la continuer.

15 *Octobre*. Le nouveau directeur & ordonnateur-général des bâtiments, curieux d'illustrer son administration par une protection éclatante du roi à l'égard des arts, a fait rendre par sa majesté une déclaration donnée à Versailles le 15 mars, & enrégistrée les grand'chambre

& tournelle assemblées le 2 septembre dernier, *en faveur de l'académie royale de peinture & de sculpture.*

A la suite de cette déclaration, contenant douze articles, se trouvent les statuts, & réglement que le roi veut être observés par ladite académie, au nombre de 40 articles.

Au reste, si le but apparent de cette nouvelle législation est de procurer à cette académie destinée à rassembler dans son sein les artistes, qui, par les talents les plus distingués, mériteront d'y être admis, un lustre plus grand en faisant déclarer au roi qu'elle sera la seule à qui sa majesté accordera à l'avenir sa protection immédiate, qui aura seule le droit de se qualifier *académie royale, principale & premiere,* un autre but de monsieur d'Angiviller, non moins essentiel, est de s'élever en petit ministre, de se confirmer, & de se maintenir dans toutes les prérogatives de cette dignité, en faisant encore dire au roi que ladite compagnie recevra ses ordres par le directeur & ordonnateur général de ses bâtiments, jardins, arts, académies & manufactures royales.

16 *octobre* 1777. Les papiers publics ont parlé, en 1773, d'un jeune sourd & muet, âgé d'environ onze ans, trouvé sur le grand chemin de Peronne. Il fut alors amené à Bicêtre, où il resta pendant deux ans, & passa de-là à l'hôtel-dieu, où il demeura l'espace de huit mois pour cause de maladie. A cette époque, monsieur l'abbé de l'Epée, cet ingénieux & sublime instituteur gratuit des sourds & muets,

s'en chargea pour l'instruire. Ayant eu des indictions, qui l'ont conduit à rechercher l'origine de cet enfant, il a découvert qu'il étoit fils légitime du feu comte de Solar, & que tout donnoit à croire que sa mere, oubliant les sentiments de la nature, avoit cherché à perdre ce malheureux : en effet, celui-ci a fait entendre par signes qu'un certain jour on l'avoit fait monter sur un cheval avec un cavalier ; on lui avoit mis un masque ou bandeau sur les yeux, & qu'après l'avoir fait cheminer pendant un certain temps, on l'avoit abandonné ; c'est dans ces circonstances qu'il a été rencontré mourant de faim, & cherchant jusques dans les excréments des chevaux s'il n'y trouveroit pas quelques nourriture. Heureusement la marâtre, auteur de cet infanticide, est morte : mais sa mémoire sera à jamais en exécration ! car il est question de rendre son état à ce jeune homme, en le constatant juridiquement ; ce qui paroît aisé & incontestable par une foule de dépositions.

16 *Octobre* 1777. Dans ce siecle de projets, de réunions, de suppressions, de destructions, il n'est pas jusques aux compagnies littéraires, que s'étendent les spéculations de nos politiques. Il est aujourd'hui question de réunir l'académie Françoise, comme inutile, à l'académie des belles-lettres, qui a du moins un but & un travail fixe, dont le résultat est constaté par des mémoires auxquels les membres sont astreints à de certaines époques, & formant un recueil qui paroît régulièrement d'année en année.

17 *Octobre* 1777. On se porte en foule pour

aller voir chez monsieur de Mailly, peintre en émail, une écritoire exécutée par cet artiste, ordonnée par l'impératrice des Russies : c'est un présent que cette souveraine fait à l'ordre de saint George, & il doit être placé dans la salle de ses assemblées. Comme tout ce qui a rapport à CATHERINE semble devoir porter l'empreinte de son génie & de sa magnificence, monsieur de Mailly s'est évertué à donner un air de monument à ce quolifichet.

Il a imaginé de faire représenter à l'ensemble un parc d'artillerie, sur lequel des petits génies militaires s'amusent à divers exercices. Il a ainsi placé ingénieusement les ustensiles nécessaires à l'usage auquel cet ouvrage est principalement destiné. Les uns de ces génies, sur le premier plan, sont grouppés de droite & de gauche avec deux mortiers, dont le premier, incliné, est le poudrier ; & le second, perpendiculaire, l'encrier. On voit entre deux étendues sur la place, des armures recouvertes d'un tapis, sur lequel est peint l'embrâsement de la flotte Turque par la flotte Russe. Ce tapis sert de fermeture à une boîte entamée dans l'épaisseur du plan, destinée à contenir plumes, canif, grattoir, &c.

Sur le second sont des grouppes d'autres enfants cherchant à dresser des canons sans affût sur leurs culasses, qui servent de flambeaux.

Sur le devant du plateau s'avance une partie circulaire, au centre de laquelle est un trepied ou autel antique, érigé en l'honneur de la divinité tutélaire de l'Empire ; il sert à placer l'éponge pour essuyer les plumes.

Dans l'un des tiroirs est une piece détachée; c'est un mât brisé auquel, est attaché le reste d'une voile en partie brûlée ; elle sert de garde-vue.

Dans l'enfoncement du centre est une pendule portée sur un piedestal : elle est ornée de différents attributs, entre lesquels se trouve la trompette de la Renommée. Le bout de l'aile de cette trompette sert d'index aux heures & minutes, qui sont marquées sur deux cercles tournants qui traversent le globe.

Le tout est surmonté du portrait de l'impératrice en médaillon.

17 *Octobre* 1777. Monsieur le garde-des-sceaux se propose de faire publier incessamment un réglement nouveau pour la librairie : son objet est de remédier aux abus dont on a déja parlé, & à beaucoup d'autres.

17 *Octobre*. Mademoiselle Raucoux s'est engagée dans la troupe des comédiens qui suivent la cour, & vont jouer à Fontainebleau sur le théatre de la ville durant le voyage : on lui donne 10,000 livres. Son objet est d'exciter les regrets de ses camarades anciens, & de rentrer parmi eux.

18 *Octobre* 1777. Madame Buffaut vient de mourir de la petite vérole. C'étoit une des plus belles créatures de la capitale, & elle faisoit bruit par cette raison. Son plus grand chagrin étoit d'être fille d'une cuisiniere, & femme d'un marchand. Elle avoit fait s'évertuer celui-ci, qui, par la protection de madame Dubarri, étoit devenu écuyer, receveur-général des domaines, dons, octrois & fortifications de la ville de Paris, & con-

seiller du roi en ladite ville. Elle délicatoit son corps avec une recherche singuliere. Pour se décrasser elle s'étoit formée une espece de société d'artistes, de gens à talent & de lettres, & tâchoit, par ses airs de petite-maîtresse, de faire oublier son extraction.

19 *Octobre* 1777. Les poissardes, appellées à Choisy pour styler les acteurs qui ont joué dans la Princesse A E I O U, sollicitent fortement une pension & l'honneur d'être revêtues aussi d'un titre analogue à celui qu'elles ont eu de s'être trouvées ainsi utiles aux plaisirs de la cour. Il paroît qu'en effet elles ne seront pas sans fonctions, car le sieur de Sauvigny ayant été chargé d'un divertissement que le comte d'Artois doit donner à la reine, dans un petit château qu'il fait construire au bois de Boulogne, on l'a prévenu de tâcher d'y mettre beaucoup de grosse gaieté, des turlupinades, en un mot, de se modeler sur *Vadé*, si connu, si fameux en pareil genre, que le bon goût avoit fait abandonner.

19 *Octobre.* Les brochures qui ont paru sur le sallon se réduisent à cinq: savoir, *Jugement d'une demoiselle de 14 ans*; *Réflexions d'un petit dessinateur*; *Tableaux du Louvre, où il n'y a pas le sens commun*; *Lettre pittoresques à l'occasion des tableaux*; & *la Prêtresse, ou nouvelle maniere de prédire ce qui est arrivé.* Les artistes prétendent que les écrivains des trois premieres n'ont aucune connoissance des arts, qu'ils blâment à tort & à travers, décident avec l'intrépidité de l'ignorance; que les deux autres méritent réfutation, parce que les auteurs sont instruits, ont des

yeux & du goût; mais ils voudroient au premier moins d'hypocrisie dans ses compliments & moins de partialité; & au dernier, en termes de l'art, ils reprochent une couleur trop crude, & une touche trop dure. Ces jugements, non moins tranchants, seroient peut-être aussi sujets à réformer de la part des gens de lettres qui voudroient entrer dans quelque discussion, mais elle seroit trop longue & sans doute inutile.

20 *Octobre* 1777. Voici une des chansons recueillies pour amuser monsieur le comte de Maurepas, & qu'on chante à ses soupers, qui ne font rien moins qu'austeres, comme l'on en va juger. Cette piece est de M. Maréchal.

CHANSON,

sur l'Air : *Ne vla-t-il pas que j'aime.*

Il me falloit faire une fin
   Comme tout bon apôtre,
Je suis devenu chapelain;
   Ce poste en vaut un autre.

Iris m'offroit à desservir
   Sa gentille chapelle;
Je n'ai jamais su qu'obéir
   Aux ordres d'une belle.

Elle est au fond d'un bois couvert,
   Gardé par le mystere;
Son sanctuaire n'est ouvert
   Qu'à mon seul ministere.

Un double autel de marbre blanc
   Est de sa dépendance;

Mais ce bénéfice important
　Oblige à résidence.

Sans vicaire, de jour, de nuit,
　Suivant les premiers rites,
Je fais office à petit bruit,
　Avec deux Acolytes.

Quoiqu'en puisse dire les gens,
　Même aux fêtes de Vierge,
Dans ma chapelle, en tous les temps,
　Je n'allume qu'un cierge.

Gros prieurs & brillants prélats
　Tout engraissés d'offrande,
Ma foi, je ne troquerois pas
　Avec vous de prébende.

20 *Octobre* 1777. On écrit de Fontainebleau, que mademoiselle Raucoux a eu le plus grand succès à la comédie de la ville ; que la reine a voulu la voir, & a honoré ce spectacle de sa présence ; que sa majesté en ayant été pleinement satisfaite, on ne doute pas que les comédiens François ne soient forcés de la rappeller parmi eux.

20 *Octobre*. On parle d'un animal étranger apporté dans ce pays-ci, assez curieux. On dit qu'il vient des montagnes des Amazones. Il a le col du lion, la barbe blanche, des bras & des mains comme l'homme, & son museau est composé de trois canaux de différentes couleurs. On ne le nomme point,

& l'on prétend que les naturalistes n'en ont point parlé.

22 *Octobre* 1777. Il y a dans le bois de Boulogne une espece de vuide-bouteille appellé *Bagatelle*, qui par divers arrangements se trouve aujourd'hui appartenir au comte d'Artois. Ce prince annonce un goût décidé pour la truelle; & indépendamment des bâtiments, de toute espece qu'il a deja entrepris, au nombre de quatre ou cinq, il a eu le desir d'étendre & d'embellir celui-ci, ou plutôt de le changer absolument, & le rendre digne de lui. Il a pris une tournure fort ingénieuse pour se satisfaire aux frais de qui il appartiendroit. Il a parié cent mille francs avec la reine que ce palais de fée seroit commencé & achevé durant le voyage de Fontainebleau, au point d'y donner une fête à sa majesté au retour. Il y a huit cents ouvriers, & l'architecte de son A. R. espere bien la faire gagner.

23 *Octobre* 1777. On connoît une chanson ancienne, intitulée, *l'Amour en capuchon*. Un auteur de Nicolet en a fait une piece de théatre, ayant pour titre: *l'Amant en capuchon*. Elle est charmante, & digne d'un autre lieu. On seroit tenté de la croire de l'abbé de Voisenon, s'il n'étoit pas mort. Elle est remplie de gaieté, & d'allusions polissonnes, mais fort délicatement présentées. Elle est si ingénieuse qu'on craint qu'elle n'excite la jalousie & les réclamations des comédiens François.

23 *Octobre*. Lorsque le général de l'oratoire, & celui de la doctrine chrétienne se sont présentés à monsieur l'archevêque, pour faire renouveller les pouvoirs de leurs religieux,

ce prélat a rayé de la liste une quantité de ces prêtres, en déclarant qu'il profitoit du peu de temps que Dieu lui donnoit encore à vivre pour extirper les restes du janſéniſme. Cependant madame la duchesse de Nivernois, une des meres de l'égliſe, ayant sollicité auprès de monseigneur le rétablissement du pere Suard, doctrinaire, fameux prédicateur, & s'étant rendue garante de ſa doctrine, a obtenu ſa grace.

23 *Octobre* 1777. Me. Dodin ſe propoſoit de publier un mémoire pour la femme Desrues; mais ce ne ſera, s'il a lieu, pas de ſi-tôt, puiſqu'il ſe trouve ſuſpendu pour quatre mois. C'eſt la ſuite de ſa querelle avec monſieur l'avocat-général d'Agueſſeau. Il faut ſe rappeller que le 30 août étoit intervenu arrêt, condamnant monſieur de Mazieres à 6,000 livres de dommages-intérêts, & cependant ſupprimant les mémoires publiés contre lui, comme contenant *des faits injurieux & étrangers à l'affaire.*

En même temps, par un arrêté ſecret & verbal, le parlement avoit réſolu « que le bâ-
» tonnier ſeroit invité à prier l'ordre de veil-
» ler à ce que les avocats ſe continſſent dans
» la modération, & ne ſe permiſſent pas dans
» leurs écrits des faits injurieux ou étrangers
» à leur cauſe, ſans quoi la cour ſeroit obli-
» gée de faire ordonner l'exécution des arrêts
» & réglements qui ſont précis ſur cette ma-
» tiere. »

En conſéquence, le préſident de la tournelle, monſieur le Pelletier de Saint-Fargeau, a fait au bâtonnier une viſite, où il s'eſt acquitté de sa commission dans les termes les plus doux.

Les avocats, satisfaits de cette démarche, se sont désistés de leur projet de ne point communiquer avec monsieur d'Aguesseau, & lui ont donné même une sorte de satisfaction en suspendant l'avocat Dodin pour quatre mois, suspension peu pénible durant le temps des vacances.

24 Octobre 1777. On parloit depuis deux mois d'une lettre de Me. Linguet au comte de Maurepas, & ce qu'on en citoit étoit d'une méchanceté si extravagante qu'on la regardoit comme une supposition de ses ennemis, & qu'on ne pouvoit croire le fait. Il paroît constaté aujourd'hui sur le rapport de personnages graves qui disent avoir eu la lecture de l'épître, & d'ailleurs elle a quelque trait à l'anecdote du personnage envoyé vers lui pour retirer certains papiers ou mémoires, dont il y est fait mention. Au surplus, le ministre n'est point ému de ses menaces, & n'a pas même daigné faire arrêter son journal, qui continue, & qui est bien véritablement *sien*, car il n'y parle guere que de lui ou de choses & de gens relatifs à lui, ou il y ramene les matieres qui lui paroîtroient d'abord les plus étrangeres.

25 Octobre 1777. La faculté de théologie, malgré son esprit de pacification, a dû céder enfin à son zele & à son devoir. Le discours de l'abbé Remi est décidément remis à la censure, non-seulement relativement à quelques écarts, & sur-tout un concernant le concile de Trente, mais au ton général de l'ou-

vrage. Au furplus, les fages maîtres ne trouvent ni l'académie ni l'orateur même repréhenfibles, mais les deux docteurs qui ont approuvé ce *Eloge de l'Hôpital*. L'un eft un monfieur Billette, chanoine de faint Marcel, & l'autre un certain pere Fauxambas, ex-provincial carme.

26 *Octobre* 1777. On continue à aller voir l'écritoire dont on a parlé, qui eft principalement admirable par vingt fujets peints en émail, du fieur de Mailly, en forme de bas-reliefs, repréfentant diverfes actions dans les batailles, données entre les Ruffes & les Turcs. Ces petits objets, qui veulent être examinés de près, font finis avec la plus grande précifion. La dorure eft faite par le fieur Henri, & le mouvement de la pendule eft du fieur Mayer.

La partie du monument porte environ 22 pouces de longueur & 14 de profondeur. Il eft pofé fur un plateau plaqué en ébene, chantourné, & orné de plufieurs bornes ruftiques & enchaînées. Ces chaînes fervent en même temps de point de force, pour tranfporter cette machine avec fûreté & facilité.

L'artifte prétend que l'ouvrage vaut en tout 60,000 livres; & ne lui eft payé que 50,000 livres.

26 *Octobre*. Quoique l'inoculation ait perdu un grand défenfeur & un grand praticien en la perfonne de monfieur Hofty, médecin de la faculté, mort il y a plus d'un mois, elle devient plus en vogue que jamais, & le fieur Sherloc, Anglois, de la famille de Suttons, eft l'homme à la mode.

Les partisans de cette méthode font beaucoup valoir un fait récent arrivé chez monsieur de Longpré, tenant une école de jeunes gentilshommes. Il atteste que de tous les enfants résidants chez lui, aucun n'a échappé à cette épidémie, qui n'a épargné que ceux ayant été inoculés, & n'a pu mordre absolument sur aucun.

27 *Octobre* 1777. On connoissoit à monsieur de la Borde, ci-devant premier valet-de-chambre du roi, aujourd'hui fermier-général, beaucoup de talent pour la musique; mais il en déploie un aujourd'hui plus rare & infiniment plus propre à l'enrichir. Cet amateur, qui a beaucoup voyagé en Suisse & en Italie, a dessiné toutes les vues de ces deux pays dans le plus grand détail, & les fait proposer aujourd'hui en forme de souscription par deux graveurs, Née & Masquelier. Cette collection, dont le travail doit durer trois ans, indépendamment des beautés de l'art qu'elle offre aux amateurs, doit contenir des détails amusants & instructifs, relativement au local, à l'histoire naturelle, aux mœurs & coutumes des habitants des lieux; en sorte qu'elle aura plusieurs volumes.

Les amis de ce financier assurent que le roi de Prusse a fait marché avec lui pour acquérir les dessins originaux, & que cette majesté lui en donne 1,500,000 livres; ce qui est difficile à croire, quoiqu'ils disent le tenir de la bouche de M. de la Borde.

27 *Octobre*. Toute la littérature est dans l'attente du travail du *Bureau de Législation dramatique*. Les auteurs qui le composent,

s'en félicitent comme d'un chef-d'œuvre d'adresse, dont la postérité leur saura un gré infini. Le grand art étoit d'établir un corps subsistant pour contrebalancer la troupe des comédiens ; & ne pouvant se soustraire à une sorte de dépendance de ceux-ci pour la lecture, réception, jeu & succès de leurs pieces, de trouver un contrepoids qui rétablît l'équilibre ; c'est ce qu'ils s'imaginent avoir fait en arrangeant les acteurs par classes en raison de leurs gages plus ou moins forts, & en faisant ordonner par le roi qu'ils ne pourront désormais passer de l'une à l'autre, sans le concours, l'agrément, & le suffrage du bureau de législation, ou du moins de certains représentants qu'il nommera.

Ils ont aussi cru remédier à l'insolence des histrions, à leurs cabales, à leur partialité ou ineptie dans la réception des pieces, en convenant d'un président de lecture, pris dans l'ordre des auteurs dramatiques. Il n'aura aucune voix dans l'assemblée, mais contiendra les comédiens, les obligera d'être attentifs, les fera punir s'ils se permettent des sarcasmes indécents contre l'auteur ou sa piece, & surtout examinera leurs avis motivés sur leurs bulletins, pour juger s'ils sont en état de prononcer. Il rendra compte du tout au gentilhomme de la chambre, qui exigera une seconde lecture si les regles n'ont pas été observées à la premiere.

On voit par ces articles principaux, tirés de leur mémoire, qu'il y a de très-bonnes vues ; mais on doute fort de leur exécution, & sur-tout que les auteurs

soient

soient assez fermes pour se maintenir, & ne pas se diviser ; ce qui les perdroit, & rendroit toutes leurs opérations infructueuses.

17 Octobre 1777. Monsieur le chevalier de Nerciat vient de composer un quatuor bacchique, dont les paroles & la musique sont du même auteur. Si celle-ci répond aux premieres, ce doit être un morceau charmant. Cette espece de scene est supposée se passer à table. Les acteurs sont des personnes surannées, dont l'ame est tendre, & qui ne prennent qu'à regret le parti de renoncer à l'amour. En général, il doit régner dans le tout un caractere de douce mélancolie qu'exprime déja très-bien la poésie.

Aux Invalides de l'Amour.

Amis, il neige sur nos têtes ;
A notre âge, plus de conquêtes ;
Renonçons aux tendres desirs.
abandonnés d'un dieu volage,
Quittons Cithere avec courage
Et cherchons ailleurs des plaisirs.

Choisissons un bonheur durable :
Jamais ingrat, toujours affable,
Bacchus nous invite à sa cour.
Enrôlons-nous dans sa milice :
Ce dieu reçoit à son service
Les invalides de l'Amour.

28 Octobre 1777. On trouve dans le réper-

toire des pieces nouvelles pour Fontainebleau que le 6 novembre on y jouera *Fatmé*, opéra nouveau, intitulé d'abord *le langage des fleurs*. Ce titre plus caractérisé étoit relatif à l'usage des Turcs, de se parler avec des fleurs lorsque la contrainte des serrails les empêche de se servir de la voix. Malgré cela, l'auteur instruit des plaisanteries qu'il causoit, l'a supprimé pour y substituer celui plus vague de l'héroïne de ce ballet lyrique. Le *Courier de l'Europe*, dans le N°...., a jugé à propos de s'égayer sur ce titre retranché du *langage des fleurs*, en disant qu'on se demandoit déja si l'on y trouveroit beaucoup de *Pensées* ? « Je » puis répondre, » a dit gaiement le poëte (monsieur le marquis de Saint-Marc) en lisant la pointe, « qu'au moins on n'y trouvera » pas de soucis. »

29 *Octobre* 1777. Monsieur le cardinal de la Roche-Aymon s'est éteint ces jours-ci. Il étoit mort au monde depuis plusieurs mois ; on n'en parloit plus ; & l'on ne se réveille aujourd'hui sur son compte que relativement à son testament, où l'on trouve une clause de vanité puérile qui annonce bien la petitesse de son génie, & les chimeres ridicules dont il s'occupoit. Il laisse aux sonneurs cent écus pour récompense des peines qu'ils prendront à sonner à son enterrement, & les encourager à bien faire. La parcimonie perce d'ailleurs par la maniere dont il traite ses domestiques, ainsi que les divers hôpitaux des dioceses par où il a passé. A cette derniere occasion cependant il avoue devoir tout à l'église,

& que son bien doit être le patrimoine des pauvres.

30 *Octobre* 1777. *L'Amour quêteur*, & non *l'Amant*, est exactement cette chanson de monsieur de la Borde, composée il y a six mois, dont on attribue les paroles à l'avocat-général Seguier, mise en action. La piece est d'un abbé Robinot, attaché à la bibliotheque du roi; & la foule continue à s'y porter de plus en plus. Cette ingénieuse & piquante bagatelle a l'effet bien rare de paroître trop courte aux spectateurs.

31 *Octobre* 1777. Les querelles élevées entre les Gluckistes & les Lullistes ont dégénéré, suivant l'usage, en guerre très-vive, qui s'est faite à coups de plume. Il paroît journellement quelqu'écrit à cette occasion, où ces messieurs ne s'épargnent pas les injures. Messieurs de la Harpe & Marmontel sont les coryphées du dernier parti; messieurs Arnaud & Suard sont à la tête du premier. Ceux-ci répandent leurs écrits sous l'enseigne de l'*Anonyme de Vaugirard*. Un plaisant vient de leur envoyer à la même adresse des especes de stances, ou couplets que voici:

A l'Anonyme de Vaugirard, sur sa réponse à monsieur le chevalier Gluck, insérée dans le Journal de Paris, N°. 296 & suivants.

> Je fais, monsieur, beaucoup de cas
> De cette science infinie,
> Que, malgré votre modestie,
> Vous étalez avec fracas
> Sur le genre de l'harmonie

Qui convient à nos opéras :
Mais tout cela n'empêche pas
Que votre *Armide* ne m'ennuie.

Armé d'une plume hardie,
Quand vous traitez du haut en bas
Le vengeur de la mélodie,
Vous avez l'air d'un fier-à-bras ;
Et je trouve que vos débats
Passent, ma foi, la raillerie :
Mais tout cela n'empêche pas
Que votre *Armide* ne m'ennuie.

Votre style est plein d'embarras ;
De vos peintres la litanie,
Sur leurs talents votre fatras,
Sont une vaine rapsodie,
Un orgueilleux galimathias,
Une franche pédanterie :
Et tout cela n'empêche pas
Que votre *Armide* ne m'ennuie.

Le fameux *Gluck*, qui, dans vos bras,
Humblement se jette & vous prie,
Avec des tours si délicats
de faire valoir son génie,
Mérite sans doute le pas
Sur les Amphions d'Ausonie :
Mais tout cela n'empêche pas
Que votre *Armide* ne m'ennuie.

1 *Novembre* 1777. Outre les spectacles forains qui sont sur les boulevards, & dont

les prodigieux succès ont excité la cupidité de beaucoup d'autres entrepreneurs ; un nommé Texier a obtenu l'agrément d'y faire construire une autre salle, dont la destination est un mystere. Les uns prétendent que ce sera un séminaire pour l'opéra, d'autres pour la comédie Françoise. Le temps éclaircira ces doutes, & promptement, car elle est fort avancée.

2 *Novembre* 1777. Monsieur le marquis de Bievre est fameux pour ses calembours ; c'est le faiseur de pointes le plus brillant de France, & son immortel chef-d'œuvre en ce genre, sa *Contestation* [Comtesse-tation] est fait pour attester son merveilleux talent à la postérité la plus reculée. On lui attribuoit le calembour sur l'opéra de monsieur de Saint-Marc, dont on a parlé. Il vient d'en faire un nouveau à cette occasion, & répand une lettre signée *Labe-tise*, où il se défend de la premiere méchanceté, & la tourne en éloge. Il prétend qu'ayant demandé de qui étoit *le langage des fleurs*, & ayant appris le nom de l'auteur, il s'écria : *Nous aurons donc des pensées fraîches de Fontainebleau ? C'est heureux au mois de novembre !*

3 *Novembre* 1777. On ne sait plus à quoi s'en tenir sur l'opération de monsieur Sigault ; elle donne lieu à des débats très-sérieux entre les médecins & les chirurgiens. Ceux-ci prétendent que l'accouchée est fort mal, & sera pour le moins estropiée le reste de ses jours. Les autres assurent que tout va bien. La jalousie des derniers doit faire révoquer en doute leur assertion funeste. Au reste, le temps seul peut

apprendre le bien qui doit résulter de la découverte.

4 *Novembre* 1777. Les formidables arrêts du conseil concernant la librairie, au nombre de six, commencent à paroître, & l'on ne les regarde que comme un commencement de la moderne législation en cette partie. Ils sont datés du 30 août.

Le premier porte suppression & création de différentes chambres syndicales dans le royaume.

Le second regle les formalités à observer pour la réception des libraires & imprimeurs.

Le troisieme porte réglement de discipline pour les compagnons imprimeurs.

Le quatrieme porte réglement sur la durée des privileges en librairie.

Le cinquieme concerne les contre-façons de livres, soit antérieures au présent arrêt, soit celles qui seroient faites en contravention des défenses portées audit arrêt.

Le sixieme porte établissement de deux ventes publiques de librairie.

5 *Novembre* 1777. *Extrait d'une lettre de Bordeaux, du premier novembre*......... « La » chambre du commerce de cette ville, en re- » connoissance des bontés dont l'ont honorée » monsieur & le comte d'Artois, à leur passage » par cette ville, ont arrêté de charger leur dé- » puté à Paris de faire faire la statue de chacun » de ces princes pour être placée à la bourse. » Leurs altesses royales y ont donné leur consen- » tement. C'est le célebre Pigale qui s'est chargé » de ce double monument. »

6 *Novembre* 1777. Le bureau de législation

dramatique est en désarroi depuis que le sieur de Beaumarchais est parti. Quoique les membres fussent convenus de s'assembler & de régler beaucoup de choses malgré l'absence de ce confrere, comme il servoit de point de ralliement par les dîners qu'il leur donnoit, personne n'a voulu faire ces frais, & l'on s'est de beaucoup refroidi ; en sorte qu'il est bien à craindre que la besogne ne reste imparfaite, ou même sans aucun effet. Déja monsieur Dudoyer, qui s'étoit opposé à la formation de deux troupes à raison de son attachement à la demoiselle Doligny, a fait schisme, & ne vient plus assister aux assemblées. De son côté, monsieur le maréchal duc de Duras a déclaré que non-seulement il ne se prêteroit pas à cette innovation si desirée, mais qu'il s'y opposeroit de tout son crédit. On ne sait même si pour le réglement il ne se rendra pas aux sollicitations des comédiens ; car si, comme membre de l'académie Françoise, il est censé homme de lettres, & camarade des auteurs, comme gentilhomme de la chambre, il est protecteur né des histrions, & par ses familiarités & intimités avec les actrices, est en quelque sorte leur camarade aussi.

6 *Novembre* 1777. Le sieur le Kain, qui ne brille pas dans la tragédie de *Mustapha*, de monsieur de Chamfort, ayant refusé d'y jouer, on a écrit au sieur de la Rive pour qu'il eût à apprendre le rôle. Celui-ci s'en est défendu sur ce qu'étant destiné aux plaisirs de la capitale durant le voyage de Fontainebleau, il étoit accablé & ne pouvoit se charger d'un travail nouveau. Il lui est venu un ordre plus

précis de la part de la reine, & l'on lui a même assigné le jour auquel il devoit être prêt.

7 Novembre 1777. Le nouveau palais de monsieur le comte d'Artois s'éleve avec rapidité. Il est absolument neuf, & ne sera nullement établi sur les ruines de *Bagatelle*, qui subsiste à une certaine distance. Il y a une quantité de maréchaussées pour empêcher les curieux de pénétrer & de détourner les ouvriers.

7 Novembre 1777. Un autre plaisant du parti des Gluckistes a répondu à la facétie où l'on s'égaie sur le compte du musicien Allemand & sur son *Armide*. Comme on l'attribue à monsieur de la Harpe, la riposte est dirigée contre lui en jouant sur son nom ; elle est intitulée : *Vers d'un homme qui aime la musique & tous les instruments*, excepté LA HARPE.

J'ai toujours fait assez de cas
D'une savante symphonie,
D'où résultoit une harmonie
Sans efforts & sans embarras.
De ces instruments hauts & bas,
Quand chacun fait bien sa partie,
L'ensemble ne me déplaît pas ;
Mais, ma foi, *la Harpe* m'ennuie.

Chacun a son goût ici-bas :
J'aime *Gluck* & son beau génie,
Et la céleste mélodie
Qu'on entend à ses opéras.
La période & son fatras
Pour mon oreille ont peu d'appas :
Et, sur-tout, *la Harpe* m'ennuie.

8 *Novembre* 1777. L'objet du premier arrêt du conseil concernant la librairie, est d'empêcher dans le royaume des imprimeries isolées, en quelque sorte indépendantes & propres à faciliter les abus. En conséquence on forme de toutes les chambres syndicales, au nombre de vingt, autant de chef-lieux où ressortiront tous les libraires & imprimeurs du royaume, & il y aura près de chacune un inspecteur pour les rondes & visites de chaque département. Les bibliothèques ou cabinets de livres à vendre seront même soumis à la visite & à l'examen des officiers de ces chambres, & ne pourront avoir lieu que sur leur approbation.

L'objet du second & du troisieme est de gêner les récipiendaires & les subalternes; de les rendre plus dépendants, &, sous ce prétexte, de les faire financer. Il en doit résulter un bénéfice considérable, avec lequel M. Camus de Néville pourra monter ses bureaux en finance, & faire de sa place une excellente affaire; mais ils attaquent un peu les propriétés, la plus essentielle du moins, celle du travail de chaque individu; & d'ailleurs il résulte de ces divers arrangements un impôt indirect qui ne devroit pas s'établir ainsi sans vérification & sans enrégistrement; ce qui a occasioné quelques mouvements des libraires & imprimeurs à Fontainebleau, d'où l'on les a renvoyés sans les écouter.

L'objet du quatrieme paroît avantageux aux gens de lettres, en ce que S. M. leur accorde, pour eux & leurs hoirs à perpétuité, la jouissance du privilege de la vente de leurs ouvrages une fois obtenue, pourvu qu'ils ne le rétrocedent à aucun libraire ; cas auquel ce privilege se restreindroit à la vie de l'auteur. Quant au privilege obtenu par l'imprimeur, il ne pourra être de moins de dix ans, & il ne s'accordera que moyennant finance.

Les deux derniers arrêts ne méritent aucun détail, & sont assez développés par leur titre.

8 *Novembre* 1777. Sur le rapport de monsieur Desjardins, envoyé en Angleterre, on vient de construire à la place de Louis XV un bâtiment rempli de matieres combustibles, & l'on doit faire l'expérience d'y mettre le feu de maniere à les consumer sans que le bâtiment en soit endommagé.

9 *Novembre* 1777. Monsieur Bernard de Jussieu vient de mourir. Il étoit membre de l'académie des sciences, & fameux sur-tout par ses connoissances en botannique, où il a fait des découvertes qui le font assimiler par les savants à van Linné. Il a peu écrit, & il étoit si modeste, si défiant de ses forces & de ses connoissances, qu'il répondoit toujours : *je ne sais pas*. C'est lui qui le premier a fait connoître l'origine des plantes marines, en démontrant qu'elles n'étoient que des loges de polypes. Il avoit formé pour le feu roi, à Trianon, un jardin de botanique, & étoit l'instituteur de Louis XV en cette science. Il y avoit assigné aux familles des plantes un nouvel ordre, d'après lequel elles viennent d'être récemment rangées au jardin du roi, par M. de Jussieu, son neveu.

9 *Novembre*. *Extrait d'une letttre de Fontainebleau du 7 Novembre* 1777..... » Après avoir fait des courses à cheval & à pied, la

reine a proposé d'en faire avec des ânes. On a excité l'émulation des paysans du voisinage, & jeudi il y a eu un pareil spectacle. Le vainqueur a 300 livres & un chardon d'or.

Au reste, la fureur du jeu gagne la famille royale. On donne le pharaon chez la reine. Sa majesté & le comte d'Artois y ont fait de grosses pertes. *Monsieur* s'y livre moins, & le roi continue à jouer les jeux de société moins chers que bien des particuliers.

Mademoiselle Raucoux est l'entretien de la cour par la protection éclatante dont la reine la couvre. On sait que cette actrice, réfugiée chez le prince de Ligne, n'avoit obtenu grace de ses créanciers que parce que la demoiselle Souck s'étoit mise à la tête des affaires de sa camarade, & devoit y sacrifier la fortune dont le prince *Henri* l'a enrichie & l'enrichit encore, mais elle n'étoit qu'en terme d'accommodement. Sa majesté qui veut qu'elle rentre à la comédie Françoise, pour ôter aux comédiens tout prétexte de la refuser, n'est pas éloignée de payer absolument ses dettes, se montant à 200,000 livres.

10 *Novembre* 1777. Les salpêtriers de Paris font paroître une réponse à monsieur de Courbeton très-volumineuse & remplie d'injures & de faits graves. L'affaire devient de plus en plus sérieuse.

10 *Novembre* Le bureau de la ville, après bien des incertitudes, a arrêté définitivement d'entourer la statue de Louis XV, au lieu d'une grille, d'une balustrade de marbre. Monsieur le Prince, sculpteur, en est chargé. Il vient de partir pour Carare, où il va choisir les blocs. Le

marché de sa soumission est fait à 20 livres le pied cube.

11 *Novembre* 1777. Il faut se rappeller la statue de M. de Voltaire, faite par le fameux Pigale, qui l'a représenté nu. Un ennemi du vieillard de Ferney s'est permis à cette occasion la boutade suivante :

Pigale au naturel nous a rendu Voltaire;
Ce squelette à la fois offre l'homme & l'auteur :
L'œil qui le voit sans parure étrangere
Est effrayé de sa laideur.

12 *Novembre* 1777. M. de Moissi est mort le 8 de ce mois âgé de 65 ans. Il avoit été garde-du-corps. Il est auteur de plusieurs pieces de théatre, jouées tant à la comédie Françoise qu'aux Italiens. *La nouvelle Ecole des femmes* est la seule qui ait eu un succès considérable à ce théatre, & qui puisse lui conserver une certaine réputation. Il y a quelques années qu'il avoit eu le projet de se retirer à la Trappe, où il n'étoit point resté.

13 *Novembre* 1777. C'est à l'assemblée du *primâ mensis* d'octobre qu'un des sages maîtres a dénoncé un *éloge de Michel de l'Hôpital, chancelier de France, discours qui a remporté le prix de l'académie Françoise en* 1777. Il observa qu'il avoit trouvé dans l'ouvrage & dans les notes dont il est accompagné, plusieurs choses contre la religion & dignes d'une censure publique, & il requit d'autant mieux que la faculté s'occupât du discours, qu'il étoit suivi de l'approbation de deux docteurs.

La chose mise en délibération, il fut décidé,

d'un vœu unanime, d'examiner les divers paragraphes donnant lieu à la dénonciation, & de voir en quoi avoient péché les approbateurs qu'elle concernoit aussi.

En conséquence la faculté de théologie, suivant son usage, nomma des députés pour cet examen, & rendre compte de leur travail au *primâ mensis* de novembre.

Ces députés s'étant acquittés avec zele de leurs fonctions audit jour, l'avis des docteurs pris, la faculté,

1. Déclare que l'ouvrage dénoncé contient différentes choses à rejeter par tout théologien catholique, & qu'elle désapprouve fort la signature des deux approbateurs.

2. Que se conformant aux démarches de ses prédécesseurs en pareil cas, elle désavoue, autant qu'il est en elle, cette approbation, la déclarant mal donnée, vaine & nulle, pour que personne ne puisse être trompé désormais par la signature des docteurs.

3. Elle ordonne que cette souscription soit publiquement & expressément révoquée par les deux membres qui l'ont donnée sans une mûre réflexion.

4. A cette occasion elle exhorte les docteurs & leur enjoint d'être de plus en plus attentifs & circonspects en pareil examen; de se ressouvenir que par leur approbation ils deviennent garants auprès de l'académie Françoise de tout ce qui concerne, dans ces ouvrages, la religion & ses intérêts, afin qu'on ne voie pas désormais couronner par les arbitres du goût, des fronts sur lesquels réside l'audace de l'impiété.

5. La faculté choisit entre les différentes pro-

positions passées mal-à-propos par les deux théologiens, celles qui peuvent plus facilement servir de preuves à la nécessité de la censure.

Après avoir extrait ces propositions, au nombre de neuf, la faculté déclare de nouveau qu'elle ne veut point s'acharner plus long-temps contre cet ouvrage, pour n'avoir pas l'air de déprimer directement l'éloge d'un chancelier illustre qui a bien mérité de la France : mais que par son silence elle n'entend point approuver non plus le surplus du discours ou les notes ; qu'au contraire, ce discours, à la discussion, offre plusieurs autres choses nuisibles à la religion ; par des pensées hasardées & téméraires, par un ton impudent par des railleries, des ironies, par des traits satiriques, par des attaques contre des ordres de citoyens & des corps de magistrature respectables.

Ces préliminaires arrêtés, le tout fut imprimé en latin, pour être remis aux docteurs dans une assemblée tenue le lundi 10, & préparer la censure qui devoit se conclure dans une autre assemblée générale.

14 *Novembre* 1777. La feuille préliminaire qu'a fait imprimer la faculté & distribuer aux docteurs, en latin, a pour titre : *Idea conclusionis facultatis theologiæ Parisiensis ferendæ occasione approbati à duobus magistris libelli, dui inscribitur.* Eloge du Michel de l'Hôpital, &c.

On voit aisément par l'énoncé des propositions censurées, & par les réflexions des censeurs, que c'est une pure chicane, une affaire de parti & d'intrigue. Les maîtres des requêtes n'ayant pu obtenir justice par eux mêmes de la prétendue insulte qui leur étoit faite, &

s'entendant continuellement corner aux oreilles en passant dans la galerie à Versailles, ou en entrant quelque part : *Qu'est-ce qu'un maître des requêtes ?* Interrogation que fait l'auteur dans son discours, & d'où il part pour peindre ce genre de magistrats, ont eu recours à un de leurs confreres, l'abbé Royer, aussi docteur de Sorbonne. Celui-ci a ameuté les têtes chaudes parmi les sorbonnistes, & a provoqué la dénonciation.

Un des deux théologiens approbateurs s'est déja rétracté & a satisfait à ce qu'exigeoit la faculté. Le second, monsieur Billette, avocat en même-temps, ne veut pas, & il est à craindre qu'on ne prenne un avis violent contre lui.

14 *Novembre* 1777. Un autre plaisant est intervenu dans la querelle des *Gluckistes*, *Lullistes*, *Piccinistes*, &c. & a fait une espece d'épigramme intitulée : *Vers d'un ignorant, comme les trois-quarts du monde, en musique, & sans doute en poésie, mais sensible autant que personne* :

Allemand ou François, qu'importe qui m'éclaire ?
Je suis, en fait de goût, neutre sur le pays,
Iphigénie, *Orphée*, *Alceste* ont su me plaire ;
A *Gluck* effrontément jose donner le prix.
Laissez mûrir *Armide* ; *Armide*, *Armide* même
Renferme des beautés, & d'un ordre suprême !
Pour l'ancien genre enfin bataille qui voudra,
A Jacques, Pierre ou Paul, que la palme demeure ;
Messieurs de *Vaugirard*, la *Harpe* & cætera,
Ou pour ou contre *Armide* écrivez, moi j'y pleure.

16 *Novembre* 1777. On parle beaucoup d'une fameuse chasse exécutée à Brunoi chez *monsieur*, entre les trois freres, où il a été tué 2,700 pieces de gibier. Comme les rabatteurs étoient obligés de le ramener très-près du roi qui a la vue basse, & que ces officiers auroient pu être endommagés des grains de plomb, on avoit imaginé des especes de fauteuils à découvert au haut d'échelles de jardinier avec des roulettes, en forme de chaire à prêcher. Là sa majesté & les freres plongeoient à leur aise sur les volatiles, sans craindre de blesser les rabatteurs. Ce divertissement, qui a fait grand plaisir à sa majesté, doit se renouveller incessamment.

16 *Novembre.* On parle ici d'une nouvelle brochure de monsieur de Voltaire, ayant pour titre *Ephémere.* C'est encore un dialogue sur la religion, a ce qu'on dit.

16 *Novembre.* Un éleve de monsieur de Jussieu lui a fait l'épitaphe suivante. Il se nomme monsieur *Vali*, & cet hommage de son cœur fait aussi l'éloge de son talent.

 Du Linnæus François la cendre ici repose,
  Il connut, comme Salomon,
 Et le cedre orgueilleux, & la simple buglose:
  Et malgré l'éclat de son nom,
 Il mourut en croyant savoir très-peu de chose.

27 *Novembre* 1777. On parle beaucoup d'un mémoire de M. de Bellegarde, de 80 pages in-4°. servant de réponse à une brochure sans nom d'auteur ni d'imprimeur, & intitulée : *Considération sur la réforme des armes.*

jugée au conseil de guerre assemblé à l'hôtel des invalides. Elle est imputée à M. de Saint-Auban, & l'on peut juger du ton de véhémence & d'énergie que l'accusé doit employer contre un pareil ennemi. Comme le procès est actuellement pendant au parlement de Nanci, c'est-là que paroît l'écrit en question, & il est fort rare dans ce pays-ci.

17 *Novembre* 1777. Les adversaires des jésuites ne cessent de s'occuper d'eux. Ils montrent aujourd'hui une estampe prétendue frappée par cette société, & ils y joignent une explication, par laquelle ils veulent faire connoître qu'elle est un emblême symbolique de leur système, & de leur projet de rétablissement. C'est une piece curieuse au demeurant, qui mérite quelques détails.

18 *Novembre* 1777. On presse les travaux du nouveau château que monsieur le comte d'Artois fait construire dans le bois de Boulogne, & l'on y met tant de zele qu'on arrête au besoin les voitures de pierres, de plâtre & autres destinées aux bâtimens des particuliers : on s'en empare, & on les détourne pour les y mener. Cet abus, qu'il ne faut sans doute attribuer qu'à l'empressement des chefs, fait beaucoup crier & avec raison.

19 *Novembre* 1775. L'affaire de la nouvelle administration de l'opéra est arrangée, & après des actes préliminaires des 18 septembre & 5 octobre, il a été formé à Fontainebleau, le 18 novembre, un arrêt du conseil au nom du sieur de Vismes du Valgay, qui lui accorde l'entreprise de ce spectacle ; ce qu'on verra plus au long dans cet arrêt lorsqu'il paroîtra,

19 *Novembre* 1777. Les quatre premieres propositions dénoncées dans l'*Idea Conclusionis* de la faculté de théologie, concernent directement ou indirectement le concile de Trente. On y reproche à l'abbé Remi de ne pas se conformer au respect qu'on a même au barreau en France pour ce concile. Il est vrai qu'autrefois on n'affectoit de l'y appeller que l'*Assemblée de Trente*; mais aujourd'hui un avocat qui se serviroit de l'ancienne expression, seroit relevé par le président.

Les docteurs trouvent l'orateur d'autant plus répréhensible qu'il convient que c'est un concile œcuménique, c'est-à-dire, faisant regle de foi pour le dogme & inspiré par le saint Esprit; & cependant il le représente comme une *machine* mue par Philippe II & Paul III, comme une *Légion sainte*, une *Milice* invincible, dont ces deux souverains se servoient également pour leurs projets ambitieux; comme une assemblée de personnages fanatiques, refusant des sauf-conduits aux députés des nations protestantes, & les condamnant ainsi sans les écouter; enfin il fait entendre que la dépravation des mœurs des peres du concile, a été la cause qu'on n'y a point aboli le célibat des prêtres; que les ténebres régnoient parmi eux, & qu'ils n'étoient pas bien d'accord sur la distinction du dogme & de la discipline: nouveaux caracteres profanes que l'abbé Remi lui donne, bien opposés à ceux que lui reconnoît l'église catholique.

La distinction entre la tolérance religieuse & la tolérance civile, que l'auteur regarde comme une idée politique, éclose au sixieme siecle seulement, est la cinquieme proposition, soumise à l'animadversion de la faculté, qui prétend que l'église a toujours admis une sorte de tolérance conforme à l'esprit de douceur & de charité de l'évangile, mais non cette indifférence aveugle & absolue, même sur la subversion de la religion que désigne malignement M. l'abbé Remi.

L'éloge que l'écrivain fait de l'évêque Montluc, est la sixieme proposition censurée, en ce que louer à outrance un prélat d'une vie très-licencieuse, incertain & souvent errant dans sa foi, auteur de livres hérétiques, c'est, ou d'une ignorance crasse, ou d'un jugement très-vicieux, & scandaleux pour les oreilles pieuses.

La septieme proposition, suivant les docteurs, retombe encore dans cette fausse & condamnable tolérance que proscrit l'église, en arguant de dureté & d'imprudence des saints, des personnages éminents, qu'il englobe indistinctement dans ses reproches.

Les huitieme & neuvieme propositions regardent le prêt à intérêt, sur lequel les docteurs assurent que l'église n'a jamais varié (quoiqu'en dise monsieur l'abbé Remi) en le regardant comme usuraire. Ils lui reprochent enfin de favoriser, & d'adopter les opinions des hérétiques en voulant que les papes n'aient commencé, qu'après avoir assuré leur puissance, à se mêler de cette matiere d'état qui, dans l'origine, n'étoit pas de leur ressort, comme si ce qui est de leur compétence en fait de doctrine, pouvoit s'étendre ou se resferrer au gré d'une politique profane & versatile.

Telle est la nature du procès théologique intenté par la faculté au candidat couronné par l'académie, dont on voudroit flétrir les lauriers. On assure que celui-ci se dispose à répliquer, & a déja sa défense prête.

10 Novembre 1777. Dans l'*emblême symbolique de la Société*, on voit au haut les trois personnes de la *Trinité*, avec les images corporelles que les peintres ont coutume de leur donner. Elles témoignent l'intérêt qu'elles portent à la société, en montrant de la main le cœur divin où elle a pris naissance & où elle réside toujours. Ce cœur, ainsi que celui de *Marie*, réunis, occupent le centre de l'estampe.

La sainte Vierge, un peu plus bas, leur présente les chefs & les principaux députés des *jésuites*. Par son attitude & l'air de son visage, elle exprime sa douleur de l'état où ils sont réduits.

Ces chefs & députés du côté de *Marie*, & à ses pieds, sont *Ignace* & saint *François-Xavier*, reconnoissables par les attributs qui les caractérisent, & au dessous d'eux les représentants de l'*Empire*, de la *France*, de l'*Espagne*, &c. Celui de l'Empire tient une tête de mort surmontée d'une couronne impériale.

A droite, sont les députés des jésuites de toute la terre. Leur ministere a été de porter la croix de *Jesus-Christ*, de la planter sur l'un & l'autre hémisphere, & maintenant ils en sont chargés par l'oppression où ils gémissent, mais ils montrent à leurs confreres les cœurs de *Jesus* & de *Marie*, leur consolation, leur asyle & le centre de leur gloire.

La crise pénible où se trouve la société, est représentée par un vaisseau qui est dans la partie inférieure de l'estampe, portant un pavillon orné du chiffre de l'ordre de Jesus. Ce navire est sur une mer en courroux, battu de tous côtés par les flots : l'ancre est attachée à la poupe ; il n'est plus possible de la fixer en aucun endroit ; mais le navire subsiste malgré la tempête, & jamais il ne pourra être submergé. Les jésuites qui sont dedans, tiennent toujours de la main les cordages de la voile symbolique, que le vent enfle, & dont ils tâchent de diriger la violence en leur faveur.

Au bas encore de l'estampe, à droite, est un jeune homme conduit par un ange. Son attitude, ses gestes, ses efforts pour s'élancer sur le vaisseau le désignent comme un prosélyte fanatique, attendant le moment de s'agréger au corps dispersé. Son existence errante, ainsi que celle de la compagnie, est indiquée par l'habit de pélerin dont il est revêtu. Diverses épigraphes ou inscriptions développent ces images allégoriques. Au haut de l'estampe on lit : *Filii mei sunt*. Par ces paroles de la Genèse, Dieu atteste hautement que les jésuites sont la famille privilégiée de Jesus-Christ. *Nomen meum & cor meum ibi cunctis diebus*. Celles-ci sont relatives à leur nom de *Société de Jesus*, & à la fête du *Sacré-Cœur* qu'ils ont instituée ; autre circonstance que caractérise encore cette troisieme devise : *Cor meum jungatur vobis*. Enfin la derniere légende est : *Eri-*

ris odio, omnibus propter nomen meum, qui autem sustinuerit in finem, bis salvus erit. Ainsi, c'est pour le nom de Dieu qu'ils souffrent, qu'ils sont détestés ; mais cette persécution passera, & ils triompheront enfin.

On ne peut croire qu'il y ait aucune tête jésuitique assez folle dans ce siecle pour imaginer une composition aussi extravagante, & d'aussi mauvais goût. Il est plus vraisemblable que leurs ennemis auront voulu ainsi s'égayer à leurs dépens, en calquant cette allégorie controuvée sur plusieurs autres du même genre, enfantées en effet dans les temps où dominoit ce génie romanesque & emblématique.

21 *Novembre* 1777. La concession de l'entreprise de l'opéra pendant douze années, faite au sieur de Vismes par l'arrêt du conseil qui se publie, doit commencer au premier avril 1778, pour en jouir ainsi, & de la même maniere qu'en jouit la ville de Paris, sans que pendant le cours dudit temps, la jouissance du sieur de Vismes puisse être abrogée ou interrompue, sous quelque prétexte & en quelque maniere que ce puisse être, & ce, sous les clauses & conditions portées aux actes déja énoncés.

Le sieur de Vismes doit déposer à la ville, pendant la durée de son bail, une somme de 500,000 livres, dont l'intérêt lui sera payé à raison de cinq pour cent, sans aucune retenue.

Du reste, sa majesté se réserve de faire par la suite pour la police & discipline du spectacle dont il s'agit, tels réglements qui seront jugés convenables.

21 *Novembre* 1777. Dans l'assemblée générale de la faculté, tenue lundi dernier, l'*Idea conclusionis* a été transformée en censure, à peu près de la même maniere à l'unanimité. Monsieur Billette, le docteur qui ne s'est pas encore soumis au jugement de ce corps, lui a adressé une lettre où en lui donnant toutes sortes de marques de son respect & de sa déférence, il entreprend de justifier son approbation, & notamment de défendre les propositions concernant le concile de Trente.

La faculté irritée de cette résistance, a arrêté que ce réfractaire seroit tenu d'adhérer sous deux fois 24 heures à la censure, sinon seroit exclu des assemblées, &c.

Tout cela cause une grande fermentation, d'autant qu'on s'attend à un appel comme d'abus de la part du docteur Billette, si son corps agit rigoureusement contre lui; & les indévots rient & excitent la discorde.

21 *Novembre*. Extrait d'une lettre de monsieur de Voltaire, de Ferney du 9 novembre 1777.... Vous avez vu ici le mariage de monsieur de Florian, vous verriez aujourd'hui celui de monsieur le marquis de Vilette, je dis marquis, parce qu'il a une terre effectivement érigée en marquisat par le roi, pour lui, comme seigneur de sept grosses paroisses, suivant les loix de l'ancienne chevalerie. Il est en outre possesseur de 40,000 écus de rente. Il partage tout cela avec mademoiselle de Varicourt, qui demeure chez Mad. Denis. La jeune personne lui apporte en échange dix-sept ans, de la naissance, des graces, de la vertu, de la pru-

dence. Monsieur de Villette fait un excellent marché. Cet événement égaie ma vieillesse. »

21 *Novembre* 1777. Le premier médecin de la reine a prévenu sa majesté qu'il ne répondoit pas de sa vie si elle alloit chez monsieur le comte d'Artois au jour indiqué ; il l'a du moins menacée d'une maladie bien grave, occasionée même par les précautions qu'on prendroit : sa majesté a eu beaucoup de peine à se rendre à ses raisons. Le roi en a été enchanté, & a dit *Lassone est bien hardi : je pensois la même chose, mais je n'osois le faire envisager ; c'est fort heureux qu'il ait obtenu cela.* En effet il est décidé que la reine n'ira point à la fête.

22 *Novembre* 1777. On peut se rappeller les *lettres d'un comte à un président*, qui ont paru lors des bruits répandus sur la réinstallation des enfants d'Ignace, & les démarches du parlement en cette occasion. Aujourd'hui c'est à ce comte prétendu qu'est adressée l'*Explication de l'emblême symbolique de la société & de ses projets de rétablissement*, dans une lettre datée du 25 septembre. L'auteur le félicite de l'heureux succès de ses alertes au moment où les jésuites préparoient de côté & d'autre des points de réunion, se glissoient à l'école militaire, devenoient aumôniers des régiments : il lui attribue la vigilance du gouvernement à éventer ce projet, & à le faire échouer. Il prétend que malgré cet échec ils n'ont pas perdu de vue leur dessein, que c'est pour désabuser de plus en plus les gens qui le regardent comme chimérique & absurde, qu'il faut faire connoître cette estampe qu'ils ont fait graver par leurs affiliés, dont l'ensemble,

suivant

suivant lui, présente à la fois l'idée que les jésuites ont de leur société, la perpétuité qui lui est promise, les fondements qui la lui assurent, les ressources qu'elle s'est préparées; il part de-là pour la disséquer comme l'on a vu, & il y ajoute quelques anecdotes venant à l'appui.

La *fête du Sacré-Cœur* est principalement un objet de son aversion, en ce que cette dévotion puérile & pharisaïque aux yeux des gens simples & peu clair-voyants, étoit dans le plan des jésuites la sauve-garde de la société, & presque son apothéose. Il la regarde encore aujourd'hui comme un centre de ralliement, un cri de guerre pour distinguer leurs affiliés, connoître leurs troupes, & calculer leurs ressources dans un moment décisif où ils croiroient pouvoir tenter une entreprise hardie. Il voudroit donc que les magistrats, après avoir proscrit, lors de la dissolution de l'ordre, toutes ces sodalités inventées par les jésuites, ces congrégations privées où ils enrôloient leurs dévots, ne regardassent pas cette moderne institution comme moins dangereuse, & la fissent abolir.

23 *Novembre* 1777. Il doit y avoir aujourd'hui un concours de modes prodigieux à Versailles. Enfin la présentation du chevalier d'Éon reprenant son sexe véritable, qui est celui de femme, annoncée depuis long-temps, va s'effectuer dans son nouveau costume. Mademoiselle d'Éon continuera à porter la croix de Saint-Louis attachée à son côté, & elle ne peut rester en France, & sur-tout se montrer

en public en habit d'homme ; autrement elle perdroit ſes 12,000 livres de penſion. On aſſure que cet arrangement a été fait à la ſollicitation de madame la comteſſe de Guerchy, qui a repréſenté que ſans cette reconnoiſſance bien caractériſée, ſon fils ſeroit forcé néceſſairement de ſe battre contre un homme qui avoit ſi étrangement baffoué ſon pere.

On croit que cette fille célebre, honteuſe de commencer un rôle différent de celui qu'elle a joué depuis plus de cinquante ans qu'elle eſt au monde, & dans lequel elle eſt fort gauche, ſe retirera dans quelque coin éloigné pour ſe ſouſtraire aux curieux & aux plaiſanteries. Dans le fait, de toutes les femmes traveſties dont parle l'hiſtoire, c'eſt la plus étonnante, en ce qu'elle s'eſt diſtinguée à la fois dans les armes, dans la politique & dans la littérature.

24 *Novembre* 1777. La faculté de médecine, chaſſée de ſes écoles qui tomboient en ruine, s'étoit réfugiée aux anciennes écoles de droit qu'on va abattre auſſi inceſſamment ; ne ſachant où tenir ſes aſſemblées, elle a préſenté une requête au roi pour implorer ſon ſecours. Elle lui repréſente qu'elle eſt hors d'état de ſe loger. Elle demande le terrein du cloître de Saint-Jacques de l'hôpital : cet hoſpice autrefois conſacré aux pauvres pélerins revenant de la Terre-Sainte, reſte aujourd'hui ſans objet. Elle propoſe d'en changer l'inſtitution, en y formant un établiſſement en faveur des malades indigents, & en même temps une école pour les jeunes bache-

liers. Il n'y a rien de statué à cet égard, mais il s'ensuit qu'on avoit mal-à-propos imaginé que le terrein, qu'on bâtit aujourd'hui rue de l'Eperon, étoit destiné aux écoles de médecine.

24 *Novembre* 1777. On parle beaucoup d'une association formée sur la paroisse de Saint-Sulpice, dans le goût de celles si fréquentes en Angleterre, pour des objets de zele patriotique ou de charité. Celle-là a ce dernier pour point de vue ; il est question de soulager les indigents de cet arrondissement en leur procurant du travail, & même en leur prêtant de l'argent gratis. Il est à souhaiter que cet exemple gagne, & s'étende aux autres quartiers de Paris.

24 *Novembre.* Les imprimeurs & libraires faisant corps avec l'université, ont demandé l'intervention du recteur pour faire parvenir leurs représentations au garde-des-sceaux. Celui-là, en cérémonial, est allé mercredi haranguer monsieur de Miromesnil, & lui remettre par écrit les réclamations des parties lésées.

25 *Novembre* 1777. *Madrigal à une coquette, par monsieur Roëttier.*

De vos yeux, Idamé, le succès est rapide ;
Mais vous avez d'amants un essaim trop nombreux ;
L'Amour est un enfant que la foule intimide ;
Il lui faut des témoins, mais il n'en veut que deux.

25 *Novembre.* Le recueil intéressant de monsieur

de la Borde, dont on a parlé, aura pour titre: *Tableaux pittoresques, physiques, historiques, moraux, politiques & littéraires de la Suisse & de l'Italie.* On voit ainsi qu'il est destiné, non-seulement à plaire aux yeux & à les amuser, mais à nourrir l'esprit d'instructions utiles & agréables.

26 *Novembre* 1777. La conclusion de la faculté contre l'*Eloge de l'Hôpital* de l'abbé Remi paroît enfin imprimée: elle est à peu près semblable à l'*Idea Conclusionis*, dressée d'après le rapport des députés nommés le premier octobre, qui ont rendu compte de leur travail le 4 novembre. Cette feuille, imprimée & envoyée à chacun des sages maîtres, a été approuvée dans tous les chefs lors de l'assemblée du 10, & a reçu sa derniere sanction dans celle du 17.

C'est dans cet état que la conclusion est enfin imprimée aussi en latin, & revêtue de toutes les formalités.

Au bas il est fait mention de la rétractation du frere Fozembas, un des docteurs approbateurs, signée de sa main, en date du 6 novembre.

Et l'on ajoute, par un *postscriptum* aussi latin, que le docteur Billette, l'autre approbateur, a également envoyé son adhésion pure & simple dans une lettre du 18 novembre, adressée au doyen de l'assemblée.

26 *Novembre.* La reine est venue au bal de l'opéra dimanche dernier si parfaitement *incognito*, qu'elle s'est trouvée mêlée & confondue avec beaucoup de filles; ce qui a singuliérement amusé sa majesté.

26 *Novembre* 1777. La cour ayant décidé de voir jouer à Fontainebleau *l'Olympiade* ou *le Triomphe de l'amitié*, drame héroïque en trois actes & en vers, mêlé de musique, il a été imprimé pour le 17 octobre, jour où il a été exécuté ; & l'on peut parler pertinemment du poëme. L'auteur des paroles, monsieur Framery, l'a dédié à madame la duchesse de Fronsac ; il ne dissimule pas les traverses qu'a essuyé son ouvrage, & il annonce que c'est dans ce moment critique que sa protectrice a daigné l'accueillir ; du reste, il le donne en quelque sorte comme sien, apparemment parce qu'il l'a fondu à sa maniere, & ne fait mention en rien que ce soit une traduction de *Métaftase*, quoique personne ne puisse guere l'ignorer. On sait aussi que la musique est de monsieur Sacchini, maître de chapelle de Naples. On a déja parlé du succès prodigieux de celle-ci, qui cependant est un mélange assez mal fait de plusieurs morceaux de ce grand compositeur ; en sorte qu'on peut dire que l'un & l'autre sont également travestis.

26 *Novembre*. On écrit de Ferney qu'il paroît un nouvel ouvrage du patron, intitulé : *Prix de la justice & de l'humanité*.

27 *Novembre* 1777. La requête de la faculté de médecine au roi a été présentée par le docteur Desessarts, doyen, & les docteurs Cosnier & Maloët, ses députés. Elle est imprimée, très-bien faite, courte & noblement écrite. Ils ont espoir de réussir.

28 *Novembre* 1777. Il paroît un petit écrit à la mémoire de madame G.... (Geoffrin) avec cette épigraphe : *Nulli flebilior quam mihi*. On

l'attribue à monsieur Thomas, & il est assez dans son style & dans sa maniere.

28 *Novembre* 1777. *Félix* ou l'*Enfant trouvé*, a été exécuté lundi à la comédie Italienne avec peu de succès. Les paroles sont de monsieur Sedaine, & la musique de monsieur de Monsigny. Un *trio* charmant, placé à la fin du troisieme acte, est le seul morceau qu'on ait applaudi avec transport, tant par la situation des acteurs & le sentiment qu'ils expriment, que par l'onction d'un chant tendre, rempli d'une affection douce & mélancolique. Quand on l'a annoncé pour la seconde fois, il s'est élevé des voix qui ont redemandé l'*Olympiade*.

28 *Novembre*. L'élection du successeur à la place vacante de l'académie Françoise par la mort de monsieur Gresset, n'est pas encore faite, mais doit avoir lieu décidément la semaine prochaine ; jamais les suffrages des arbitres du goût n'avoient été si fluctuants, ou plutôt jamais les cabales n'avoient eu autant de jeu, & arrêté si long-temps les électeurs.

29 *Novembre* 1777. Suivant la requête de la faculté de médecine, depuis 1734 les biens de Saint-Jacques de l'hôpital, tant ceux de l'église que de l'hospice, ont été confiés à une régie, & il n'a encore été fait aucun emploi des revenus, ni au profit de sa majesté, ni au profit des pélerins, ni à celui des pauvres : il n'est resté, de l'ancien établissement, que la continuation du service divin dans l'église. Cependant, par un arrêt du conseil du 23 septembre 1733, revêtu de lettres-patentes

du 15 avril 1734, il fut furfis à toute nomination aux bénéfices, dans la vue d'augmenter la fomme des revenus qui dès-lors montoit à 12,000 livres. Depuis cette époque le nombre des titulaires a confidérablement diminué, & les revenus accrus en proportion paffent aujourd'hui 50,000.

C'eft de ces fonds que la faculté demande qu'il foit fait emploi en fa faveur ; ils font fuffifants pour lui conftruire un bâtiment fimple, mais proportionné à fes exercices, pour élever & doter un hôpital, en même-temps confacré au foulagement des malades, & à la perfection de la médecine, & dans lequel on pourra vérifier, fans frais, la vertu des remedes propofés comme nouveaux.

29 *Novembre* 1777. Il eft queftion de donner inceffamment à l'opéra *Mirtil & Lycoris*, parodie en un acte, repréfentée devant leurs majeftés à Fontainebleau cet automne. Les paroles font de meffieurs Bocquet & Boutellier ; la mufique de monfieur Déformery, & les ballets de monfieur Laval, maître des ballets du roi.

Le poëme eft la paraphrafe de ce joli vers de Virgile, *& fugit ad falices, & fe cupit ante videri*. C'eft un berger fuyant l'amour, qu'une bergere éprife véritablement, mais feignant la coquetterie, féduit par fes agaceries, fes mines & fes petites rufes ; il en réfulte un jeu de théâtre qui doit faire le principal mérite de l'ouvrage, rempli d'ailleurs de fadeurs érotiques en vers peu harmonieux.

1 *Décembre* 1777. On a donné lundi chez mademoiselle Guimard cette même parodie d'*Ernelinde*, qui avoit déja été exécutée & jouée à Choisy deux fois. On a commencé sur les dix heures, devant la plus auguste assemblée, composée de princes du sang, de plusieurs ministres, & d'un nombre de grands du royaume ; elle a toujours parfaitement réussi.

1 *Décembre*. Les connoisseurs & amateurs vont voir avec empressement un tableau prétendu original de *Michel-Ange des Batailles*, chez un ancien tapissier qui en a fait l'acquisition, l'a nettoyé & l'offre au public. Son sujet est la vue d'une prairie, où se trouve une fontaine d'eau minérale, dont on va s'abreuver auprès de Rome dans un certain temps de l'année. Le spectacle de la foule de buveurs de toutes les nations qu'on y remarque, offre, malgré l'unité de l'action, une quantité d'attitudes, d'expressions & de détails diversifiés à l'infini, qui prouvent le génie & la fécondité de l'artiste. Le coloris d'ailleurs en est admirable, & le costume est observé dans toutes ses parties. On étoit inquiet en Italie de cette production, qu'on regardoit comme perdue, ou dont on ignoroit le sort. Il s'agit aujourd'hui d'en constater l'existence & l'indentité avec celle-ci.

1 *Décembre*. La *Chercheuse d'Esprit*, ballet pantomime de la composition du sieur Gerdel l'aîné, maître des ballets du roi en survivance, avoit été représentée devant leurs majestés à Choisy, & a été exécutée encore à Fontainebleau. Tout le monde connoît le conte

de la Fontaine, *comment l'esprit vient aux filles*, qui en contient le germe & l'opéra-comique du même nom de monsieur Favart, sur lequel le ballet en question est plus particuliérement calqué. On voit par le programme la foule de tableaux naïfs, champêtres & piquants, auxquels il donne lieu, & ce développement occupe & aiguise l'intelligence du spectateur, tandis que l'exécution séduit & enchante les sens. On juge par la description de ce ballet pantomime, que M. Gardel piqué d'une noble émulation par le Sr. Noverre, marche dignement sur ses traces, & s'il n'a pas son invention, a de l'agrément & de la facilité dans la choréographe.

2 *Décembre* 1777. *Matroco* est un drame burlesque en quatre actes, & en vers mêlés d'ariettes & de vaudevilles, représenté aussi à Fontainebleau. Il avoit été exécuté avant à Chantilly, chez monsieur le prince de Condé, & c'est lui qui y faisoit le principal rôle. Dans son avertissement, monsieur Laujon, auteur des paroles, annonce qu'il n'a pas eu d'autre but que celui de travestir les héros & héroïnes des poëmes & romans de chevalerie : « Dans les
» tableaux variés, dit-il, que présentent les
» ouvrages de ce genre, il a choisi les inci-
» dents qui prêtent le plus à la plaisanterie,
» pour la faire ressortir de la pompe même
» du spectacle. Les cérémonies & sacrifices
» magiques, les métamorphoses, les désen-
» chantemens, les délivrances des chevaliers,
» leurs combats avec les géants & nains, les
» attaques & brisemens de tours, sont ses
» principaux objets que l'on a réunis dans un

» même sujet, pour les présenter sous le mas-
» que de la parodie. En voyant des géants
» fanfarons & brutaux; des héros langoureux,
» qui ne perdent jamais l'occasion de haran-
» guer quand il faut agir; des héroïnes pru-
» des, précieuses, toujours pressées de con-
» ter leur histoire ; un enchanteur poltron,
» que le moindre songe effarouche, & que
» l'étendue de sa puissance ne peut jamais ras-
» surer : en retrouvant enfin dans ces carac-
» teres romanesques, des sentiments exaltés,
» des rodomontades, l'affectation même des jeux
» de mots, l'on jugera sans peine que l'on
» s'est occupé à donner un spectacle de plai-
» santerie, & non pas d'intérêt. Aussi a-t-on
» affecté dans cette *folie dramatique* de mêler
» aux différents morceaux de musique, les re-
» freins d'airs & vaudevilles qui leur servent
» de contrastes, & souvent même de parodies. »

On ne peut juger à la lecture de cet ouvrage de son mérite purement pour les yeux;
il ne présente à l'esprit que des idées bizarres
& incohérentes, propres à faire rire ceux
qui aiment ce genre, mais dont l'effet véritable ne peut se reconnoître que sur la scene.
La musique est de monsieur Gretry, & présentoit
beaucoup de difficultés par l'alliage qu'il a été
obligé de faire dans la sienne avec une infinité
d'autres.

2 *Décembre* 1777. Monsieur le garde-des-sceaux
a défendu aux imprimeurs & libraires de
rien faire paroître pour le soutien de leurs
droits & privileges relativement aux derniers
arrêts du conseil dont ils se plaignent. Ils

ont heureusement découvert un mémoire ancien de d'Héricourt, ce fameux jurisconsulte, en leur faveur contre les libraires de province, dans une contestation précisément de la même espece que celle d'aujourd'hui ; ils l'ont arraché du recueil où il est, & en ont envoyé dans cet état autant d'exemplaires qu'ils ont pu.

3 *Décembre* 1777. Mademoiselle Raucoux ayant fait encore de nouvelles incartades, & affichant de plus en plus une dissolution de mœurs la plus scandaleuse, les comédiens se flattent qu'ils ne seront point forcés de la recevoir parmi eux à pâque, & que la main auguste qui la soutenoit, lui retirera sa protection.

On fait beaucoup de contes sur la célebre *Duthé*, qui a disparu.

3 *Décembre*. On voit dans la place de Louis XV, deux boutiques en planches, dont l'une a été préparée par l'auteur du secret de *préserver du feu toute partie d'édifice combustible*. Elles se touchent, & il n'y a même qu'une seule cloison de bois commune aux deux. On mettra le feu aujourd'hui à celle qui n'est pas préparée, & on l'enflammera le plus violemment possible. L'auteur se flatte que l'autre ne sera nullement attaquée par les flammes.

4 *Décembre* 1777. Nos modes deviennent de plus en plus un objet de commerce considérable. Il s'éleve chaque jour d'immenses atteliers en ce genre, & des artistes même se vouent à donner des dessins pour les coëffures de femmes. Un d'eux en avoit imaginé une propre à faire la fortune de la marchande

de modes qui l'avoit exécuté. Cette coëffure étoit nommée, *aux Insurgents*. C'étoit une allégorie soutenue des divisions de l'Angleterre avec l'Amérique. La premiere étoit représentée sous la forme d'un serpent, si parfaitement bien exécuté, que dans un comité tenu chez madame la marquise de Narbonne, dame d'Atours de madame Adélaïde, il fut décidé qu'on ne pouvoit adopter cet ornement, qu'il étoit trop propre à donner des attaques de nerfs. En conséquence l'ouvriere se retranchoit à le vendre aux étrangers jaloux de nos nouveautés ; il avoit été proposé d'en faire l'annonce dans les papiers publics ; mais le gouvernement toujours sage & circonspect l'a défendu. On va le voir par curiosité chez l'auteur.

4 Décembre 1777. L'expérience faite hier avoit tous les caracteres propres pour en constater le succès, car le vent portoit en plein de la boutique enflammée sur celle qui devoit résister au feu. Il est certain que suivant l'énoncé de l'auteur du secret, il n'a pas tenu parole, puisque le feu a gagné enfin la seconde boutique, & s'y est maintenu, lentement il est vrai & sans activité, mais constamment, de façon à consumer l'édifice à la longue. Il devoit dire que son secret retardoit les progrès du feu, & n'en préservoit pas.

5 Décembre 1777. On est enfin rassuré sur le sort de mademoiselle Duthé ; on sait qu'elle est en Angleterre avec un lord qui en est fou.

5 Décembre. Le tableau annoncé de Michel Ange des Batailles, a pour sujet la vue de la fontaine l'*aqua acetofa*. Voici l'anecdote qui a donné lieu à cet ouvrage.

De son temps il y avoit à Rome un bœuf d'une hauteur & d'une grosseur monstrueuses ; chacun s'intéressoit à la conservation d'un animal si extraordinaire : il fut attaqué d'une maladie de langueur, & dépérissoit tous les jours. Ayant en vain employé tous les remedes imaginables pour lui rendre la santé, on s'avisa de le conduire dans une prairie située auprès de Rome, à deux mille environ de la porte du peuple, entre le Nord & le Levant. A peine trois jours s'étoient écoulés qu'on s'apperçut que l'animal reprenoit son embonpoint. On reconnut qu'il s'abreuvoit à une source d'eau qui arrosoit la prairie, & l'on attribua sa guérison à cette eau dont on vérifia la salubrité par l'analyse ; elle se trouva être un purgatif naturel & très-doux. Aussi-tôt le pape Alexandre VII fait recouvrir d'un grand arc, & décorer de différents marbres cette fontaine, dont la réputation s'étendit bientôt & se conserve encore. Tous les ans à la fin de juillet, pendant le mois d'août & au commencement de septembre, il y a un grand concours. *On y voit certains jours jusqu'à cinq ou six cents personnes en même temps, qui boivent ou qui cedent à l'effet de la purgation en plein air, & le long des prés qui avoisinent cette fontaine.* Tel est le moment choisi par le peintre.

5 *Décembre 1777.* Le ballet en action de *Ninette à la cour*, par monsieur Gardel l'aîné, maître des ballets du roi en survivance, représenté devant leurs majestés à Choisy pour la pre-

miere fois & récemment à Fontainebleau, paroît à la lecture du programme absolument calqué sur l'ouvrage de Favart en trois actes, lui-même parodié de *Bertholde à la cour*. Il faudroit voir l'exécution pour en juger, mais il y a beaucoup de pantomimes, une multitude de scenes gaies & naïves, mêlées d'autres plus nobles & plus magnifiques : ce dont il résulte une diversité qui feroit honneur au chorégraphe, s'il avoit imaginé réellement cette action.

5 Décembre 1777. Monsieur l'abbé Millot a été élu hier par l'académie Françoise à la place vacante de Gresset,

6 Décembre 1777. *Fatmé* est une comédie ballet en deux actes, représentée aussi à Fontainebleau. Monsieur de St. Marc, l'auteur des paroles, l'a fait précéder d'un avertissement assez puéril, où il rend compte avec chagrin du premier titre de cet ouvrage, *le langage des fleurs*, & du quolibet qu'il a occasioné, ainsi que de sa réponse déja citée.

L'intrigue bien simple consiste dans une ruse dont se sert la femme d'un bacha, qui, pour ramener cet infidele, favorise les amours d'une esclave dont son époux est épris : celle-ci fait connoître à un François son projet d'évasion, par un langage allégorique qu'elle lui tient en cultivant des fleurs. Il s'enhardit dans son entreprise & l'enleve à son tyran, qui à son tour instruit par *Fatmé* (c'est le nom de sa femme) que l'excès de sa jalousie l'a portée à cette tendre perfidie, lui pardonne en faveur du motif & reprend ses chaînes.

La musique de cet ouvrage est de M. Desaides ; les ballets sont de la composition de monsieur Gardel l'aîné.

7 Décembre 1777. On parle beaucoup d'un certain Smith, Anglois, venu ici pendant le voyage de Fontainebleau avec 200,000 louis à perdre au jeu. Cela a amorcé la cupidité des joueurs de la cour, &, quoiqu'il soit d'une extraction très-vile, on fait valoir sa qualité de colonel qu'il a eue dans l'Inde, pour le présenter à la reine & à la famille royale. Il a été admis en conséquence au jeu de sa majesté & est devenu familier chez nos princes, qu'il ruine, ainsi que beaucoup de seigneurs. On prétend qu'il a déja gagné 1,500,000 liv. Il est d'une insolence que donne aisément la prospérité. On l'a vu l'autre jour à table avec monsieur le comte d'Artois & le duc de Chartres, les coudes sur la table, & de la maniere la plus libre.

8 Décembre 1777. Le Sr. de Beaumarchais, qui est depuis peu de retour d'Espagne, en revenant jeudi chez le docteur Franklin où il étoit allé se mettre au fait des nouvelles des Insurgents, a été versé rue des Petits-Champs dans un cabriolet à glaces, & a été blessé, mais moins gravement que le sieur Grand, banquier, son compagnon de voyage, qui s'est cassé la clavicule. On croit même que le premier a peu de chose, mais a fait exagérer son accident dans le public pour y occasioner plus de sensation, & faire parler de lui, ce qu'il aime beaucoup.

8 Décembre Monsieur le marquis prétendu de *Pezay*, qui avoit fait parler de lui depuis quelque temps, comme d'un homme important qui avoit essuyé une courte disgrace, avoit reparu ici & étoit retourné à Pezay, vient, dit-on, d'y mourir. C'est un homme qui n'aura eu qu'une réputation très-éphémere, soit en littérature, soit en politique.

8 *Décembre* 1777. On a déja parlé du *Duel comique*, lorsqu'il a été joué aux Italiens. Il a été représenté aussi à Fontainebleau le 10 décembre, & l'on ne peut que reconnoître encore mieux à la lecture la méchanceté du poëme de cet opéra bouffon en deux actes & en prose, mêlé d'ariettes. La traduction de l'Italien est de monsieur Moline. Quant à la musique, dont on a aussi parlé, & qu'on a regretté de voir adaptée à de si pitoyables paroles, elle est du sieur Paesiello, rédigée par le sieur de Mereaux.

9 *Décembre* 1777. Depuis que les amateurs & les gens de l'art vont voir le morceau de *Michel Ange des Batailles* dont on a parlé, il ne paroît pas qu'aucun en ait contesté l'originalité. Voici quelques détails ultérieurs qui le concernent.

L'auteur a saisi le moment du grand concours & le spectacle des différentes occupations des malades ou des curieux. Il a placé au centre la fontaine de l'*aqua asetosa*, objet principal de la scene. Elle est dans une prairie, qui, conformément à la description qu'en font les voyageurs, à la forme d'une tortue en réalité, ainsi que dans le tableau. Entre la multitude de figures dont il est enrichi, on distingue celles du premier plan, toutes très-bien terminées, au nombre de 130 ou 140, qui représentent diverses nations, &

parmi lesquelles il en est de huit, dix & douze pouces de haut. Elles sont répandues en quantité de grouppes formant chacun de petites actions particulieres, mais se rapportant à l'ensemble de la composition. Les plans plus éloignés n'offrent point de figures aussi finies, comme n'étant pas faites pour être discutées d'aussi près. Cette machine, d'une moyenne proportion, a cinq pieds neufs pouces de large sur quatre pieds un pouce de haut. Les connoisseurs commencent à y mettre un prix, le propriétaire parle d'une offre de 500 louis.

9 *Décembre* 1777. Me. Linguet, non content d'avoir inféré dans son Journal, & en plusieurs autres sans doute, l'annonce de l'immence collection de ses œuvres, précédée d'un long dire, en a fait une petite brochure séparée qu'on remet à toutes les portes de cette capitale. Il est plaisant de le voir non-seulement s'y défendre de son égoïsme, & prouver qu'il doit parler de lui, mais vouloir imposer à ses lecteurs l'obligation de l'écouter, & surtout, de lui donner raison. Jusques-là il menace de ne se point taire sur son compte, & de reproduire sans cesse les pieces du grand procès qu'il a au tribunal du public, & qu'il ne regardera jamais comme jugé, que quand il l'aura gagné.

10 *Décembre* 1777. Monsieur Sigault, imitant ce philosophe à qui l'on nioit le mouvement, & qui, pour toute réponse, se contenta de marcher, sans répondre à toutes les objections que l'ignorance, & plus encore l'envie & la mauvaise foi, lui faisoit, a tellement travaillé

au rétablissement de la femme Souchot, si renommée aujourd'hui depuis l'opération de la symphise, qu'il l'a mise en état de paroître devant la faculté à deux séances tenues les 3 & 6 de ce mois. Elle a monté les escaliers seule & sans difficulté, &, en présence des docteurs, a fait tous les mouvements exigés d'elle. Suivant le rapport intime du docteur Grandclas, l'un des commissaires nommés pour suivre le traitement, il ne lui reste plus qu'une légere incontinence d'urine. Elle est fort amoureuse, quoique très-laide & très-contrefaite, & même d'un certain âge. Cependant il ne doute pas qu'elle ne fasse dans peu un second enfant. Celui dont elle est accouchée, & qu'elle allaite, a été également offert à la faculté, qui doit constater l'époque, & perpétuer le souvenir d'une pareille découverte.

11 *Décembre* 1777. La faculté, dans son assemblée du 6 de ce mois, convoquée pour entendre le rapport concernant la femme Souchot, a arrêté qu'il seroit rendu un décret dans les termes les plus honorables pour monsieur Sigault, par lequel on diroit qu'il sera frappé une médaille, sur l'exergue de laquelle on liroit la date de la découverte de monsieur Sigault du premier décembre 1768, & celle de l'opération du premier octobre 1777 ; qu'il seroit remis à monsieur Sigault cent de ces médailles, & cinquante à M. Alphonse le Roi, pour ses bons soins, & avoir coopéré au succès de son confrere. Que la faculté feroit une pension à la femme Souchot de 300 livres, jusqu'à ce qu'il plût au gouvernement lui en faire une, ce

que l'on folliciteroit : que le rapport de monfieur Sigault, & celui de meffieurs Grandclas & Defcemet feroient inceffamment imprimés, & préfentés à fa majefté & à toute la famille royale, par monfieur le doyen & monfieur Sigault ; que le mémoire en feroit répandu avec la plus grande profufion aux dépens de la faculté, à tous les grands du royaume & aux principaux citoyens, diftribué dans toutes les villes de France, & à toute l'Europe médicinale & chirurgicale. Qu'au furplus, on en donneroit la notice dans tous les papiers publics de l'Europe.

12 *Décembre* 1777. Le fieur de Vifmes voulant donner de l'importance à la nouvelle adminiftration de l'opéra, dont il doit être chargé fous la protection de la reine, a déja affemblé tous les fujets de l'académie royale de mufique avant-hier, & a fait à ces meffieurs & à ces dames, un difcours où il les raffure fur toutes les fauffes idées qu'on a répandues de fon gouvernement futur, & promet, au contraire, de faire tous fes efforts pour mériter leur eftime & leur confiance.

12 *Décembre* 1777. On continue à parler de la lettre de Me. Linguet au comte de Maurepas, & à en affurer l'exiftence. Il en circule des copies, qu'il faut lire pour être bien au fait de ce qu'elle contient. En général, il menace, comme on a dit, ce miniftre de fes fureurs polémiques, s'il ne met pas fon affaire fous les yeux du roi, & ne lui fait pas obtenir juftice de fa majefté.

13 *Décembre* 1777. On n'a fu que depuis peu la mort de monfieur Natoire, ancien directeur

de l'école de Rome, éleve de le Moine, & rival de Boucher. Elle eſt arrivée vers la fin d'août à Caſtel-Gandolphe, près de la capitale du monde chrétien. On lui a reproché d'être plus correct ſur le papier que ſur la toile. Ses défenſeurs citent, au contraire, un St. *Sébaſtien* au moment qu'un ange retire une fleche de ſon corps, & ils aſſurent que ce maître a quelquefois peint, deſſiné & colorié comme le Guide. Il étoit dévot, fort attaché aux jéſuites, & s'étoit attiré un procès peu honorable de la part d'un éleve nommé Mouton, qui lui donna beaucoup de chagrin, il y a neuf à dix ans.

13 *Décembre* 1777. Monſieur de Chamfort, après avoir changé ſix ou ſept fois le dénouement de ſa tragédie de *Muſtapha & Zéangir*, l'a enfin mis dans l'état où il le deſiroit, & la premiere repréſentation doit avoir lieu lundi.

14 *Décembre* 1777. Monſieur Gruet, jeune auteur de mérite, n'ayant pas encore vingt-cinq ans, s'eſt tué de ſon fuſil à la chaſſe par un accident. Déja *Lauréat* de l'académie Françoiſe en 1776, il avoit médité le projet aſſez ridicule de mettre *Télémaque* en vers. Il avoit dans ſon porte-feuille quelques morceaux de poéſie d'un meilleur goût. L'abbé de Lille l'avouoit pour ſon éleve.

14 *Décembre.* On continue à parler de monſieur Smith, & à tirer au clair ce qui le concerne. Revenu de l'Inde en Angleterre avec beaucoup d'argent, il a voulu figurer dans le parlement en qualité de député, & a cherché à gagner des voix. Il s'eſt inutilement conſtitué en frais, & il en a même réſulté pour lui une peine de

prison de six mois. Devenu libre, il est venu ici avec de gros fonds. Et tel est l'homme qui mange avec monsieur le comte d'Artois, les coudes sur la table, & fait la partie de la reine!

14 Décembre 1777. La mort de M. le marquis de Pezay délie aussi les langues sur son compte. Il est avéré que ce prétendu seigneur étoit fils d'un commis & petit-fils d'un épicier, & que son marquisat étoit une très-petite habitation où il est mort de chagrin. On dit que sa femme, fille de qualité, le regrette beaucoup plus qu'il ne méritoit; qu'elle est dans la désolation, & s'est retirée au couvent.

14 Décembre Mademoiselle d'Eon, malgré les incrédules obstinés à lui nier son sexe, a paru à la cour dans sa nouvelle décoration, & les ministres lui écrivent, à *Mademoiselle la chevaliere d'Eon.*

On n'a pas manqué de la chansonner par un vaudeville, sur l'ancien air de *la Bequille du pere Barnabas.*

15 Décembre 1777. Les très-humbles & très-respectueuses représentations adressées au roi par les libraires & imprimeurs-jurés de l'université de Paris, roulent sur les deux arrêts du conseil du 29 août, dont l'un concerne la durée des privileges en librairie, & l'autre la contre-façon des livres.

Les veuves de ces communautés se sont réunies & ont accédé à ces représentations pour ce qui les concerne, par une *Requête au Roi*, dans laquelle elles établissent les motifs de leur recours à sa majesté pour la conservation de leurs droits.

15 *Décembre* 1777. La tragédie de monsieur de Voltaire, dont on a mandé qu'il s'occupoit il y a quelques mois, a été donnée depuis peu aux comédiens, par monsieur le comte d'Argental. Ils en ont fait lecture, & l'ont jugée foible ; mais n'osant la refuser, pour gagner au moins du temps, & ne pas se rendre aux instances vives de l'ami de l'illustre vieillard, ils ont écrit à celui-ci sous prétexte de lui demander la distribution des rôles. Cette tragédie, intitulée d'abord *Alexis*, se nomme aujourd'hui *Drene*. On parle d'une seconde, & l'on écrit de Ferney que monsieur de Voltaire, redoublant d'activité, travaille en ce moment seize & dix-sept heures par jour.

15 *Décembre*. Le sieur Berton, directeur-général de l'opéra, mécontent de monsieur de Vismes, se retire. Il ne veut pas se laisser dégrader sous ce nouveau chef, dont l'intention est de n'en point établir qui aient des pouvoirs aussi étendus que celui-là. Son intention est de créer des maîtres pour chaque partie, pour le chant, la danse, l'orchestre, &c. Indépendamment de ces changements qui occasionent beaucoup de murmures & de fermentation dans le tripot, il annonce des améliorations d'un autre genre. On dit qu'il veut faire venir des bouffons d'Italie, & les faire jouer les jours où l'opéra François n'aura pas lieu. En sorte qu'il y auroit spectacle toute la semaine à ce théâtre.

16 *Décembre* 1777. Les comédiens Italiens annoncent depuis long-temps une parodie d'*Armide*. Elle doit enfin avoir lieu demain, sous le titre de *l'Opéra de province*, nouvelle pa-

rodie d'*Armide*, en deux actes, en vers & vaudevilles. Elle est de MM. Auguste, Desprez & Regnier.

17 *Décembre* 1777. L'ordre d'administration pour le soulagement des pauvres, établi sur la paroisse de saint Sulpice, dont on a déja parlé, mérite d'être connu plus en détail.

Il a pour objet de répandre les aumônes avec discernement, & de détruire l'oisiveté, c'est-à-dire, de secourir les vrais pauvres, de faire subsister les vieillards & les infirmes, dans une honnête aisance, de pourvoir aux besoins des malades, & d'essuyer les larmes des meres désolées, en leur procurant les moyens de nourrir leurs enfants.

On a divisé, pour la distribution de ces œuvres de charité, la paroisse en quatre cantons, dans chacun desquels on a formé une administration particuliere composée de quatre prêtres de la communauté, & de quatre dames bourgeoises, ayant à leur tête deux dames de qualité. Le curé, le vicaire & les deux prêtres chargés des regiſtres, feront de toutes les administrations, ainsi que la sœur supérieure des filles de la charité, pour les malades.

Les quatre dames de charité feront les informations nécessaires pour constater la demeure, les besoins, les mœurs des pauvres, &c. Elles s'assembleront une fois par mois chez l'une des deux dames de qualité présidentes, & là elles exposeront leurs observations sur chacun de leurs pauvres respectifs, & délibérant sur les moyens à prendre pour les secourir efficacement.

18 *Décembre* 1777. Mustapha, l'un des princes les plus accomplis de la race ottomane, étoit fils de *Soliman II* & d'une Circassienne. *Soliman* ayant depuis épousé *Roxelane*, en eut entr'autres enfants *Zéangir*. Sa mere, jalouse de le placer sur le trône, accusa *Mustapha* de tramer une rebellion contre son pere ; & celui-ci, sans daigner entendre la justification de son fils, lui fit donner la mort. C'est l'ambition de *Roxelane*, & l'amitié des deux freres qui ont fourni à monsieur de Chamfort le sujet de sa tragédie.

Elle étoit attendue avec d'autant plus d'impatience, qu'elle avoit eu un grand succès aux deux représentations données à Fontainebleau, & que la ville, toujours jalouse de réformer les jugements de la cour, desiroit voir si l'auteur avoit été justement exalté avec tant d'enthousiasme.

En général, on a trouvé sa tragédie très-médiocre, foible d'intrigue, sans action, sans mouvement, sans caracteres vigoureusement frappés ; il y a quelque sensibilité, de beaux vers par intervalle. Le quatrieme acte produit un grand effet. Mais le second, le trois, & le cinq sur-tout, n'ont pas réussi : le dénouement, changé si souvent, est encore détestable & contre toutes les regles de la tragédie, puisque les deux freres, les seuls personnages vertueux de la piece, succombent. Du reste, beaucoup de froideur, & une longueur excessive rendent ce spectacle horriblement ennuyeux.

A la fin de la représentation quelques partisans indiscrets de l'auteur l'ayant demandé,

comme

comme ces voix étoient isolées, les comédiens n'y ont pas fait attention. A ces clameurs qui continuoient se sont joint des persifleurs, qui par dérision ont fait chorus; on n'en a pas tenu plus de compte, parce qu'on sentoit bien que ce n'étoit pas le vœu général, & nul acteur n'a paru pour se mettre en devoir de satisfaire le public: alors l'humeur a gagné à tel point, que le parterre n'a jamais voulu laisser commencer la petite piece; il a fallu y faire entrer des grenadiers en grand nombre, ce qui n'a pas plus réussi, parce qu'alors les loges indignées s'en sont mêlées. *Monsieur*, présent à ce spectacle, a été obligé de s'en aller, sans avoir vu la seconde piece, & de fort mauvaise humeur. Enfin un acteur étant venu pour haranguer le public, lui rendre compte des démarches inutiles qu'on avoit faites afin de trouver M. de Chamfort, enfin pour savoir s'il vouloit qu'on jouât la petite piece, ou non, le tumulte a cessé, mais tout cela a fait perdre beaucoup de temps, en sorte qu'on n'est sorti qu'à dix heures. Le comte d'Artois & madame la duchesse de Bourbon ont voulu voir la fin de cette bagarre, qui heureusement n'a été funeste à personne; car des alguazils ayant voulu arrêter quelqu'un, il y a un tel mouvement de par-tout & des clameurs si vives, qu'ils n'ont osé l'enlever.

18 *Décembre* 1777. La facétie donnée hier aux Italiens est moins la parodie d'*Armide* qu'une critique de l'opéra en général, & de beaucoup d'autres choses qui n'y ont pas de rapport. On l'a trouvée plate, grossiere & d'un très-mauvais ton. Il y a de la gaieté & quelques saillies en couplets qui ont fait plaisir. Cela ne

peut aller loin, ni jeter beaucoup de ridicule sur le chevalier Gluck.

En novembre 1724, Bailly avoit donné une parodie d'*Armide* plus courte. Elle avoit eu vingt représentations.

18 *Décembre* 1777. La fermentation est toujours très-grande dans la librairie contre les nouveaux arrêts du conseil : cependant monsieur le Camus de Neville excite le garde-des-sceaux à tenir bon.

19 *Décembre* 1777. Le *Monarque accompli, ou Prodiges de bonté, de savoir & de sagesse, qui font l'éloge de sa majesté impériale Joseph II, & qui rendent cet auguste monarque si précieux à l'humanité, discutés au tribunal de la raison & de l'équité, par monsieur Lanjuinais, principal du college de Moudon.* Tel est le titre d'un livre, qui, proscrit il y a près de deux ans par le parlement, n'en est devenu que plus recherché. Sa rareté avoit empêché jusqu'ici de l'avoir & d'en parler. On juge, à la diffusion du titre, que l'ouvrage doit l'être en proportion : malgré ce défaut il mérite d'être lu, & qu'on en discute l'objet, le plan & les diverses parties ; ce qu'on ne peut faire qu'à mesure, à l'égard de trois volumes *in-8°*. dont il est composé.

20 *Décembre* 1777. Un plaisant a fait, pour monsieur de Villette, une réponse aux vers charmants que monsieur de Voltaire a adressés au marquis en l'honneur de son mariage. Elle est malignement parodiée d'après un endroit de l'épître. La voici :

Non, non, la Vénus la friponne,
La Vénus de soupirs, la Vénus d'un moment;

La Vénus qui n'aime personne,
Qui séduit tant de monde, & qui n'a point d'amants
Ne seront jamais mes déesses,
Je n'adorerai constamment
Que la Vénus aux belles fesses.

20 *Décembre* 1777. Le plus mauvais tour qu'on ait joué à monsieur de Chamfort, ç'a été de réimprimer la tragédie de *Mustapha & Zéangir* de monsieur Belin, donnée en 1705, & qui eut alors vingt-six représentations. On y découvre un larcin manifeste, non-seulement du sujet, mais du plan entier, mais de l'intrigue, des caracteres, & presque de toutes les scenes: à la différence près que le premier est beaucoup mieux conçu & plus net, que la seconde est plus adroite & plus rapide, & que les caracteres sont plus beaux, mieux soutenus & plus vigoureux. La versification n'est pas aussi brillante que celle de monsieur de Chamfort, & n'en est que meilleure. Elle est simple, sans aucune prétention ; tout le dialogue est plein de logique, & coule de source ; les acteurs ne disent jamais que ce qu'ils doivent dire. Il n'est pas possible d'avoir poussé l'impudence aussi loin que l'a fait le plagiaire. Il faut lire l'ouvrage pour le croire, & l'on est alors aussi étonné qu'indigné.

21 *Décembre* 1777. La société libre d'émulation, errante encore, a transféré son assemblée générale dans une salle des grands-augustins. Elle a eu lieu hier 20. Elle y a distribué deux encouragements, l'un de 300 livres, & l'autre de 200, à deux serrures de combinaison. Elle a publié quatre nouveaux programmes.

22 *Décembre* 1777. Quoique la chanson su

mademoiselle d'Eon ne soit pas merveilleuse; comme c'est l'histoire du jour, & qu'elle consacre l'anecdote, on va l'inscrire ici:

>Du chevalier d'Eon
>Le sexe est un mystere;
>L'on croit qu'il est garçon;
>Cependant l'Angleterre
>L'a fait déclarer fille,
>Et prétend qu'il n'a pas
>De trace de béquille
>Du pere Barnabas.

>Jadis il fut garçon,
>Très-brave capitaine,
>Pour un oui, pour un non,
>Chacun sait qu'il dégaîne.
>Quel malheur, s'il est fille !
>Que ne feroit-il pas
>S'il avoit la béquille
>Du pere Barnabas ?

>Il est des Francs-maçons
>Un très-zélé confrere,
>Sachant de leurs leçons
>Les plus secrets mysteres.
>Pour le coup s'il est fille
>Plus on n'en recevra,
>Qu'on n'ait vu la Béquille
>Du pere Barnabas.

>Il fut chargé, dit-on,
>D'ordres du ministere;

On lui donna le nom
D'un extraordinaire ;
Ah ! parbleu, s'il est fille,
Qui lui va mieux que ça,
Si ce n'est la béquille
Du pere Barnabas ?

Pour ses amusements
Il a fait vingt volumes
Touchant le droit des gens
Dont il sait les coutumes.
Quoiqu'avocat habile,
Il ne sait pourtant pas
Le droit de la béquille
Du pere Barnabas.

Qu'il soit fille ou garçon,
C'est un grand personnage,
Dont on verra le nom
Se citer d'âge en âge ;
Mais pourtant, s'il est fille,
Qui de nous osera
Lui prêter la béquille
Du pere Barnabas ?

Quoiqu'il ait le renom
D'être une chevaliere,
Il paya la façon,
Aux yeux de l'Angleterre,
D'une petite fille,
Ce qu'on ne feroit pas,
Sans avoir la béquille
Du pere Barnabas.

22 *Décembre* 1777. On vient d'apprendre la mort de monsieur le baron de Haller, membre du conseil souverain de Berne, & l'un des huit associés étrangers de l'académie des sciences. Cet homme célebre étoit en même temps philosophe, versificateur & politique. Il s'étoit distingué dans les sciences, dans la poésie, & dans l'administration de son pays. Il est mort à Berne le 12 de ce mois.

22 *Décembre*. C'est le sieur Mérard, sculpteur, qui est chargé d'un mausolée en marbre pour être placé dans la chapelle de la paroisse de l'Isle-Adam, où est enterré le prince de Conti. On va voir chez lui le modele.

22 *Décembre*. Le sieur Nivelon, éleve du sieur Gardel pour la danse, a débuté le dimanche 14 à l'opéra avec un succès prodigieux. Il a les graces extérieures, jointes à la plus extrême précision & à une facilité charmante.

23 *Décembre* 1777. On peut se rappeller la démarche des fiacres, qui, pendant un voyage de Choisy, allerent, il y a quelques mois, en procession en ce lieu pour y porter leurs plaintes & gémissements au roi, à l'occasion de certains impôts vexatoires dont ils vouloient être déchargés. Monsieur de la Louptiere fit dans le temps une facétie en vers sur ce sujet, qu'il n'osa rendre publique à cause d'une dérision assez forte qu'il s'y permet contre le parlement ; cependant tout transpire, & l'on en a des copies.

Plus fiers que Phaéton, les fiacres un beau jour
Sur deux files rangés, dès l'aube matinale,

Pour affaire de corps députés à la cour,
    S'éloignoient de la capitale.
    Le cortege arrive à Choify,
L'orateur est muet, tous ont le cœur tranfi ;
    Et dans un placet pathétique
Au Titus de la France ils dreffent leur fupplique.
On fe difoit tout bas : " Eft-ce un autre fénat,
„ Qui veut encor tenir les rênes de l'état ! „
    Tous les cochers de notre langue
    Savent le fin, fans avoir rien appris,
Et l'on prétend qu'un de leurs beaux efprits
    Avoit ainfi préparé fa harangue :
" *Sire*, vos bons fujets, les fiacres de Paris,
„ Viennent au pied du trône expofer leurs difgraces ;
„ Le fiege eft avili ! nos droits font fans vigueur,
„ Prêts à perdre nos biens plutôt que notre honneur,
    „ Nous avons tous quittés nos places.
„ Au plus jufte des rois nous venons remontrer
    „ Qu'à certains ordres de police
    „ Pour le bien même du fervice
    „ Nous ne pouvons obtempérer. „
    Pour des députés de la forte,
On fait peu de façon au féjour des grandeurs :
"Partez, meffieurs, partez, leur dit-on à la porte ;
    „ Le devoir vous appelle ailleurs.
„ Laiffez votre placet ; un confeil des finances
    „ Réglera vos prétentions ;
    „ Le roi permet les remontrances :
    „ Mais reprenez vos fonctions. „

14 *Décembre* 1777. Monfieur le vicomte d'Au-

buſſon de la Feuillade ouvrit ſamedi dernier la ſéance publique de la ſociété libre d'émulation pour l'encouragement des inventions qui tendent à perfectionner la pratique des arts & des métiers utiles. Ce directeur préſident, renommé pour ſon patriotiſme, parla ſur la conſtitution & le but de la ſociété.

L'abbé Baudeau, ſecretaire, rendit compte en détail,

1°. De l'eſprit de la ſociété, de ſes comités & aſſemblées, de ſes réglements & de ſes travaux.

2°. Des prix qu'elle a propoſés au nombre de dix; quatre dans la claſſe de l'agriculture, trois dans celle des manufactures, & trois dans celle des ouvrages de main-d'œuvre.

3°. Des encouragements pécuniaires qu'elle a diſtribués depuis dix mois aux auteurs des inventions utiles.

Enſuite monſieur Jumelin, docteur en médecine, fit la démonſtration des deux ſerrures de combinaiſon, aux auteurs deſquelles la ſociété a partagé, par forme d'encouragement, la ſomme de 500 livres deſtinée aux prix qu'elle a remis.

La premiere des ſerrures eſt du ſieur Regnier, arquebuſier-méchanicien à Saumur en Auxois.

La ſeconde eſt de monſieur Boiſſier, prieur des céleſtins de Sens. On applaudit beaucoup à ſa deviſe ingénieuſe : *Manus habent & non palpabunt.*

Monſieur du Fourny de Villiers prit la parole

après monsieur Jumelin, & lut le nouveau programme du prix de 500 livres proposé de nouveau pour la meilleure serrure de combinaison.

L'abbé Baudeau finit la séance par la lecture des programmes de trois nouveaux prix : le premier sur les moyens de diminuer ou supprimer les années de jachere ; le second sur les ustensiles de cuisine exempts de tout danger ; & le troisieme sur les voitures à porter des pierres, moilons & autres semblables fardeaux.

25 Décembre 1777. La fermentation élevée dans la librairie à l'occasion d'arrêts du conseil rendus par monsieur le garde-des-sceaux en cette partie, non-seulement se maintient parmi les chefs qui attendent impatiemment l'effet de leurs représentations portées par la voie du recteur de l'université, comme en étant suppôts & membres, mais elle est plus forte parmi les inférieurs, non moins offensés du réglement qui les concerne. Il y a une espece de conjuration de la part des garçons & apprentis imprimeurs qui ne veulent plus travailler, & menacent de passer chez l'étranger. Jusqu'ici on a suspendu leur évasion par la douceur & les prieres ; les imprimeurs & libraires leur ont fait entendre qu'il y auroit nécessairement quelque nouvel arrangement plus satisfaisant pour tout le monde. Mais comme il ne vient point, ils craignent chaque matin que tous ces ouvriers ne quittent le travail & n'y renoncent tout-à-fait. C'est ce qui tracasse le chef suprême de la justice, qui regar-

deroit comme humiliant d'avoir du deſſous en cela.

26 *Décembre* 1777. Meſſieurs Thomas, l'abbé Morellet & d'Alembert, ont chanté à qui mieux les louanges de leur mere, comme les plaiſants l'appelloient, c'eſt-à-dire de madame Geoffrin. L'abbé Groſier, le ſucceſſeur de Freron, avoit fait une critique très-gaie de ces trois éloges, & alloit la livrer à l'impreſſion, lorſque madame la Ferté-Imbault, la fille de madame Geoffrin, a obtenu un ordre qui défend au journaliſte de parler de ces trois ouvrages.

27 *Décembre* 1777. On imprimoit un mémoire pour la femme Deſrues, mais il y a eu ordre de la cour de l'empêcher, & tout autre en ſa faveur.

28 *Décembre* 1777. Monſieur Saurin, peu gai de ſon naturel, s'eſt déridé le front en faveur du chevalier Gluck, ou plutôt celui-ci l'ayant ſéduit par ſon *Armide*, il lui a adreſſé les couplets ſuivants : ſur l'air, *du haut en bas* :

    Ton art divin,
Puiſſant maître de l'harmonie,
    Ton art divin
En miracles s'épuiſe en vain;
Plus tu triomphes, plus l'envie
Montre de fureur & décrie
    Ton art divin.

    De tous les temps,
Ce fut aventure pareille,

De tous les temps :
Laisse dire les mécréants ;
Reine du cœur & de l'oreille,
Ta lyre sera la merveille
De tous les temps.

28 *Décembre* 1777. Le *Panégyrique de Trajan*, par Pline, semble avoir été le modele ou plutôt le germe du livre de monsieur de *Lanjuinais* : il part de certains traits de la vie de l'empereur actuel pour lui tracer successivement un plan d'administration très-étendu & très-développé jusques dans les moindres parties. Quelquefois par un tour oratoire, il suppose que ce prince a fait une chose pour lui enseigner à la faire. En parcourant ce traité de politique, de jurisprudence, de morale, on ne trouve rien de bien neuf dans les détails, mais l'ensemble de l'édifice est très-beau par sa réunion & sa solidité. Outre les anecdotes concernant Joseph II, dont il est enrichi, il y a plusieurs autres morceaux historiques qui donnent de l'ame à cet ouvrage, & l'empêchent d'être ennuyeux malgré sa longueur. Il y a d'ailleurs des endroits vraiment hardis, pris dans les grands principes, & qui caractérisent une ame forte & patriotique. Le style en est clair & nerveux, & par-tout on est étonné de la profonde érudition de ce professeur de Moudon, plus propre à régenter dans les cours que dans l'enceinte obscure d'un college.

29 *Décembre* 1777. Un livre intitulé : *Considérations sur l'état présent de la colonie Fran-*

çoise *de Saint-Domingue*, vient d'être supprimé par arrêt du conseil du 17 décembre.

29 *Décembre* 1777. La distribution des six maîtrises, grands prix & prix de quartier de l'école royale gratuite de dessin, s'est faite avant-hier dans la galerie de la reine, aux Tuileries, en présence de monsieur le Noir, conseiller d'état lieutenant-général de police, président de ladite école, & de messieurs les administrateurs.

Monsieur Bachelier, directeur, ouvrit la séance par un discours ; ensuite on procéda à la distribution de 210 prix, qui furent délivrés par le magistrat.

Les grands prix ont été remportés ; savoir, celui d'architecture, par le sieur Philippe, se destinant à la maçonnerie, & remplissant la place d'éleve, fondée par monsieur l'Empereur, ancien administrateur.

Celui de la perspective, par le sieur Jacot, se destinant aussi à la maçonnerie, & remplissant la place d'éleve, fondée par feu monsieur de Broglie, évêque de Noyon.

Celui de la coupe des pierres, par le sieur Avrilé, se destinant pareillement à la maçonnerie, & remplissant la place d'éleve, fondée par feu monsieur Gayot, intendant-général des armées du roi.

Celui de mathématiques, par le sieur Schmid, remplissant la place d'éleve, fondée par monsieur Boutin, receveur-général des finances, & ancien administrateur.

Celui de figure, par le sieur Touret, se destinant à la maçonnerie, & remplissant la place d'éleve, fondée par monsieur le comte de Durfort.

Celui d'ornement, par le sieur *Souris*, se destinant à la sculpture en bâtiment, & remplissant la place d'éleve fondée par feu monsieur de Champelo.

29 *Décembre* 1777. Des trois monuments littéraires élevés en l'honneur de madame Geoffrin, l'un est de monsieur Thomas, & a pour titre *à la mémoire de madame Geoffrin* : l'autre est de l'abbé Morellet : c'est le *portrait de madame Geoffrin* ; le troisieme est : *Lettre de monsieur d'Alembert à monsieur le marquis de Condorcet, sur madame Geoffrin*. On les caractérise ainsi : le premier écrivain pense, le second raconte, & le dernier pleure. Mais tous trois ont mis tant d'affectation & de prétention dans leur ouvrage, qu'ils prêtent infiniment au ridicule, & que madame la Ferté-Imbault a craint avec raison que celui-ci jeté sur les panégyristes ne réjaillît sur l'héroïne ; malheureusement elle n'a pu prévenir le coup de par-tout, & l'on voit dans le journal François un extrait de l'un de ces écrits, bien piquant, très-gai & très-désolant pour ceux qui s'intéressent à la mémoire de madame Geoffrin. On le présume de la main du sieur Palissot.

30 *Décembre* 1777. Le roi, informé que l'ouvrage intitulé : *Considération sur l'état présent de la colonie Françoise de St. Domingue*, a fait sensation dans ses colonies d'Amérique, s'en est fait rendre un compte particulier. Sa majesté a reconnu qu'indépendamment de ce qu'il contenoit d'ailleurs de répréhensible, l'auteur s'y étoit permis, par des imputations graves,

contraires à la vérité, d'attaquer l'administration des chefs de St. Domingue, elle a jugé qu'il étoit de sa sagesse & de sa justice d'arrêter le cours dudit ouvrage, & de donner à la mémoire du sieur Comte d'*Hennery*, gouverneur de ladite colonie, qui a si justement mérité l'estime & les regrets de son prince, & au sieur de Vaivre, intendant, qui y remplit actuellement ses fonctions avec autant de zele que de probité, cette marque publique de sa justice & de la satisfaction qu'elle a de leurs services, &c.

Tels sont les motifs sur lesquels est appuyée la suppression du livre dont il s'agit, & dont le privilege doit être annullé ; ce qui lui donne de la célébrité & le fait très-rechercher.

31 *Décembre* 1777. Monsieur le comte d'Artois paroît avoir un goût décidé pour la protection des arts, mais des arts frivoles. Un homme a établi depuis peu aux invalides un attelier pour faire des carrosses de carton. Nos princes se sont empressés de s'en procurer ; mais sur-tout cette altesse royale, qui a commandé un palais, c'est-à-dire, un pavillon de cette manufacture, se démontant, se transportant & s'établissant en peu d'heures par-tout où elle voudra.

31 *Décembre*. La cabale janséniste est toute en l'air à l'ocasion d'un missel. Elle cherche à exciter de la fermentation dans le parlement, & voudroit que cette compagnie s'en occupât sérieusement. Il s'agit du missel de Paris composé & publié en 1738 par les ordres de monsieur de Vintimille, & qu'on vient de réimprimer par ceux de M. de Beaumont. On repro-

che à ce prélat, par une supercherie & une falsification honteuse, d'y avoir inséré furtivement une fête en l'honneur du sacré-cœur de Jésus & de celui de Marie, à célébrer le troisieme dimanche après la pentecôte, fête qui n'a jamais été prescrite ni connue de son prédécesseur, fête qu'a toujours rejeté le chapitre de Notre-Dame, fête contre laquelle la puissance séculiere s'est déja élevée par les arrêts rendus pour les paroisses de la *Magdelaine* & de *Saint-André-des-Arts*, fête enfin dont l'office s'écarte essentiellement de l'analogie de la foi & fourmille d'erreurs.

De leur côté les *Cordicoles* (c'est ainsi qu'on nomme les nouveaux sectaires) sont en mouvement pour parer le coup & empêcher la proscription solemnelle de cette moderne invention.

31 *Décembre* 1777. Monsieur de Crosne, intendant de Rouen, ayant instruit le directeur-général des finances d'une action extraordinaire pour la bravoure, l'intrépidité, l'humanité d'un pilote de Dieppe, nommé BOUSSARD, par laquelle le 31 août dernier il sauva lui seul huit hommes de dix, prêts à périr dans un navire naufragé, monsieur Necker a écrit de sa main à *Boussard* la lettre suivante, en date du 22 de ce mois.

BRAVE HOMME,

Je n'ai su qu'avant-hier, par monsieur l'intendant, l'action courageuse que vous aviez faite le 31 août; & hier j'en ai rendu compte au roi, qui m'a ordonné de vous en témoigner sa satisfaction, & de vous annoncer de sa part une gratification de 1,000 livres & une pension annuelle de 300-livres. J'écris en conséquence à monsieur l'intendant. Continuez à secourir les autres quand vous le pourrez, & faites des vœux pour votre bon roi qui aime les braves gens & les récompense. »

On ne trouve point la qualité du prix proportionnée à la belle action ; il falloit y joindre la croix de St. Louis, donner un grade dans la marine à un pareil héros, qui indépendamment d'une humanité rare, a montré dans sa conduite une intelligence, un sang froid & des ressources qui caractérisent l'homme de génie dans son état : ce qu'on peut encore mieux voir par la lettre de monsieur de Crosne, datée du 17 décembre 1777.

Extrait d'une lettre de M. de Crosne, intendant de Rouen à M. Necker, directeur-général des finances.

« Le 31 août dernier, à neuf heures du soir, un navire venant de la Rochelle, chargé de sel, monté de huit hommes d'équipage & de deux passagers, approche de la tête des jetées de Dieppe. Le vent étoit si impétueux & la mer si agitée, qu'un pilote-côtier essaya en vain quatre fois de sortir pour diriger son entrée dans le port. Le nommé BOUSSARD, pilote intrépide, s'appercevant que le pilote du navire faisoit une fausse manœuvre qui le mettoit en danger, chercha à le guider avec le porte-voix & par des signaux ; mais l'obscurité, le

» sifflement des vents, le bruit des vagues
» & la grande agitation de la mer, empê-
» cherent le capitaine de voir & d'entendre;
» & bientôt le navire fut jeté sur le galet,
» & échoua à trente toises au-dessus de la
» jetée.

» Aux cris des malheureux qui alloient
» périr, *Bouffard*, malgré toutes les repré-
» fentations, & l'impossibilité apparente du
» succès, résolut d'aller à leur secours, & fit
» emmener sa femme & ses enfants, qui vou-
» loient le retenir ; il se fit ceindre auffi-tôt
» d'une corde, dont l'autre bout fut attaché
» sur la jetée, & se précipita au milieu des
» flots agités, pour porter jusqu'au navire un
» cordage avec lequel on pût amener l'équipage
» à terre. Il approchoit du navire, lorsqu'une
» vague l'entraîna & le jeta sur le rivage;
» il fut ainsi vingt fois repoussé par les flots,
» & roulé violemment sur le galet, couvert
» des débris du navire que la fureur de la mer
» mettoit en pieces. Son ardeur ne se rallentit
» point : une vague l'entraîna sous le navire,
» on le croyoit mort, lorsqu'il reparut tenant
» dans ses bras un matelot qui avoit été pré-
» cipité du bâtiment, & qu'il rapporta à terre
» sans mouvement & presque sans vie. Enfin,
» après une infinité de tentatives & des efforts
» incroyables, il parvint au navire ; il y jeta un
» cordage : ceux de l'équipage qui eurent la force
» de profiter de ce secours, s'y attacherent, &
» furent tirés sur le rivage.

» *Bouffard* croyoit avoir sauvé tous les hom-
» mes du navire, accablé de fatigues, le corps

» meurtri & rompu par les secousses qu'il avoit
» éprouvées, il gagna avec peine la cabane où
» le pavillon est déposé ; là il succomba &
» tomba en foiblesse. On venoit de lui donner
» quelques secours ; il avoit rejeté l'eau de la
» mer & il reprenoit ses esprits, lorsqu'on an-
» nonça que l'on entendoit encore des gémisse-
» ments sur le navire : aussi-tôt *Boussard*, rap-
» pellant ses forces, s'échappe des bras de ceux
» qui s'empressoient de le secourir ; il court à la
» mer, s'y précipite de nouveau, & il est assez
» heureux pour sauver encore un des passagers
» qui s'étoit lié au bâtiment, & que sa foiblesse
» avoit empêché de profiter du secours fourni
» à ses compagnons. Des dix hommes qui
» étoient dans le navire, il n'en a péri que deux,
» dont les corps ont été trouvés le lendemain. »

Fin du dixieme Volume.

www.ingramcontent.com/pod-product-compliance
Lightning Source LLC
Chambersburg PA
CBHW060655170426
43199CB00012B/1808